中国红十字会百年往事

（修订本）

池子华　徐华炳　郝如一　主编

合肥工业大学出版社

图书在版编目(CIP)数据

中国红十字会百年往事/池子华,徐华炳,郝如一主编. --修订本. --合肥:合肥工业大学出版社,2024.12. -- ISBN 978－7－5650－6989－5

Ⅰ.D632.1

中国国家版本馆 CIP 数据核字第 2024WN6849 号

中国红十字会百年往事(修订本)

池子华　　徐华炳　　郝如一　　主编

责任编辑	孙南洋	
出版发行	合肥工业大学出版社	
地　　址	(230009)合肥市屯溪路 193 号	
网　　址	press.hfut.edu.cn	
电　　话	人文社科出版中心:0551－62903200	
	营销与储运管理中心:0551－62903198	
开　　本	787 毫米×1092 毫米　1/16	
印　　张	18.75	
字　　数	411 千字	
版　　次	2024 年 12 月第 1 版	
印　　次	2024 年 12 月第 1 次印刷	
印　　刷	安徽联众印刷有限公司	
书　　号	ISBN 978－7－5650－6989－5	
定　　价	69.00 元	

如果有影响阅读的印装质量问题,请与出版社营销与储运管理中心联系调换。

谨以此书献给中国红十字会建会 120 周年

目　　录

孙中山与《红十字会救伤第一法》

池子华　郝如一

中国红十字会诞生于 1904 年 3 月 10 日，这是众所周知的事实。不过，在此之前的几十年中，有识之士为在中国创兴红十字会而奔走呼吁，掀起了一波又一波"启蒙运动"的浪潮。在"西学东渐"、春潮涌动的年代里，革命先行者孙中山先生推波助澜，成为红十字启蒙运动的先驱者之一。

孙中山在中国红十字启蒙运动中的贡献，主要是翻译出版《红十字会救伤第一法》一书，这是孙中山先生一生中唯一的一部译作。

孙中山 1892 年毕业于香港西医书院，对红十字并不陌生。1895 年广州起义失败后，他被清廷悬赏通缉而流亡海外。1896 年秋天，孙中山流亡英国伦敦，被清廷特务缉捕入中国使馆，轰动一时，史称"伦敦蒙难记"。深有意味的是，这场"灾难"却成就了孙中山与红十字会的"机缘"。

在英国政府与公众舆论的压力下，10 月 23 日，被羁囚 12 天的孙中山终于重见天日。获释后的孙中山，客居伦敦，利用英国图书馆、博物馆便利的条件，博览群书，寻求救国之方。其间，他结

孙中山

识了伦敦红十字会的柯士宾医生。这年冬天，他与柯士宾游览英国王宫，雄伟壮丽、雕梁画栋的"云塞行宫"，的确让他流连忘返。柯士宾告诉他，他著有《红十字会救伤第一法》一书（英文版），已译有法、德、意、日四国文字，希望孙中山能把该书翻译成中文。一方面柯士宾可以进呈英国国王作为"六十年登极庆典之献"；另一方面，在英国以及英属殖民地，有为数众多的华侨，译成中文出版，也便于"好善华人"阅读，

"以广英君主寿世寿民之意"。

孙中山欣然接受柯士宾的请求，很快翻译完毕。次年春夏间，中文版《红十字会救伤第一法》由伦敦红十字会出版。

《红十字会救伤第一法》一书的宗旨，是希望能让更多的红十字会员和志愿者"略知救伤之法"，这样一旦遇到意外，可以立即设法施救，为挽救伤者生命争取宝贵的时间，"保性命于危急之顷，并解痛楚于医者未至之时"。它是一本教材，讲述的内容为"通行之知识"，也就是红十字会员必须掌握的现场、初级救护的基本方法、技能。全书共六章，第一章"论体格并功用"，叙述人体各部分的骨骼、肌肉、各种器官的结构和功能；第二章"论血脉"，讲述血液循环的基本理论及流血、止血的各种方法；第三章"论受伤"（上编），叙述割伤、刺伤、破伤、撞伤等出血性受伤及骨骼受伤的急救方法；第四章"论受伤"（下编），叙述毒伤、烧伤、癫兽咬伤等意外受伤的救治方法；第五章"论移伤之法"，讲述将伤者移送医院所应采取的基本技能，有一人独运之法、二人移动之法、抬床移动法、乡间货车移动法等；第六章"论妇人侍病法"，叙述护士护理受伤病人的一般方法，如病床的高度、换衣服、敷热水等。书后附有"裹扎须知"和"问题"。前者讲述裹扎的一般方法，如三角带使用方法等；后者是各章内容的问答题，共75题。为便于学习、应用，该书附有插图41幅，形象直观。图文并茂，通俗易懂，言简意赅，剖析精当，是这部"红十字救伤教材"所以"不胫而走"的魅力所在，难怪孙中山誉之为"济世之金针，救人之要术"了。

孙中山翻译此书的目的，就在于宣传红十字会，推广红十字会的"济人之术"。他在"译序"中说得明白："恻隐之心人人有之，而济人之术则非人人知之。不知其术而切于救人，则误者恐变恻隐而为残忍矣，而疏者恐因救人而反害人矣。夫人当患难生死俄顷之际，施救之方，损益否当，间不容发，则其理不可不审求也。此泰西各国通都大邑，所以有赤（红）十字会之设，延聘名师，专为讲授一切救伤拯危之法，使人人通晓，遇事知所措施；救济之功，成效殊溥。近年以来，推广益盛。"通俗点讲，就是救人要得法，如果不懂得救伤之法，其结果只能是适得其反，救人不成"反害人矣"。看来，光有"恻隐之心"是不够的，还要懂得"济人之术"、"施救之方"，如此方能将红十字的人道、博爱精神落到实处。

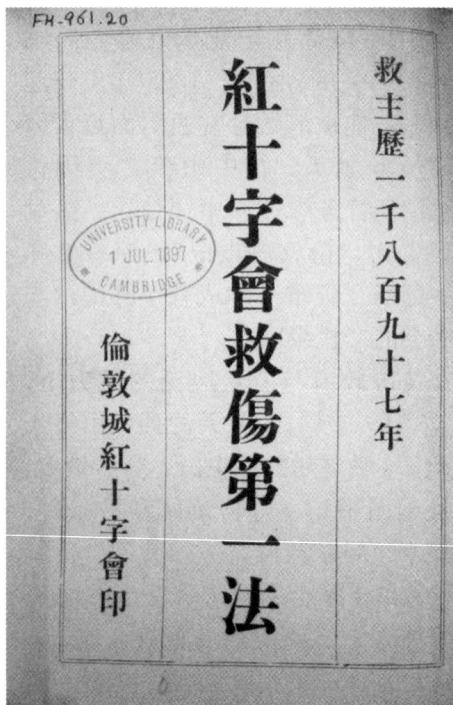

《红十字会救伤第一法》扉页

　　这本译著由英国红十字会初版，在海外发行，不过在国内产生了一定反响，1904年3月5日《申报》就发表《中国宜入红十字会说》的评论，指出中国应该成立红十字会，要成立红十字会，就要培养救护人才，要培养人才，就应该有教材，而"孙文所译《红十字会救伤第一法》亦颇有用"，正可派上用场。这说明这部译著在1904年3月以前就已传入国内，并在中国红十字会的启蒙运动中发生了作用。1904年3月10日，中国红十字会在上海诞生，可谓水到渠成。孙中山当之无愧成为中国红十字运动的先驱者之一。

　　1906年冬天，孙中山在日本对译著作了文字上的修饰，改变若干名词的译法，由邓慕韩、廖仲恺帮助校勘，因为日本人把"红十字会"称为"赤十字会（社）"，大概出于"入乡随俗"的缘故，把初版的"红十字会"全部改为"赤十字会"，1907年2月由《民报》社在东京再版。有学者说，"这次译改重印已经不是为了要实现柯士宾献给英国国王的目的了，这次重印，很可能是同盟会的一次有组织的行为，即为了即将开始的反清武装起义的救护工作做一个知识上的准备"。不管怎么说，其影响日广，则可以肯定，如北伐战争中，此书一度作为训练卫生员的教材加以推广。孙译《红十字会救伤第一法》已经超越了"启蒙"的意义而具有了广泛的应用价值。

孙淦：一个不该被遗忘的先驱者

池子华　马红英

　　1863 年红十字在西方诞生后不久，即"东渐"登陆中国，1875 年《申报》《字林西报》就曾撰文介绍红十字会战地救护规则，只是没有点出"红十字"之名。1888 年，英国医师梅威令召集台湾、福建"聪慧子弟数十人"，进行救护培训，组织起红十字医疗队，在上海演习后航海至天津，表示"愿赴军营效力"，没有得到允许。梅氏红十字医疗队是在国人没有任何心理准备的情况下突然"冒"出来的，太过新奇骤难接纳，昙花一现，自在情理之中。显然，没有舆论准备，没有启蒙宣传，红十字运动不可能"夕发朝至"，一朝兴起。补上启蒙宣传这一课，对志士仁人而言，是绝对不可缺省的。有识之士为此做出了不懈的努力，并于甲午战争后掀起红十字启蒙运动的高潮。孙淦就是启蒙运动的强力推动者。

　　孙淦，字实甫，上海商人，长期在日本经商，曾出任浙江留日学生监督，也是中国人留学日本史上首任监督，是一位爱国侨胞。

　　孙淦不但是一位成功的商人，而且热心慈善公益事业。他在日本加入了赤十字社，看到"日人于陷阵冲锋时深获红十字会之益"，萌生了在中国创兴红十字会的理想。但要在中国创兴红十字会，如上所述，需要一个启蒙运动加以推动。

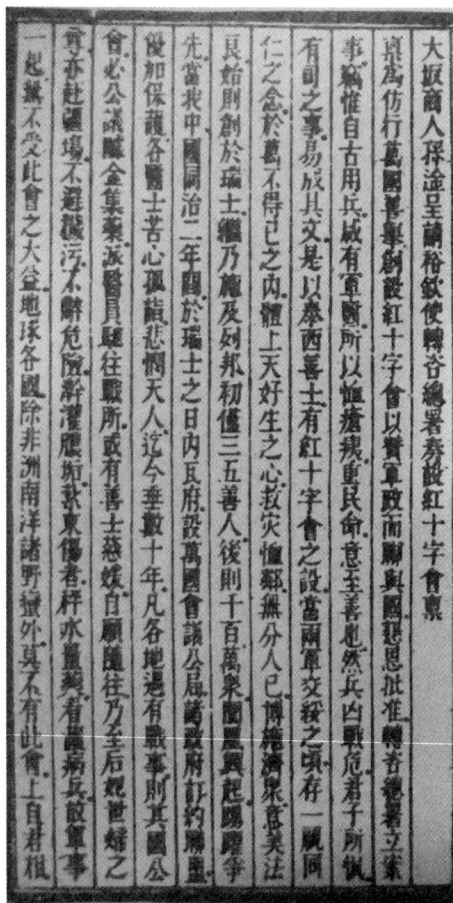

《时务报》中刊载的孙淦奏设红十字会的禀文

而要"启蒙"，不仅要启"官（朝）蒙"，而且要启"民（野）蒙"，双管齐下，才易收功。在这两方面，孙淦都做出了不懈的努力。

启"官蒙"，号呼奔走

在启"官蒙"方面，1897年冬，孙淦在东京向驻日公使裕庚呈递了《大阪华商孙淦呈请裕钦使转咨总署奏设红十字会禀》（附有汉译日本赤十字社章程），恳请裕庚咨明总理各国事务衙门（又称总署、总理衙门），代为上奏。禀文称，红十字会救灾恤兵，一视同仁，博施济众，意美法良，实为近世"至善之大政"，环视全球，除"野蛮"之邦外，莫不设有此会。中国要屹立于世界民族之林，与国际接轨，非创设红十字会不可。况且，创兴红十字会，益处甚多："疾伤有恃，军士气壮，鼓行而前，图功自易，一利也；万邦善政，是则是效，结盟诸国，人不敢轻，二利也；国有病疫，大凶大札，会众疗治，保全必多，三利也；我国医学，讲求未精，此会若成，研究益易，四利也。"有利无害，何乐而不为？

孙淦的"一片婆心"，深深打动了裕庚。裕庚阅禀，当即批示，表示支持。孙淦的上书，通过裕庚传递给清政府。这是清政府第一次听到在中国创兴红十字会的呼声。

孙淦只是一位普通的商人，人微言轻，上书之后，不免担心。1898年1月3日他在给汪康年的信中说，《奏设红十字会禀》"虽经裕星使咨总署，恐亦难望其成"。我们也无从得知清朝中央阅禀后的第一反应，但从随后清政府对中国加入红会组织表现出的异乎寻常的热情，可以断定孙禀在朝中产生了反响。1899年5月，世界和平会议（清代外交文件称"减兵保和大会"）在荷兰海牙召开，清政府态度积极，派遣原驻俄公使杨儒赴会。大会于7月29日通过《推广日来弗原议行之于水战条约》（即《关于日内瓦公约原则推行于海战的海牙公约》），不少国家先后签约。12月7日，清廷特命杨儒前往海牙签署。12月27日，杨儒抵达荷兰，遵旨在《推广日来弗原议行之于水战条约》上"画押"。清政府这一系列举动令孙淦兴奋不已，孙淦的努力得到了回报，他要继续为在中国创兴红十字会奔走呼吁。

启"民蒙"，艰苦备尝

在启"官蒙"的同时，启"民蒙"的工作也在推进之中。孙淦希望广大民众认识红十字，了解红十字，为红十字会在中国的创兴奠定厚实的社会基础。

要启"民蒙"，大众传媒的作用不可小视。在此过程中，有两位报人推波助澜，给予了孙淦难能可贵的支持，一位是鲰生，另一位即汪康年。

鲰生为孙淦好友，是《申报》编辑和主要撰稿人。他以《申报》为阵地，抬出

"我友孙君实甫"，传播红十字知识，并愿"为之执鞭"效力，而孙淦也正是借助好友之力，在《申报》枹鼓相应。孙淦《呈请裕钦使转咨总署奏设红十字会禀》在1898年3月26日《申报》全文刊出，引起强烈反响。接着他又于同年11月16日、17日在《申报》上发表《红十字会说》，详细介绍红十字会的发轫、继起、定帜等情。文中还对日本红会组织——赤十字社的历史、现状做了较为详细的介绍。当时向日本学习成为一股时代潮流，孙淦对日本赤十字社的介绍，更易激发国人对创建红十字会的热情。

鲲生及《申报》为孙淦提供"启蒙"宣传平台，当然希望孙淦"竭忠尽智，以底于成"，这对孙淦也是一种激励。

另一位好友汪康年同样是孙淦"启蒙"活动的有力支持者。

汪康年（1860—1911），浙江钱塘（今杭州）人，字穰卿，光绪进士，曾入张之洞幕。1895年参加上海强学会，1896年在上海参与创办《时务报》，并担任该报总理。《时务报》"讲求时务"，力倡变法维新，传播西学，颇受时人瞩目，创办当年发行量即达7000份，次年更增至万余份，"为中国有报以来所未有"。这样一份在朝野上下具有广泛影响的媒介，自然引起孙淦的关注，而好友汪康年出任总理，可谓"近水楼台"。孙淦所译《日本赤十字社社则》在《时务报》连载。孙淦《呈请裕钦使转咨总署奏设红十字会禀》呈递裕庚后，即将文稿寄发汪康年，并请"从速登报"。汪康年照办，禀文发在1898年3月22日出版的《时务报》上。同年孙淦还寄上"《赤十字社各国缔盟表》贰纸，请

汪康年

与前《红十字会说》附登报末"。不仅如此，他还"冒昧拜恳"汪康年，请他多方联络，促成红十字会的建立。他在给汪康年的信中说："阁下如到江阴、湖南等处，请将红十字、游学两会周行，倘公不竭力提倡，总无成日。"随后他又寄上日本《赤十字》两册，"以备鉴裁"。虽然汪康年未能达成孙淦宏愿，但他的臂助，促进了红十字启蒙运动的深入。《申报》《时务报》的受众为社会各阶层，孙淦以此为媒介传播红十字知识，呼吁在华创兴红十字会，虽以广泛意义上的启"民蒙"为主，但启"官蒙"也在不言中。

孙淦的主观意愿当然是"速为筹建"红十字会，越快越好，但客观效果只能局限于启蒙层面。红十字会对于国人来说毕竟是新事物，欲速则不达自也在情理之中。

编《博爱》，开"本会之先河"

难能可贵的，孙淦还编辑《博爱》一书，遍赠好友以广宣传，只是该书是"自行刊送，流传无多，人鲜知者"。我们多方查找，无法得见该书的"庐山真面"。不过从孙淦致汪康年书"拟将凡有关涉于此（红会）之文字搜求汇集，择要付诸手民，以广流传，而冀有力者之闻风兴起"推测，该书主要内容当为孙淦著译作品的"汇集"，同时也从报刊上收录部分相关文章。这一推测，可以从孙淦致汪康年的另一封书信中得到证实，信中提及"弟前见上海《大公报》载有郑陶斋观察所撰红十字会歌略一首，言简意赅，颇深韦佩。前拟奉烦令弟颂谷兄代为一觅，并昔日《时务旬报》《日报》登过之此项章程、缘起等译文，及此外有用各件，凡能办者，均祈转恳觅齐，从速掷下，至感至盼。弟处原稿因各友取阅，散失者多，欲求全璧，不得不劳诸同志者耳"。《大公报》创办于 1902 年，《博爱》一书刊印的时间当在此之后、1904 年 3 月中国红十字会诞生之前。难怪中国红十字会史料谓"本会成立，已在孙君倡议之后，则是书实本会之先河"。该书在红十字运动中的地位与影响，不言而喻。

孙淦为在中国创兴红十字会"号呼奔走，艰苦备尝"，这种创始精神，当载入红会史册。作为"请准回国倡导红十字会第一人"，孙淦的"创兴"之梦尽管没有实现，但其振聋发聩的启蒙，为红十字会的创立铺平了道路。他无愧为中国红十字运动的先驱。特别值得一提的是，他还于 1911 年与金韵梅等联手创立天津红十字会，为红十字事业发展作出了卓越的贡献。

日俄战争与东三省红十字普济善会

周小蓉　池子华

历史往往有惊人的相似之处。国际红十字会的诞生得自于战争的强力推动，那场战争就是众所周知的索尔弗利诺之战。中国红十字会的诞生，同样得自于战争的强力推动，这场战争，就是发生在中国领土上的日俄战争。

日俄战争期间日军斩杀被当作间谍的中国百姓

日本、俄国都是掠夺中国、将近代中国一步步推向半殖民地深渊的恶魔。俄国曾通过逼签《瑷珲条约》《北京条约》《勘分西北界约记》等不平等条约，将中国北方150余万平方公里的领土划入俄国版图；日本则通过《马关条约》攫得两亿两的战争赔款和对台湾、澎湖等地的殖民统治。但欲壑难填，沙俄有"黄俄罗斯计划"，日本亦制定了"大陆政策"，双方均想独占东北进而扩张殖民统治的"势力范围"，为此明争暗斗，剑拔弩张，随时准备厮杀。

1900年，沙俄在参加八国联军进攻北京、天津的同时，又单独出兵侵占了东北。

战争结束后，借故拖延，拒不履行《俄国撤兵条约》，希图独占，这激起了日本强烈的敌对情绪，几经交涉无效，在英、美的怂恿支持下，日本不惜一战。1904 年 2 月 8 日，日军突袭旅顺，日俄战争爆发。

可悲的是，懦弱无能的清政府无力阻止战火在自己国土上燃烧，竟将辽东划为交战区，宣布"局外中立"，只呼吁交战双方尊重清王朝在盛京（今沈阳）的陵寝。

战争意味着流血。战前，各国侨民陆续撤离东北，交战双方伤病兵员均由两国红十字会救护。唯有我东三省同胞在滚滚硝烟中，在战火烧焦的土地上流离迁徙，"呼号宛转"，受尽磨难。

清政府可以严守"局外中立"，但对难民潮的涌起，地方官却不能视而不见，置若罔闻，为此，直隶总督及山东巡抚曾派出船队前往旅顺等处，拟救难民出险，不料"俄人称，各口已经封闭，不准别国船只驶进"。直隶总督、山东巡抚深恐打破朝廷坚守中立的格局，不敢轻举妄动，徒呼奈何。

日俄之役，战地在中国领土，受祸为中国人民，而中国政府却以"别国"无权施救，"不平之事，莫甚于此"。政府无能为力，民间善堂无济于事，看来，只有具独立、中立品格的红十字会才能解燃眉之急。这样，沉寂了 4 年之久的红十字会呼之欲出（4 年前的 1900 年，江浙一带一批著名绅商严信厚、陆树藩、庞元济、施则敬等在上海发起"中国救济善会"，组织人员打着红十字旗号前往北京救护八国联军之役），而打破沉寂的便是在中国红会史上具有举足轻重地位的关键人物、时任上海记名海关道的沈敦和。

沈敦和，字仲礼，1866 年生于浙江宁波。早年留学英国，就读于剑桥大学，回国后历任江南水师学堂提调、上海自强军营机处总办、山西冀宁道洋务局、张家口洋务局总办、上海记名海关道等职。他是一位知名的社会活动家，"不独为军界之干材，也是外交界、慈善界、企业界出类拔萃的人物"。1911 年，上海集成图书公司出版苕水外史所编《沈敦和》一书，对其一生活动记述甚详。

日俄战事发生后，沈敦和激于义愤，与前四川川东道任锡汾、直隶候补道施则敬等奔走联络，要援引"万国红十字会例，力筹赈救北方被难民人之策"。沈的号呼，得到上海绅商的积极响应。

1904 年 3 月 3 日，沈敦和、施则敬等 20 余人集会于上海英租界六马路仁济

中国红十字会副会长沈敦和

堂，发起成立"东三省红十字普济善会"并"商议开办之法"。会上，沈敦和首先介绍了万国（即国际）红十字会的缘起、章程等基本情况，接着与会同仁就东三省红十字普济善会的立会宗旨、救济方式、资金筹措等具体事宜，各抒己见，最后达成共识：关于立会宗旨，"本会援泰西红十字会例，名东三省红十字会普济善会，专以救济该省被难人民为事"；开办方式，由发起人垫银 10 万两，以应急需，同时延请中外大慈善家"就近开办"，在上海设立"总局"，以便筹款募捐，另设分局于北京、天津，收留被救难民，各省如有助款入会者，不拘多寡，请寄上海总局，刊发征信录，并随时登报；救济宗旨及办法，"本会救济宗旨，无论南北方人，务先举令速离危地，以避大难"，而后"赈抚兼施，医药互治，用符西国红十字会之本旨"，参加救护的人员，"左袂缀有红十字旗式，以便行军一望而知，其制均归一律"；组织架构，采用董事制，"公举才望夙著，熟悉中外以及北方情形大员为董事，总理局务"，"另举西董事，与东三省教士联络举行，以免外人拦阻"。

东三省红十字普济善会的成立，表明国人红十字意识的增强，这是难能可贵的进步。不过，话又说回来，尽管东三省红十字普济善会的运作方式力图遵行国际红十字会的基本规则，但"善会"二字给红十字蒙上一层浓重的传统善堂的阴影，不伦不类，实际上，它仍然不是真正意义上的红十字会，也很难取得交战双方的认可、享有红会本应享有的权利。东三省红十字普济善会刚一成立，就遇到了自身无法克服的难题。面对如此尴尬的局面，沈敦和等慈善家们不得不改弦更张，另行组织"上海万国红十字会"，中国红十字会由此诞生。东三省红十字普济善会虽然只存在了短短一个星期，却成为通向中国红十字会的"桥梁"，有史书甚至说它是中国红十字会的"先声"，它的短暂存在，谁能说没有价值呢？

中国红十字会的成立

池子华

日俄战争仍在激烈地进行中。难民欲逃无路，呼救之声响彻云际，救援急如星火。

东三省红十字普济善会，不是真正意义上的红会组织，不可能取得国际红会组织的确认，更得不到交战国的认可。但除了红十字会之外，没有更好的拯救之法。时论呼吁建立真正意义上的红会组织，3 月 5 日，《申报》发表鲰生文章《中国宜入红十字会说》，指出：东三省红十字普济善会只是"中国红十字会之先声"，不是严格意义上的红十字会，当局应紧急创设红十字会以救难胞，并报请红十字国际委员会核准，使中国成为国际红会大家庭中的一员。

其实，清政府对中国加入国际红会组织一直表现出比较高的热情。早在 1899 年 5 月，原驻俄公使杨儒受命赴荷兰海牙出席减兵保和大会（即"世界和平会议"）时，代表清政府在 7 月 29 日通过的《推广日来弗原议行之于水战条约》（即《关于日内瓦公约原则推行于海战的海牙公约》）上画押。"日来弗"，即"日内瓦"的最初译名，"日来弗原议"是指《1864 年 8 月 22 日改善战地陆军伤者境遇之日内瓦公约》（又称"红十字公约"、"蓝本公约"）。尽管杨儒在条约上画押，但荷兰外务部大臣提出，日内瓦公约，中国要先画押入会，然后这次画押才有效。在此之前，中国并未加入日内瓦公约，由于 1900 年八国联军侵华战争的纷扰，也没来得及补办手续。实际上，没有全国统一的红十字会组织这一先决条件，其他一切努力，都无济于事。不过，清政府加入国际红会组织的热情之高，可以想见。

救援急如星火，创办红会组织同样急如星火。红十字会是群众性组织，理应由民间发起，尽管清政府对中国加入国际红会态度积极，但不能一手包办。历史的重任还是落到沈敦和等慈善家身上。

东三省红十字普济善会，原是情急之中仓促成立的，所谓"俄日构兵，奉天告急，辽东各郡邑生灵涂炭，载道死亡。在俄日两军，各有会中人互相救疗，独我中国子遗黎庶，不死于兵火，即死于疾病流离，援手无从，呼天莫应。同人爰拟变通其法，创兴普济善会，一面电商各国红十字会及瑞士万国总会准用红十字徽章，一面禀求俄日诸国驻沪领事官，准往辽东救援被难之黎庶，先自垫经费十万，然后四处募捐，仍公举朴实耐劳之人，亲身前赴战场，力行救护之事，此外恪守局外中立之旨，一切战务略不与闻，但使无损红十字旗声名"。但正是由于"急中生智"的"变通其法"，使东三省红十字普济善会陷于窘境。沈敦和认识到这一点，立即加以补救。他找到李提摩太，请求臂助。

李提摩太（Timothy Richard），英国传教士，1870年受英国浸礼会差会派遣来华，先后在山东、东北、山西等地传教，1890年在天津主办《时报》，1895年在北京参加康有为领导的强学会，对中国的维新运动极表赞同，1898年拟出任光绪皇帝的顾问，因慈禧太后发动政变而未成。他是在华传教士中极具影响力的人物。

对沈敦和之请，李提摩太表示万苦不辞，鼎力襄助。令人振奋的是，李提摩太卓有成效的活动，使尴尬的局面出现转机，朝着成功的方向迈出关键的一步。李提摩太追述这一过程时，不无感慨地说："上海华商绅宦，深念旅居北方华民之苦，故彼此筹谋拯救之法，特请沈敦和观察前来与余商量此事。查各国在东三省教士避难于牛庄。余遵沈观察之请，电商牛庄教士可否拯救难民？旋得复电，允许前往赶救，愿效力者甚众。因此设立红十字会之议始起。红十字会之用意，救被难民人与受伤兵士。遂往商英、法、德、美四国领事，金以为然。然后又往商工部局董安特生，安特生因属余与总董培恩商议之后，始定。"

英国传教士李提摩太

1904年3月10日，历史将永远记住这一天。下午5时一刻，中、英、法、德、美五国代表会集于上海英租界公共工部局议事。会议由工部局值年总董培恩主持。培恩致开会辞："今日五国董事聚集于此，所为何事？我请李提摩太宣明。"李提摩太起身，简明扼要述说沈敦和等急切救助东北难民请求援助情形，说："今日之会拟先在中国设立红十字会分局，设局之意，首在筹款。惟所筹之款，并非交付俄人日人支用。且将来拯救难民，不分中外。"接着，沈敦和介绍东北难民嗷嗷待救苦情，说"上海拯救难民之诸华董，闻战地左近惨酷之状，预拟极力设法拯救。中国已有多人允资助华董，最妙者请诸洋董合力办理"。对李提摩太在中国设立红十字会的提议及沈敦和合办红会的设想，与会者均无疑意。培恩请工部局董安特生"定议"。安特生提出，"所议创设红十字会，系局外之会"，"宜预举各董及派定办事之董事数人"，"共襄此举"。安特生宣布了他与李提摩太议定的45名董事会组成人员名单（其中西董35人，华董10人），大会以举手表决的方式通过，另从45名董事中推出9名组成办事董事（其中西董7人，华董2人），西董为英刑司威金生、公共租界工部局总董、法租界工部局总董、李提摩太、律师麦尼而、医生巴伦、傅密生，华董为沈敦和、施则敬（后增任锡汾），以举手表决方式通过。由于与会者多为洋人，会上使用的正式语言是英语，李提摩太"复将会议大旨，用华语告知在场诸华董"。会议记录也是用英文，由精通英文的施肇基（字植之，浙江杭州人，16岁时随杨儒赴美，任使馆翻译，民国时期几度出任驻英、驻美公使）秉笔，经大会同意，由施译成中文，"分送在场各华董及来探问情形者"，会后以"施君肇基笔译上海创设万国红十字支会会议大旨"为题，登于《申报》《中外日报》等报。

这次集会，在中国红十字运动史上具有非同寻常的意义，它宣告上海万国红十字会的成立，它的成立，标志着中国红十字会的诞生。

红十字会创建：中国慈善界"第一伟举"

池子华

中国红十字会成立于 1904 年 3 月，是近代以来历史最为悠久的民间团体。那么，作为"舶来品"，红十字何以能在中国落地生根、开花结果？这是一个令人感兴趣的问题。

一、西学东渐与红十字的"登堂入室"

无论是中国，还是西方各国，都不缺乏慈善事业的理念与实践。1840 年鸦片战争后，随着国门的洞开，中国被迫对外开放。"西学东渐"与"师夷长技以制夷"的潮流相互激荡，开启了中西文化交流的新时代。在此大背景之下，西方慈善思想以传教士、新兴报刊、归国外交官等为载体，开始在中国传播。教会医院、学堂、育婴堂等具有慈善性质的机构如雨后春笋，纷纷举办，加之传教士的赈灾行动，西方慈善事业作为"西学东渐"的一叶方舟，"登陆"中国。红十字是 19 世纪人类文明的新成果，这颗西方慈善领域中耀眼的"明星"，在"西学东渐"的大潮中顺理成章地走近中国。

红十字会源起于战争救护。1859 年 6 月 25 日，"红十字运动之父"亨利·杜南在意大利索尔弗利诺目睹了一场惨祸——法、意联军和奥地利军队的鏖战刚刚在这里结束，4 万多死伤士兵被遗弃战地。杜南见此惨状，立即组织当地

"红十字运动之父"亨利·杜南

妇女、儿童、医生，进行力所能及的救治。这段"不愉快的往事"使他萌发建立伤兵救护组织的构想，这样一旦战争爆发，就可以"以真诚的博爱精神，全身心地投入到战时的慈善工作中去"，实施有效的救护。在他的奔走呼吁下，1863 年 2 月 9 日，"伤兵救护国际委员会"（1880 年改称"红十字国际委员会"）在瑞士日内瓦成立，标志着红十字的诞生。1864 年 8 月 22 日，在日内瓦召开有 12 国全权代表参加的外交会议，签署了《改善战地陆军伤者境遇之日内瓦公约》，红十字运动在西方蓬勃发展起来。

红十字在西方诞生十年后，1874 年 5 月，日本在台湾寻衅滋事，中日两国发生冲突，上海的《字林西报》《申报》等开始讨论战争救护问题，但没有点出"红十字"之名。据 1898 年 5 月 9 日《申报》报道说：早在 1888 年，英国医生梅威令在台湾开设伤科医院，招收福建、台湾聪慧子弟数十人，教授战地救伤之法，学成后至上海租界工部局广场进行演习，他们"左手持红十字小旗，肩荷药笼医具，衣袖亦以红十字为记号，出入于白草黄沙之内，施其妙技，井井有条"。这是我们目前所见有关红十字在中国活动的最明确的记载。这说明，红十字"登堂入室"，正式进入了中国人的视野。

二、人道主义：中西汇通的慈善文化

如果说《字林西报》《申报》的论说以及梅氏红十字医疗救护队的上海演习，如昙花一现，并没有给人们留下多么深刻记忆的话，那么甲午之战让中国人大开眼界，真正认识到红十字的影响力。

1894 年甲午战事发生至 1895 年战争结束，这期间，一方面，在华西人尤其传教士先后在牛庄、营口、烟台等地开办红十字医院，收治伤兵。上海各国领事、传教士、驻沪外国银行董事也发起成立了红十字会，借助《申报》等大众传媒，筹款募捐，尽管"该红十字会实际是一个募捐筹款的机构"，不是严格意义上的红十字会组织，但对日后中国红十字运动的开展不无裨益。

另一方面，成千上万"赤十字社"（日本红十字组织之谓）志愿者不畏艰险，远道而来，深入战地，救死扶伤，中国人颇为惊讶，而对他们"不特日兵临阵受伤蒙其医疗，即华兵之中弹而仆者，亦不分畛域，一体留医"之举，更是肃然起敬。

毫无疑问，甲午战争中在华西人和日本赤十字社的救援行动，使国人从直接的"观摩"中受到刺激与启发，认识到红十字之于战争救护、灾难救助、社会救济的重要性和弥补这一"缺陷"的必要性、紧迫性。这样，以甲午战争为嚆矢，中国红十字的启蒙运动——传播红十字知识，成为中国人的自觉行动。有识之士以《申报》《大公报》《中外日报》等权威报纸为平台，宣传鼓动，希冀闪光的红十字早日"照耀于中国"。

红十字的启蒙运动所以成为中国人的自觉行动，是因为以博爱为主旨的红十字人道主义，在国人的心灵深处完全可以激起共振，产生共鸣。中国是"仁"的国度，所谓"仁者，爱人"，其实就是博爱，孔子的"泛爱众"，墨子倡导的"兼爱"，是对"仁"的最好诠释。既然如此，红十字在西方慈善事业"东渐"的潮流中登陆中国，被中国人所接纳，就没有不可逾越的社会心理障碍。不言而喻，红十字较之任何其他五花八门的"西学"，更容易在中国传播，更容易被中国人所认可、接纳。

三、在"融通"中实现对接

外来的红十字会与中国本土的善堂（善会）颇为相似，或者说有可比性，这对西方慈善事业的"东渐"及中国红十字运动的兴起，同样至关重要。

善堂是在中国盛行的一种慈善组织，它的职能就是"行善"，"所行善举，则育婴焉、恤嫠焉、施棺焉、掩埋焉，冬则施衣，夏则施药，地方之穷而无告者养生送死之事，皆于是赖焉，凡此善举，无论通都大邑、城乡市镇之间，皆大略相同"。这些都是中国人耳熟能详之事。当红十字走近中国之时，人们就有一种似曾相识的感觉，因而"拿来"为我所用，或者与善堂"融通"，并不感到有什么不自然，1899年成立的中国施医局、1900年出现的中国救济善会等，擎起红十字旗，可视为这种"融通"、嫁接的结晶。值得注意的是，1904年3月26日，中国驻美使臣梁诚在给清政府的奏折中还说红十字会"命意略如内地善堂，以拯灾恤难为义务"，"各省善堂成效昭著，董其事者，富而好善"，可以"兼办（红十字会），可毋庸另设会所"。但红十字会毕竟是全国统一的社会团体，善堂是地方性的慈善组织，如何协调？梁诚建议"以京师善堂为总会，复于行省商埠酌设分会。平时施医赠药，兼办军医学堂，战时防病疗伤，责令随营照料"。把善堂改造成红十字会，或合二为一，从这些行动和言论中，我们可以发现，把红十字会比附善堂，屡见不鲜。这从另一个侧面说明，人们对红十字的本质还缺乏深刻的理解。不过，"似曾相识"的感觉，使认识的鸿沟不再。在这里，善堂为红十字走进中国，架起了一座桥梁。

总之，在西方慈善事业"东渐"的潮流中，红十字登陆中国。经过有识之士的启蒙宣传和"移花接木"的实践，红十字会在中国的创兴已是水到渠成。1904年3月10日，为援救遭受日俄战争蹂躏的东北难胞，中、英、法、德、美五国代表集会于上海，发起成立上海万国红十字支会（"万国"，即国际之意，"支会"，即分会，以与瑞士总会相区别。3月17日，改名为"上海万国红十字会"，五国合办），因"在中国地方创始承办，中国遂永有红十字会主权"。中国红十字会由此诞生。

中国红十字会的创建，是中国红十字运动史上的里程碑，被称为近代以来中国慈善界"第一伟举"，同时也是西方慈善事业"东渐"影响下中国传统慈善事业走向近代的标志性事件，意义重大而影响深远。

中国红十字会何以首先诞生于上海

池子华

中国红十字会诞生于 1904 年 3 月，至今已经走过了 110 多个春夏秋冬，为近代以来历史最为悠久的社会团体。一百多年来，中国红十字会本着博爱襟怀、救死扶伤、扶危济困，把人道甘霖洒满人间，在近代史和共和国史上留下了闪光的足迹。

耐人寻味的是，中国红十字会并非诞生于北京抑或其他城市，而是上海。1904 年 3 月 10 日，为援救遭受日俄战争蹂躏的东北难胞，在沈敦和、李提摩太等慈善家的奔走呼吁下，中、英、法、德、美五国驻沪代表集会于上海，发起成立上海万国红十字支会（"万国"，即国际之意，"支会"，即分会，以与瑞士总会相区别。7 天后，也就是 3 月 17 日，正式定名为"上海万国红十字会"）。上海万国红十字会虽然是五国合办，但因"在中国地方创始承办，中国遂永有红十字会主权"，中国红十字会由此诞生。那么，中国红十字会为什么会首先在上海诞生？原因是多方面的，其中以下几个方面不能忽视。

一、上海是近代中国首批对外开放的城市，得风气之先

1843 年上海正式对外开放后，得益于"江海要津"的区位优势而迅速崛起，一跃而成近代中国第一大都会和全国对外贸易、工商、金融、交通、文化交流中心。这种独特的地位，使上海较之其他任何城市更具有"创始"条件，如时论所评："沪上交通之地，耳目易周，苟办理之得法，即足以模范全国，办理而稍有成效，即可以推广内地，故不办红十字会则已，苟欲办之，必自上海始。"

不仅如此，具有国际性的"大上海"也把中国与世界紧密联系在一起，而成为传播西方文化的中心。作为"西学东渐"的桥头堡，西学，无论物质层面、制度层面抑或文化层面，总是首先在上海找到生长点，作为 19 世纪人类文明结晶的红十字，也不例外。

1863 年国际红十字运动在欧洲兴起，短短 11 年后，也就是 1874 年，红十字理念即传入上海，这是红十字文化在中国传播的滥觞。是时，日本出兵侵略台湾，中日两国发生冲突。上海的《字林西报》《申报》开始讨论战争救护问题，指出战事救护应"不分

彼此，两造所有创伤者，均令设法调治"。虽然没有点出"红十字"三个字，但把红十字文化"中立性"的基本原则做了较为到位的诠释。之后，尤其是甲午战争后，上海各大报刊如《申报》《中外日报》《时报》《新闻报》《时务报》等，广泛传播红十字文化，掀起了中国红十字启蒙运动的高潮，《中国宜入红十字会说》《创兴红十字会说》《中国亟宜创兴红十字会说》之类的文章连篇累牍，振聋发聩，启人心智。这些"启蒙"宣传，在影响上海民众的同时，也向全国扩散。毫无疑问，得风气之先的上海人对红十字的了解远过他处，这是中国红十字会首先在上海发端的民众和社会心理基础。

二、旅居上海的慈善家"敢为天下先"的探索精神积累了宝贵的实践经验

上海是典型的移民城市，也是"冒险家的乐园"。上海的对外开放，产生巨大吸附力，吸引八方来客尤其江南绅商的集聚，他们移居上海，开拓进取，奋力创业，使上海充满活力。他们热心公益慈善事业，并以上海为依托，把红十字理念由舆论宣传付诸实践。

早在 1899 年春，上海绅士汪炳等人，经苏松太道批准，创设了"中国施医局"。从名称上看，中国施医局是属于善会善堂一类的慈善组织，但它并不是传统善会善堂的翻版，而是注入了红十字会的新理念，按照其《章程》所说："同人酌照红十字会章程办理，有事施于军事，无事施于贫民。"众所周知，战时救伤，平时济困，本是红十字会的主要职能。换句话说，汪炳试图向世人传达这样的信息："中国施医局"其实就是红十字组织，至少也是中西合璧的新型慈善组织。尽管"中国施医局"局限于上海一隅，不具有普遍性和全国意义，但这种尝试，值得肯定。而 1900 年组建的中国救济善会，则打破了地域界限，将红十字文化中国化的实践向前推进了一大步。

1900 年，八国联军发动了旨在瓜分中国的侵略战争。京津冀地区，硝烟弥漫，难民如潮。为救助北方落难同胞，经上海道员余联沅批准，上海著名绅商、

"中国救济善会"发起人陆树藩

慈善家陆树藩等，于 1900 年 9 在上海发起成立了"中国救济善会"，"声明此系东南各善士募资创办，亦如外国红十字会之例，为救各国难民及受伤兵士起见"。也就是说，中国救济善会已经超越了传统善会善堂局限于一邑一地的地域界限而具有了全国性，救护对象也不仅仅是本国伤兵难民，而是"各国难民及受伤兵士"，更重要的是，救护行动遵照国际红十字会的基本精神和行为规范，不分敌我，以体现红十字的"中立性"。同时，按照国际惯例，照会驻沪各国领事，得到认可，领有护照，受交战各方的保护。凡此说明中国救济善会与旧式善会善堂已经不能同日而语，它是一种"红十字化"的慈善组织。也正因为如此，我们有理由把中国救济善会的成立，视为中国红十字会的先声。

战事救护取得巨大成功，成千上万的伤兵难民得到红十字人道关怀。时人陶濬宣赋诗赞曰："救济会原红十字，温拯宁止活千家。登高一啸群山应，天地回春顷刻花。"难能可贵的是，在救援行动取得圆满成功后，陆树藩起草了"筹创中国红十字会启"，希望以此为契机，"筹办红十字会，以垂永久"。虽然这一理想没有立即实现，但救援行动的实践，产生了巨大的社会效应。

日俄战争爆发前夕的拒俄运动中，妇女界不甘示弱。1904 年 1 月 21 日，妇女界在上海大南门外宗孟女学堂内，成立了"对俄同志女会"，被称为"女界义侠"的郑素伊女士一人就"捐银三千元为会费"。会上推举郑素伊、陈婉衍、章同雪 3 人为总议长。为了抗拒沙俄侵略东北，总议长提出应该成立"中国赤十字会"，受到大家的赞同。最后，入会的会员一致同意"中国一旦有事，愿赴战地"，救护伤兵。会后还通告瑞士等国红十字会，并派专员赴日本，与日本赤十字会联络。

日俄战争爆发后，1904 年 3 月 3 日，沈敦和、施则敬等 20 余人集会于上海英租界六马路仁济堂，发起成立"东三省红十字普济善会"，决议效仿中国救济善会的做法，"援泰西红十字会例"，"专以救济该省被难人民为事"。虽然"红十字"三字赫然在目，但"善会"二字使其蒙上传统善会善堂的浓重色彩，不是真正意义的红十字会。虽然中国救济善会的人道之举，前事不远，但两次战争的性质完全不同。八国联军的炮口指向中国，无辜百姓遭殃，中国救济善会救助被难同胞，天经地义，况且参照红十字会人道救援规则，不分敌我，救死扶伤，当然为参战各国所求之不得。日俄战争是日本与俄国之间的帝国大战，虽然战场在中国，但中国是置身事外的"中立国"，这就意味着战争救护属于国际救援的范畴，以红十字之名行"善会"之实的东三省红十字普济善会，不具有国际救援的起码资质，根本无法取得交战双方的认可。正因为如此，一周之后，沈敦和等慈善家抛开"东三省红十字普济善会"，筹建真正意义上的红十字会。

上述"红十字化"的慈善组织的出现，不言而喻，是红十字启蒙宣传的直接产物；而上海慈善家群体"敢为天下先"不断将红十字理念付诸实践，也扩大着红十字的社会影响，推动着启蒙宣传向纵深和宽广方向发展。"启蒙宣传和实践尝试，双向互动，相得益彰，组成启蒙运动的协奏曲。"这样经过 30 年的启蒙宣传和"移花接木"的实践探索，红十字会在上海的创兴已是水到渠成。

三、上海工商业发达，经济实力雄厚，
为兴办红十字事业奠定物质基础

上海自1843年开埠后，超常发展，仅用十年时间，就从一个边缘性的滨海县城一跃而成全国性的外贸中心。有人形容"上海发展起来，发展得比悉尼或旧金山更为迅速；发展之快，有如肿瘤"，"申江鬼国正通商，繁华富丽压苏杭"。上海的腾飞并迅速成为全国工商、金融、对外贸易、传播西方文化"四大中心"，成就了上海"亘古繁华第一州"的地位，人称"行遍沪江三十里，令人一步几回头"，发展之快，举世瞩目，视为"奇迹"。

的确，作为近代中国第一大都会，上海城市化水平遥遥领先，工商业发达，是全国首屈一指的经贸工商金融中心，经济实力之雄厚，无与伦比。如对外贸易方面，上海一地就占到全国的"半壁江山"，始终保持占全国对外贸易总值的50%左右，无怪乎《北华捷报》评论说，"对外贸易的心脏是上海，其他口岸只是血管而已"；工业方面，从1895年到1911年，上海外资开设的工厂计41家，开办资本为2090.3万元，分别占这一时期外资在华设厂总家数的45.1%，总开办资本的42.8%，同一时期，民族资本经营的工厂有112家，占全国在这个时期新办民族资本工厂总数的25.1%，开办资本2799.2万元，占全国总额的28.6%；金融业方面，上海金融中心的地位是任何其他城市无法替代的，"所以上海之在中国，正和伦敦在英国，纽约在美国，巴黎在法国一样，它的金融市场确实有左右全国金融商业的势力"。雄厚的经济实力，为兴办慈善事业创造了条件。按照《东三省红十字普济善会章程并启》直白的说法，"上海为中外交通巨埠……而善举亦惟是为最多，善量为最大，筹赈鬻恤，各省靡不抱注"。雄厚的经济基础，是兴办公益慈善事业的物质保障。上海经济实力最强，善举也最多、善量也最大，这种内在的逻辑关系，为中国红十字会肇始于上海作了诠释。经济基础是兴办慈善救济事业的现实条件，这是毋庸置疑的，虽然其他城市也有基础，但与上海相比，其充要条件还不能与上海相提并论。

四、肥沃的慈善文化土壤，浓郁的公益氛围

经济发达程度，与慈善事业发展水平，总体上来说是成正比的。明清时期江南是全国经济最为发达的地区，慈善事业也最兴旺，由此形成浓郁的慈善文化传统，在江南地区承传、弘扬，打造出良好的公益慈善氛围。这种历史文化土壤，较他处深厚。作为近代江南龙头的上海，沐浴在这样的文化氛围中，对红十字会的产生提供了难得的温床。

"国际红十字运动之父"亨利·杜南之父雅克·杜南有一句名言，"财富可转化为

仁慈的德行"。这句名言，可以从上海得到验证。如上所述，上海原本就有良好的慈善氛围，开埠之后，"缙绅名流，硕腹巨贾，车马辐辏，靡不毕集"。这些富商巨贾，热心于把财富转化为"仁慈的德行"，回报社会，以致"上海一隅之地善堂林立，饥者食之，寒者衣之，病者诊之，死者葬之。或惜字以延年，或放生而戒杀，万善同归，无微不至，法良意美矣"。善会善堂之多，"甲于他邑，而资斧亦皆充足"。每当天灾人祸降临，上海绅商总是慷慨解囊，"义举极多。凡各处灾歉，罔不仰给焉。他如恤嫠、保婴、施医、施棺等善举，无不具备"，而他们的善行义举，也带动着社会风气的"向善"。

值得注意的是，随着慈善事业的兴旺发达，上海慈善家群体逐渐把视野放大到全国，超越地域范围的慈善义赈活动"相继而起"，到 19 世纪末，已是"风气大开"，蔚然成风了。中华民族"乐善好施"的传统，一旦有"财富"作保障，就会有行善壮举的层见叠出。而当红十字登陆上海滩后，很快被接纳并在民间义赈的基础上付诸行动，中国施医局、中国救济善会、东三省红十字普济善会等以红十字宗旨为宗旨的组织，即"红十字会化"的慈善组织的出现，就是例证。实现新的跨越，首先在上海发起成立中国红十字会是极其自然的，也是顺理成章的。

总之，中国红十字会首先在上海诞生，毫无疑问，具有"多因性"，以上所述，也只是几个主要方面，但可以肯定绝非偶然。上海有着其他城市无可比拟的得天独厚的条件，形成天时、地利、人和等多种因素交叉互动的合力，最终使红十字会在上海横空出世。

上海万国红十字会救济日俄战灾

池子华

1904 年 3 月 10 日，上海万国红十字会——中国红十字会的前身——成立后，立即着手日俄之战的救护。

红会之设，"首在筹款"，否则，救援行动无从谈起。3 月 11 日，施则敬邀集各华董集会于丝业会馆，决定"先行筹备五万金，以期及早开办"。

3 月 17 日，上海万国红十字会办事董事英刑司威金生、工部局总董安特生、律师麦尼而、医生巴伦、李提摩太、沈敦和、施则敬等，聚于英国按察使署议事，议定筹款办法，决定国内、国外同时并举，华董、西董分别筹措。

3 月 29 日，吕海寰、盛宣怀、吴重熹、沈敦和、施则敬等联名的"拨助捐款"的通电发往各省后，又在 4 月 2 日《申报》登出劝捐启事。劝捐呼吁得到各省当局的积极响应，截至 5 月 16 日，在短短的一个多月中，广东捐助银元 2 万元，盛京将军增祺助银万两，两江总督拨库平银 8 千两，清江漕运总督 3 千两，湖北、湖南、江西、山东各万两，河南、陕西各 5 千两，天津 2 万两等。民众捐款也十分踊跃，从《申报》连篇累牍的"捐款清单"中，我们不难想见各界涓滴助赈的感人场景。

政府的支持和各界人士的广泛参与令人鼓舞，但上海与东北相去遥远，救援行动的实施，只能由分会力任。4 月 6 日，牛庄分会宣告成立，这是上海万国红十字会添设的第一个分会。接着，新民屯、沟帮子、辽阳、开原、奉天、铁岭、安暑河、海城、山海关、塘沽、烟台、金陵等地分会纷纷添设。随着分会

中国红十字会创始人之一吕海寰

的次第添设，大规模的救援行动逐渐推开。

救援行动从牛庄推开。这里切近战地，难民如猬之集。牛庄分会救助难民"出险"，成绩卓著，到 8 月初旬，4 个月中救护出险并资遣回籍的难民已达 4250 余人。在整个行动中，牛庄分会共救治伤者 26000 人，救护出险资遣回籍者 20000 人。其他分会的救护工作同样出色，如沟帮子分会，在整个救援行动中，给予火车免票救护出险者 1128 人，给资投亲友者 2563 人；新民屯分会救护出险者 37683 人，给资投亲友者 23560 人，大批在东北从事开矿、筑路、伐木的关内人，由新民屯分会转送至山海关分会资遣回籍。

红十字救护"出险"行动，历时一年有余，131177 名身陷险境的落难同胞得以转危为安。

"大兵之后，必有凶年"。日俄战争之后的赈济，对上海万国红十字会而言，义不容辞。事实上，上海万国红十字会对灾民的赈济不待"大兵之后"就已经开始了。

日俄战争是一场巨大的灾难，战火所及，"荒凉不堪入目"，因此在救护难民"出险"的同时，赈济灾民的行动也在推进中。为此，上海万国红会在沈阳开办了"东三省协赈总局"，以陈艺驻局督办，张琪昌、史纪常为会计，罗相为书记，时敏、陈德球任英、日文翻译，另派叶景葵前往会同商办，"所有赈款、赈粮、棉衣、药物一切要需，统由沪会筹备，运送新民屯，转运至沈（阳）"，调拨各处。各分会设置粥厂（场），煮粥赈饥。

东北冬来早，10 月份开始，即有号寒之苦，难胞衣不完体，受冻挨饿。上海万国红十字会赶办棉衣 5000 袭（内计女衣 2000 袭，童衣 3000 袭），而后定做棉衣 3 万套，陆续运往东北散放，同时在《申报》等报刊发布《劝募东三省战地冬赈款项并棉衣启》《急募东三省棉衣启》《红十字会棉衣捐款》，加以劝募。

冬去春来，虽然日俄之战仍在持续，但战地北移，一些地区恢复了平静。浩劫之后，难民"既无庐舍，复无粮种耕具"。为此，红会筹拨银 4 万两，对栖流所留养的难民助以筑室、备耕、生活之费。奉天难民众多，人数超过 4 万，经与奉天将军增祺协商，由官府资助建房、置办农具，红会赈以粮食，共同安置。

1905 年日俄战争结束后，放赈持续进行，直到 1906 年 9 月始告结束。近两年中，红十字会办事人员不辞劳苦，深入灾区各地，会同地方官绅，散放赈粮，克尽扶危济困之神圣职责。

以下是"大兵之后"红会赈济灾民的实录：

承德、兴仁两县，均为旗籍，与新民、辽阳、兴京、海龙接壤。战争中，两军更相驻守，被难尤酷。战后，经史善诒派陈艺、史汝基、张琪昌、谢文虎、任其钧、严良增、张思永、支昭福、尤辰翼分头前往查明承德县 46 屯，大口 5563 名，小口 3519 名；兴仁县五旗 196 屯 3731 户，大口 12038 名，小口 8375 名，会同承德知县孟秉彝、兴仁知县崇廉，分别给赈无遗。

辽阳州南界海城、岫岩，东界兴京、凤凰厅，北接承德县，俄军以此为根据地。两军相持既久，为祸惨烈。魏伯诗德与华员刘芬、朱庆章等，前往查明 219 屯 6268 户，大口 18821 名，小口 12347 名，会同辽阳知州沈金鉴，分别给赈无遗。

海城跨辽河为治，接壤辽阳、盖平、岫岩，西为津榆铁路必经之地，东为东清铁路扼要之区，"日俄两军，据以相持，胡匪乘间肆扰，人民困苦殊甚"。西董魏伯诗德、华员朱庆章分头前往，查明 130 屯 3023 户，大口 7765 名，小口 5150 名，会同海城知县王礼堂给赈无遗。

此外，红会还在新民屯、彰武、盖平、开原、铁岭、昌图、怀德、奉化、康平、兴京、通化、怀仁、东平、西安、西丰、柳河、海龙、伊通、磐石、沈阳、牛庄、沟帮子、海参崴等地广施赈济。施赈范围共 27 处，受赈人数达 225138 人，功勋卓著。

上海万国红十字会及其分会，救助日俄战灾，历时三载，救护出险、收治伤病、留养资遣、赈济安置总人数达 46.7 万人，因伤重不治而亡者仅 331 人。"此次救护工作，得到教会和医院以及中国官方最高的合作，所以成绩特佳。"尤为难能可贵的是，红会中西办事各董及救难人员不支薪水，他们以崇高的奉献精神，救死扶伤，扶危济困，默默实践着红十字赋予的人道圣职。他们的业绩，在白山黑水的辉映下，熠熠生辉，光彩照人。

中国红十字会第一分会何以设在营口

池子华

2016 年 10 月，由中国红十字总会投资的"中国红十字运动发源地纪念馆"在辽宁省营口市开工兴建，2017 年上半年完工。作为红十字文化传播基地，"纪念馆"的建成，向世人打开了一扇洞察中国红十字运动跌宕起伏、波澜壮阔的历史之窗，值得期待。

营口是红十字运动在中国的发源地之一，是中国红十字会第一个地方分会的诞生之地。

1904 年 3 月 10 日，为救助日俄战争中的东北同胞，中国联手英、法、德、美在上海发起成立"上海万国红十字会"，它的成立，标志着中国红十字会的诞生。但上海与东北，相去遥远，救援行动的实施，最有效的途径就是因地制宜，设立分会。鉴于"营口最为冲要，先行设立分会"，营口（牛庄）分会于是成为上海万国红十字会添设的第一个分会。1904 年 4 月 6 日，营口分会宣告成立。

那么，中国红十字会第一分会何以设在营口？或者说营口何以成为中国红十字会第一分会？这是一个饶有兴趣的问题。穿越历史，有几个方面的原因值得注意。

管控水陆，"最为冲要"

营口分会，又称牛庄分会。营口与牛庄，原本是两个地方，何以两地"纠缠不清"？这是历史造成的。

牛庄，因辽、金时期辽河在牛庄附近入海，被称为"牛子"的商船云集，故名。1858 年 6 月，英、法、美、俄强迫清政府签订《天津条约》，开放牛庄、登州、台南、淡水、潮州、琼州、汉口、九江、南京、镇江为通商口岸。1861 年 5 月 23 日，英国首任驻牛庄领事托马斯·泰勒·密迪乐（Tomas Tayeor Meadows），顺辽河前往牛庄巡视时发现，牛庄"河道淤浅"，大船无法驶入，而辽河入海口的营口水深港阔，适合大船进入，于是指营口为牛庄。后营口正式代替牛庄开埠，因《天津条约》内容无法更改，因而对外统称牛庄。这种"指鹿为马"造成了营口即牛庄、牛庄即营口的"互通"。

营口濒临渤海湾，是辽东半岛重镇，管控水陆，地理位置"最为冲要"。作为对外开放的口岸城市，这里商贸发达，有"关外上海"之称。日俄战争爆发后，这里又成为难民汇聚之地。因此，首选营口设立分会，无论从哪方面说，都是明智之举。

甲午设首家红十字医院，开风气之先

作为东北首个对外开埠的口岸城市，营口风气开放，欧风美雨，声光化电，异彩纷呈，红十字文化在这里得以传播、实践。早在甲午战争期间，1894 年 12 月 3 日，英国苏格兰长老会传教士医生司督阁（又译为司徒阁）就在营口租赁一家中国客栈开办了简易的红十字医院，救护伤兵伤民。客栈"竖立起非常大，也非常显眼的红十字旗帜"。救护工作由营口海关医生达瑞（又译为戴理、戴力，营口人称为达大夫）总负责，参加救护的共有 8 名医生。医院条件简陋，"对于我们来说，这种医院似乎是简陋和肮脏的地方，但对伤员们来说，这里无异于享乐的天堂"——红十字医院就是天堂。至 1895 年 3 月战争结束，营口红十字医院由一所扩充为 4 所，收治伤兵约千人，"人数既多，医治者为之应接不暇"。这是中国历史上最早开展的红十字救护运动，也是国内第一所红十字医院，开风气之先。而且，红十字医院与上海联系密切。为了提供后援保障，旅沪英国传教士、驻沪总领事以及洋商，在上海"成立有一个红十字会"，"慷慨地承担了牛庄港红十字医院的所有费用"。正是在上海总会的支持下，营口

英国传教士司督阁

的救护行动取得了圆满成功，"光绪皇帝特授予牛庄港红十字医院几位主要医生双龙宝星三级勋章"。虽然营口红十字医院的开办，上海红十字会的组建，均为"洋人"主导，但在筹款募捐过程中，上海的仁济善堂、丝业会馆等机构以及江浙民众，也是鼎力相助。

营口率先垂范，确立了红十字运动在中国起源地的历史地位，这种优势也奠定了在此设立"第一分会"的良好基础。

营口传教士义无反顾，善与人同

与营口传教士魏伯诗德（又译称韦伯斯特）特殊的"人脉"关系也是上海万国红十字会决定在营口设立分会的一个重要因素。魏伯诗德是英国传教士，"久在营口等处

传耶稣教有年，彼处无论何人，均知有魏牧师"，在官绅阶层中具有很高的社会声望。他与上海万国红十字会创始人沈敦和、李提摩太均有联系。沈敦和在酝酿成立东三省红十字普济善会之时，就曾致电魏伯诗德，请其臂助，"旋得回电，极愿赞成"，并"腾出医室中卧床五十张，以备遇难病民安卧云"。上海万国红十字会组建时，同为英国传教士的李提摩太"电询牛庄教士可否助救难民"，得到魏伯诗德的肯定答复，"且愿效力者甚众"。魏伯诗德义无反顾，决心全力以赴，救助东北难民，这使沈敦和、李提摩太深受鼓舞，"因此遂有创设红十字会（分会）之议"。1904年3月17日，即上海万国红十字会成立后的第7天，中西办事董事首次集会，就"于牛庄设一分会，亦举中西董事合办"达成共识，并公举魏伯诗德为牛庄分会西董，田贵为华董。

1904年4月6日，"第一分会"营口分会宣告成立，中、英、美、俄、德、丹6国官商担任董事。次日，召开董事会，公举美国驻营口领事密勒为总董，大理医生管理银钱，魏伯诗德司理文案，负责难民救护事宜。以营口爱尔兰教会医院即普济医院为分会总医院。营口分会开始运作。

营口红十字会旧址

复制"营口模式"，建立卓越功勋

营口分会设立后，人道救援行动正式拉开帷幕。在整个行动中，据红会史籍记载，营口分会共救治伤者26000人，救护出险资遣回籍者20000人，堪称功勋卓著。正因为如此，"营口模式"在东北迅速推广，辽阳、奉天、开原、铁岭、安暑河、沟帮子、新民屯、海城、山海关等分会相继开办，救助行动全面展开。在此过程中，司督阁积极参与伤兵难民的救治（1912年10月30日他还代表奉天分会出席在上海召开的中国红十字统一大会），而魏伯诗德更发挥了不可替代的作用。他不仅响应上海万国红十字会之请促成营口等分会的添设，多方奔走救护难民出险，而且在兵灾赈救过程中更是亲力亲为，风尘仆仆。难怪万国红十字会同人感慨万千，称道不置："魏伯诗德君为本会董事，慈祥恺悌，以德动人。自牛庄开办分会医院后，无论老幼男女，援手护救者不下万人，由是而辽而沈而开原、吉林各分会，以次递兴，而辽会（辽阳分会）实为南北门户。今得其同教魏诗（司）华德君，一一布置，有条不紊，遂使全辽人民奔走相告，得庆再生。而日将福岛君登堂引观，亦复一视同仁，辄以巨金见助。呜呼！此非魏伯诗德君知人善任而以诚相感，曷克有此！"

上海万国红十字会依托营口等分会，救助日俄战灾，历时三载，救护出险、收治伤病、留养资遣、赈济安置总人数达 46.7 万人，"成绩特佳"。尤为难能可贵的是，红十字会中西董事及救难人员不支薪水，他们以崇高的奉献精神，救死扶伤，扶危济困，默默实践着红十字赋予的人道圣职。他们的业绩，在白山黑水的辉映下，熠熠生辉，光彩照人。

盛宣怀出任首任会长

池子华

1907 年日俄战争救护及战后赈济等宣告结束，上海万国红十字会使命完成，理应解散。"永有红十字会主权"的中国何去何从，自然提上议事日程。这年 7 月 21 日，也就是光绪三十三年六月十二日，吕海寰、盛宣怀联衔上奏朝廷，缕陈上海万国红十字会办理情形及善后持久事宜。这份奏折向我们传递一个重要信息，即中国红十字会开始"脱胎换骨"走上独立发展之路。奏折中说："各国红十字会各有佩章，重以国家之命，由会制备。今中国红十字会成立，西董亦愿得中国红十字会佩章以永纪念等语。"这里应特别注意的是"今中国红十字会成立"的表白，"今"即意味着奏折上达朝廷之时中国红十字会已正式"成立"，至于"成立"的具体时间，我们不得而知，在没有相关资料发现以前，我们完全有理由把 1907 年 7 月 21 日吕海寰、盛宣怀上奏之日视为中国红十字会"自立"走上自我发展之路的起点，因为这份奏折在中国红十字运动史上的意义非同寻常。

中国红十字会"脱胎换骨"，走上自我发展之路，这是中国红十字运动史上新的里程碑。这一变化呼唤"会长"的应运而生。那么，什么人有资格担当此任呢？根据当时的情况，首任会长的候选人至少应具备两个条件。

一是要有官方背景的朝廷重臣。虽然红十字会组织是非政府组织，但没有中央政府的支持，很难形成全国统一性，毕竟中国红十字会是全国性的组织，不是地方性的慈善团体，会长一职非一般人所能胜任。

二是参与上海万国红十字会的运筹，具有创办人的资历。

沈敦和、施则敬、任锡汾，都是上海万国红十字会的创始者、"办事董事"，也都有一官半职，但不是官方大员，权威性、影响力都很有限，很难掌控全局。

由此看来，会长的合适人选也只有吕海寰、盛宣怀、吴重熹三人了，他们既是朝廷重臣，同时"由中国联合英、法、德、美五中立国，创设上海万国红十字会，公同推举臣海寰、臣宣怀及臣重熹为领袖"，当然是绝佳候选人。

吕海寰（1842—1927），字镜宇，山东莱州掖县人，1867 年中举，捐官员外郎，任职兵部，因关心时务，受到协办大学士、总理各国事务衙门大臣李鸿藻的赏识而屡膺保荐，历任兵部车驾司总办兼则例馆提调、总理各国事务衙门总办章京、兵部员外郎、

记名海关道赏加二品衔等职。1894 年任
江苏常（州）镇（江）通海道，其间办
理泰安、淮阴两教案，有理有节，颇为
得体，赢得善办外交的美誉。1897 年，
经李鸿章保荐，他被任命为出使德国大
臣，回国后，官至工部尚书的吕海寰于
1902 年 2 月 23 日被朝廷任命为钦差办理
商约大臣，在上海与西方列强进行商约
谈判，盛宣怀、吴重熹会办，予以协助。
因在沪办理商约的关系，吕海寰与红十
字结下了不解之缘。上海万国红十字会
的成立、维持以及救助行动的顺利实施，
都倾注了他大量心血。他是一面旗帜，
应该说是会长的最佳人选。

　　盛宣怀（1844—1916），字杏荪，又
字幼勖，号愚斋、止叟，江苏武进人，
出身于一个官宦之家。聪明过人，但科
举之路颇不平坦，屡试不第。1870 年，
经杨宗濂推荐入李鸿章幕府办理文案。

中国红十字会首任会长盛宣怀

盛宣怀之父与李鸿章有交谊，加上盛宣怀精明能干，深受李氏赏识，盛宣怀时来运转，
青云直上：1873 年任轮船招商局会办（后升任督办）；1880 年筹办中国电报局，任总
办；1893 年筹办华盛纺织总厂，任督办；1896 年从湖广总督张之洞处接办汉阳铁厂、
大冶铁矿，经办芦汉铁路；1897 年在上海成立中国铁路总公司，开设中国通商银行。
他一跃成为当时屈指可数的洋务企业家。上海是盛宣怀的大本营和活动中心，1900 年
义和团运动期间参与"东南互保"，鼓动两江总督刘坤一、湖广总督张之洞与驻沪各国
领事订立《东南互保章程》，以避免因义和团运动和八国联军侵华战争而可能引发的社
会震荡，事后受到慈禧太后的赞赏，视为"不可缺少之人"。1902 年出任会办商约大
臣、办理商税事务大臣，协助吕海寰与各国进行增加关税、改订商约的谈判，由此与
红十字会结缘。他是上海万国红十字会的领袖人物之一，也是首任会长的合适人选。

　　吴重熹（1841—1921），字仲怡，山东海丰（今无棣）人，光绪初年任河南陈州府
知府。1900 年八国联军攻占京师，慈禧太后与光绪皇帝出逃西安，吴重熹在途中恭请
圣安，得太后欢心。后又仿唐代杜甫诗作"麻鞋见天子"，辑一诗集《麻鞋草》，对慈
禧朝政极尽歌功颂德之能事，受到重用。1907 年护理直隶总督，又署理江西巡抚，后
调任邮传部侍郎、河南巡抚等。他在上海会办商约大臣期间与吕海寰、盛宣怀秉承朝
廷旨意，鼎力支持上海万国红十字会的开办与运作，他是朝廷大员，也是万国红会的
领袖人物之一，当然也是首任会长的合适人选。

　　显然，吕、盛、吴三大臣都具备荣膺首任会长的资格。那么首任会长究竟是谁呢？

不是吕海寰，也不是吴重熹，而是时运正盛的盛宣怀。这在《吕海寰往来电函录稿》中有明确的记载："一千九百〇四年创立之万国红十字会解散后，中国会员遂于上海开会，议决另行组织中国红十字会，以为久远之计。适商约大臣盛宣怀驻沪，遂公推为会长。一千九百零七年盛大臣（盛宣怀）将组织会务情形奏达朝廷，当奉谕旨，准照办理，并派盛大臣为会长。其时本会并未请领敕旨书，亦未订立规章，故其范围未见推广。"这份资料是1912年中国红十字会向在美国举行的国际红十字会第九次大会提交的《中国红十字会中央部赴会报告》，抄件则存在《吕海寰往来电函录稿》中了。这是目前所见最早记载"会长"的文献。就是说，1907年上海万国红十字会解散、中国会员开会"另行组织中国红十字会"时，恰在上海的盛宣怀（当时吕海寰已回北京供职）被"公推"为首任会长，而且得到朝廷的认可，只是当时"范围未见推广"，影响力有限，没有引起人们的关注。

红十字事业的发展，离不开官方的支持。鉴于"自立"后近三年的中国红十字会，事业发展并不尽如人意，因此，1910年1月吕海寰、吴重熹联衔会奏《酌拟中国红十字会试办章程请旨立案折》特别强调："惟会务头绪繁多，关系中外交涉，可否简派大臣作为会长，以昭郑重，如蒙俞允，即由会长督率该董等妥为筹办，并将办事情形随时报部查核以期核实。"提出了"官派"会长的正式请求，朝廷准奏。1910年2月27日降旨"派盛宣怀充红十字会会长"，盛宣怀因此又成为政府正式任命的首任会长。因为盛宣怀自1907年后一直担任着"公推"会长的职务，故此次任命也是顺理成章的。

华山医院：第一家红十字医院

阎智海　杨红星

华山医院为中国红十字会的直属医院，其前身为"中国红十字会总医院"。自1907年开始筹设迄于今天，华山医院从小到大，从弱变强。医护人才和医院是中国红十字会从事救护活动的中坚力量，在历次兵灾救护和疾病救治中，华山医院本着"博爱、奉献"的理念，率先垂范，在弘扬"人道主义"精神的同时，也见证了中国红十字会的成长。

中国红十字会总医院——华山医院的前身

中国红十字会发端于1904年的日俄战争，初名上海万国红十字会，由中、英、法、德、美五国合办。建会初期，其创始者就深深感到"恤兵救灾，首需救护人才及医院"。

1907年，上海万国红十字会完成历史使命宣告"终结"，中国红十字会走上"自立"发展之路。7月21日，吕海寰、盛宣怀联衔上奏清廷，陈述了上海万国红十字会办理情形及善后持久事宜，提出在上海购地，采取各国医院学堂医船医车之式样，筹措经费，次第仿办，"以结万国红十字会之会局"，"以巩中国红十字会之初基"。由此拉开了筹建中国红十字会总医院及医学堂的序幕。

中国红十字会总医院即华山医院的前身，是中国红十字会成立以来着手筹建的第一所红十字医院，一切筹办事宜，由原办事总董沈敦和等一手经理。

1909 年，沈敦和利用万国红十字会余款，先行于上海徐家汇路购置土地十余亩，用以建造医院学堂会所之用，以立初基。1910 年春，经过一年的紧张筹建，一所高大洋房落成，此即中国红十字会总医院。总医院配备有冷热水管、解剖房（即病理室）、割症房（即手术室）、蒸洗器械房（即消毒室）、爱克司电光房、配药房（即制剂室）、储药房、发药房、化学房（即化验室）、汽锅房（即锅炉房）、浴室、病房、议事厅（即会议室）、殡殓所（即太平间）等设施，设备之齐全，被时人称誉"为沪之冠"。

总医院延聘著名西医柯师为内科医生，解剖专家峨利生为外科医生，血液学专家亨司德为血液检验医生，王培元为驻院医生，分主各项事务，克利天生女士为看护妇（即护士）。总医院在运营初期，除积极参与战地救护和平时诊治外，还承担着一项神圣的使命：培养医学生。由此具有了医教一体的双重功能。

医学堂是培养医护人才的基地和摇篮，医护人才的培养为总医院和中国红十字事业的后续发展提供了重要保证。就在总医院筹建期间，中国红十字会借德国医生宝隆在上海开设的同济德文医学堂，作为委托代培中国红十字会医护人才的基地。1908 年8、9 月间，中国红十字会连续在《申报》刊登广告，面向社会招考医学生。

1910 年夏初，中国红十字会医学堂在总医院旁落成，并于是年开始招生，学生需具有英文基础，入校专攻医学，5 年毕业。医学堂特聘总医院医师柯师、峨利生、亨司德及王培元为教员，用最新学术教授专门医科，力求使学生学有所成。而总医院近在咫尺，便于学生实习，从而成为医学生成长锻炼的绝佳场所。

中国红十字会总医院开办的首要目的为"巩中国红十字会之初基"，在战时救护和平时疾病的诊治中，总医院不甘人后，总是走在救护救治的第一线。

1911 年 10 月 10 日，武昌首义，辛亥革命爆发。总医院医护人员主动请缨，率先奔赴战地进行救护，总医院医师丹麦人峨利生精于解剖术，在战事救护中，医治伤兵应手即愈。由于战事激烈，伤兵过多，峨利生"早夕临治，未尝少息"，最终因积劳成疾于该年病逝。

为便于总医院进一步发展，也为了解决经费困难，1912—1918 年和 1918—1921 年间，中国红十字会分别同美国哈佛大学和美国安息会签订合办总医院的合同，借助外力推动医疗技术的精进、设备的更新和医护人才的培养，总医院在探寻一条新的发展道路。在与国外联办的过程中，总医院颇见规模。

1921 年，中国红十字会收回总医院自办，牛惠霖被推举为院长。总医院建成以来，积极发扬人道主义精神，在平时疾病诊治中，对于病重住院治疗的社会下层贫困者，往往免费施医给药，有的仅收取伙食费，有的则医药伙食费全免。据相关资料记载，1922 年 3 月至当年年终，总医院共收治住院病人 689 人，对于住三等病房的贫困者计369 人，仅收取伙食费，而对于极贫者计 96 人，则完全免费治疗。

除进行战地救护和平时施医给药外，总医院还救灾恤邻，进行国际救援。1923 年，日本关东地区发生特大地震，灾情严重，上海中国红十字会总办事处得悉后，随即组织募捐，准备前往救援。当时办事处医务长牛惠霖为总医院院长，表示"愿亲自赴救"。在日灾发生后第七天，中国救护医队在理事长庄录、医务长牛惠霖带队下，东渡扶桑，前往救助。这次援外救护行动不仅加深了中日两国人民之间的理解，也为中国红十字会赢得了国际赞誉。

华山医院历经百余年风雨沧桑，辉煌与梦想之路却早在上个世纪初即已开启。在建院初期，总医院"本博爱襟怀，献科学身手"，谱写了一首首爱的赞歌。薪火相传，如今作为中国红十字会直属医院和复旦大学附属医院，作为全国知名的三级甲等医院，华山医院恪守"创业、敬业、改革、奉献"的华山精神，追求"一流人才，一流质量，一流服务，一流管理"的华山目标，努力将医院建设成具有鲜明的学科特色、先进的服务理念，具备一流的硬件设备、诊疗技术、服务质量、管理水平和较强竞争优势的现代化医院，为中国红十字事业继续建功立业。

辛亥革命与中国红十字会的战地救护

——武汉战场的救护行动小记

杨红星　马红英

　　辛亥革命，改地换天。在波澜壮阔的革命浪潮中，向来执人道使命、本博爱襟怀的中国红十字会继续出入于烽火之中，救伤瘗亡，纾危解难，谱写了又一曲壮美的人道赞歌。

　　1911 年 10 月 10 日，辛亥革命首先在号称"九省通衢"的武汉爆发，继之，湖南、陕西、江西、山西、云南、上海等地纷起响应，清王朝处于风雨飘摇之中。武汉既为辛亥首义之地，且战争激烈，中国红十字会的救护行动理所当然由武汉开始。

中国红十字会在汉口救伤瘗亡

　　1911 年 10 月 25 日，即中国红十字会万国董事会成立的第二天，以总会医院英国医生柯师为领队的中国红十字会救护医队 30 余人，分编为甲乙丙三队，乘"襄阳丸"号轮，由上海溯江西上。30 日救护队到达汉口，在友人帮助下选定俄国商人新建的三层楼洋房作为战地事务所兼养病院。这一处所由于草创初成，"一切事物，统由本会创制，煞费周章"。而且该院紧邻战场，险象环生，随时都面临着危险。需要指出的是，武汉救护与以往有所不同，这次救护行动主要在战场之内，因此使得危险系数大大增加，救护队员为流弹所伤也在所难免，居所被炸之事更是常有发生。由此我们可以想见救护工作之艰难。

辛亥开战后，到10月底战事已持续20余日，两军皆伤亡惨重，亟待红十字组织的"从天而降"。恰在此时，红十字救护医队如时雨润物，到达后不及喘息即实施救治。同时，派出担架队，深入前线抢救伤兵，往返数十次，虽"足茧肩肿，惫困万状"而毫无怨言。在汉口、汉阳交战时，红十字医队还特派遣红十字小轮驶入襄河（汉江的别称），在枪林弹雨中拯救伤残，不畏艰险。伤兵入院后，救护人员为之裹伤敷药，通宵达旦。特别值得注意的是，十位中外佳丽组成的看护小组，对伤兵照料得无微不至，有如当年的"提灯女神"（南丁格尔）在世，受伤士兵深受感动。

随着战事的推进，救护任务日益艰巨，浩繁的经费支出成为困扰红十字会的首要问题。为保证救护行动的顺利进行，中国红十字会万国董事会根据战时情况适时提出两大措施，为救护工作奠定物质基础。一是以理事总长沈敦和的名义刊登劝捐广告，指出武汉战事之惨烈，不但众多兵士性命在战火中惨遭蹂躏，而且殃及无辜百姓，群罹无妄之灾，颠沛流离，困于水火。红十字会虽殚精竭虑，为救伤不遗余力，怎奈救护工作任重道远，红十字会独木难支，因此请求天下善士解囊相助，聚沙成塔，集腋成裘，共襄善举。劝募广告经由《申报》等社会传媒的宣传，激起社会各界的普遍关注，捐款热情高涨，成为辛亥革命时期的一个"亮点"。缓解经费困难的第二个措施是"征集会员"，这一措施在中国红十字运动发展历程中具有重要意义。从1904年建会以来，至辛亥事起，中国红十字运动一直步履维艰，其中重要原因之一即为会员征集工作没有实质性的展开。会员为立会之基本，东西方红十字组织概莫能外。红十字事业的维持，一个重要保障，就是会员所交会费，这也是中外的共识。辛亥战事骤起，而红会经费面临捉襟见肘之境地，理事总长沈敦和审时度势，决定在《申报》刊登《红十字会征集会员广告》，提出按照国际惯例，设定不同标准，征集中国红十字会名誉会员、特别会员和正会员，并相应推出实施标准和规程。这一措施，有力地推动了经费筹集工作的开展，支援了红十字会在武汉战场的救护行动。更重要的是，这一措施开启了中国红十字会征集会员工作的先河。

随着善款的源源到来，武汉战场的救护工作也继续推进。由于战火在武汉三镇的不断蔓延，中国红十字会在原有汉口俄界医院的基础上，又暂借武昌仁济医院为临时分院并在汉阳设立医院，至此，红十字会的救护机关已日臻完备。

在救护工作中，救护队员的高尚情操和精湛技艺令人赞叹不已，许多命悬一线的兵民被他们从死神手中夺回。据记载，有的伤兵由于子弹伤及心膜，气息奄奄，在柯师医生的精心救治下却得以康复。还有一位平民遭流弹穿过脑部，众人皆无可奈何，但峨利生医生却能独出心裁的设法救治，一段时间后病人痊愈。还有一些由于外伤而失血过多的病人，也是在峨利生医生的治疗和照料下得以转危为安。众人都为峨利生医生的医术所震惊，称为"神医"。但令人惋惜的是，因积劳成疾，峨利生医生于12月12日不幸逝世，年仅35岁。峨利生医生是丹麦人，著名解剖专家，为中国红十字会总医院医生兼医学堂教习。在武汉救护行动中，他深入前线，不避危险，救治了众多中国兵民。他的去世，是中国红十字事业的一大损失。12月21日下午4时，中国红十字会在汉口友宁礼拜堂召开追悼大会，向这位国际友人表示沉痛的哀悼和深深的敬意。

在一个多月的武汉救护行动中，综计汉口治愈病兵576名，伤兵415名，病民31名，伤民106名，医治无效而死者34名；武昌治愈病兵860名，伤兵562名，病民18名，伤民116名，医治无效而死者25名；汉阳治愈病兵571名，伤兵120名。总的说来，武汉战地救护，红十字会恪尽职守，受到社会各界及两军将士的交口称赞。在这次救护行动中，红十字人道主义理念赢得了广泛的理解和尊重，这也是辛亥战时救护的一个标志性成果。

峨利生医生

汉口红十字会救护队

赤子情怀：辛亥革命中的留日医学生红十字团

池子华　周小蓉

　　1911 年辛亥革命的爆发，举世瞩目。生活在海外的中国人更是牵肠挂肚。随着战火的蔓延，中国红十字会救伤瘗亡，所费不赀。海外华人踊跃捐款，源源接济。特别令人感动的是，留学日本的医学生，以高昂的人道热情，组成红十字团，慨然由东瀛归国，投身于火热的战地救护之中。

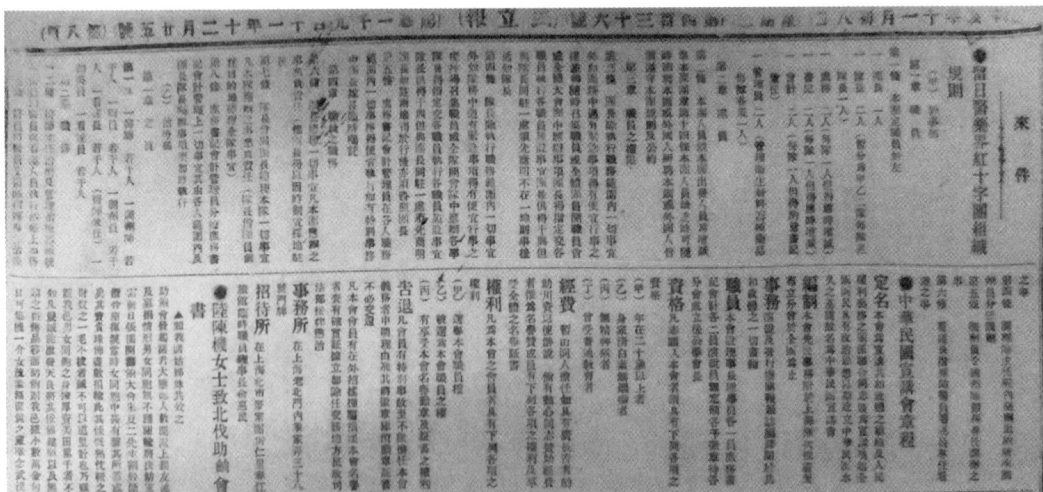

1911 年 12 月 25 日《民立报》刊载的《留日医学界红十字团组织规则》

　　原来，日本是当时中国留学生最为集中的国家。中日一衣带水，不仅路途近，而且留学费用较低，加上日本教育的发达和综合国力的强大，吸引着广大的中国青年前去寻求救国救民、富国兴邦的真理。从 1903 年起，每年都有成千的中国人漂洋过海，东渡扶桑。在留日学生中，有不少人学习医学，他们希望通过自身的努力，来改变"东亚病夫"形象。留日医学生，大多加入日本赤十字社，成为国际红十字大家庭中的一分子。辛亥战事发生后，医学生们以天职攸关，乃决意回国参加战事救护，据 10 月 26 日东京电称："留学日本各处之中国医学学生皆入赤十字队。"他们以东京为中心，联络各校医学生，组成由百余人参加的"留日医药界红十字团"，推举王曾宪为团长，乘"博爱丸"号轮，泛海归国，11 月 26 日抵达上海，受到沈敦和等红会要人的热烈欢迎和盛情款待。

留日医药学界红十字团抵达上海后，即整装待发。为保证救护行动规范、有序进行，特制订《中国红十字会留日医药界红十字团章程》。《章程》规定："本团由留日医药界组织而成，定名为留日医药界红十字团"；"本团以博爱为宗旨，凡军人及因公服务于军队之人员有负伤及罹病者，不问其为南军、北军，悉殷勤救护"；"本团援万国红十字条约得用白地（底）红十字徽章、旗帜"；"本团出发至交战地后，务与各国及中国各红十字团为一致之行动"；"本团对于南、北两军皆毫无偏袒行为"；"本团一切经费，除已承各慈善家直接寄赠本团外，均由（中国红十字会）总会担任"等。这个《中国红十字会留日医药界红十字团章程》包括了宗旨、红十字团与万国红十字会条约上之关系、"对南北两军之地位"、徽章之佩用、经费等。由《章程》我们不难看出："留日医药界红十字团"隶属于中国红十字会，冠以"中国红十字会"留日医药界红十字团，命意即在此；尽管留日医药界红十字团为"后援"，但仍是中国红十字会辛亥战时救护行动的有机组成部分；留日医药界红十字团的救护行动"不问其为南军、北军，悉殷勤救护"，表明它的中立性，这与中国红十字会"救人宗旨不分革军（革命军）、官军"完全一致，体现出红十字会的"博爱"本色。

留日医药界红十字团到来之时，苏浙沪联军由镇江进攻南京，来自大阪、长崎的留日医学生乃受命先赴镇江前线，迅即投入救死扶伤的行动中，其余分编甲乙两队，整装待发。12 月 11 日，甲队以陈任梁为领队、乙队以孙家树为领队，开赴湖南、江北前线。甲队 60 人抵达湖南后，因长沙已有医院，遂分驻京口、岳州、常德三处，开办临时医院，"适两军休战，兼治平民"，先后治愈伤兵病民 5000 人。乙队 60 人原定赴南京救伤，并于下关设立临时机关，因战局北移，中国红十字会特派留日医药团编队往救。1912 年 2 月 2 日，为救护安徽宿州战役的伤兵，留日医药界红十字团乙队乘车驰往，不料火车中途出轨，所幸没有人员伤亡。宿州之战正在进行，救援刻不容缓，而火车出轨，无奈之下，医学生只得舍车徒步，跋涉数十里抵宿州，使伤兵得到及时救护。留日医药界红十字团乙队还沿津浦铁路南段"择要组织病院，无事时专医病兵"，扩大救护范围。

救护工作圆满结束后，留日医药学界红十字团返回日本（返回的具体时间不详，当在 1912 年 2 月后）继续肄业。临行时，中国红十字会特"开会欢送"，表达红会同仁对留日医学生慈善懿行的敬意。

留日医药学界红十字团成员，本人道情怀，出生入死，与中国红十字会协力同心，共纾国难，可歌可颂。1912 年 2 月 23 日，孙中山在致黎元洪电文中对中国红十字会在辛亥革命中的救伤葬亡功德给予高度赞扬："查民国军兴以来，各战地将士赴义捐躯，伤亡不鲜，均赖红十字会救护、掩埋，善功所及，非特鄂省一役而已，（孙）文实德之。兹接电示，以该会前在武汉设立临时病院，救伤掩亡，厥功尤伟。"其中，留日医药学界红十字团臂助之功，功不可没。

成为国际红十字大家庭中的一员

池子华

　　1912 年是中华民国元年，万象更新，充满希望。也是在这一年，中国红十字会正式被批准加入"国际联合会"，中国红十字运动史翻开了崭新的一页。

　　1912 年新年伊始，传来佳音：1 月 12 日瑞士日内瓦国际红十字联合会会长阿铎尔致函中国红十字会万国董事会董事部长沈敦和，告知中国红十字会已得到国际红会的正式承认，享有与各国红会同等待遇，函称："俱征贵大臣善与人同，友谊克敦，遵即分电寰球入会各国，皆已一律承认，合电奉告。"中国红会由此正式成为红十字"国际联合会"大家庭的一员。

　　曾经有一种观点认为，1904 年 7 月 8 日中国红会就已经得到国际红会的承认，因此，"我国红十字会取得红十字国际委员会承认的时间应以 1904 年 7 月 8 日为准"。这只是一种美好的愿望，当时的中国红会还不符合"承认条件"。

　　那么，取得红十字国际委员会的承认需要具备什么样的条件？

　　1887 年，卡尔斯鲁厄第四届国际红十字大会授予红十字国际委员会在"核实了各国新红十字会基本原则之后"通告其成立的特权。为完成这一使命，国际委员会制定并不断完善组织规则和"承认条件"，其中"承认条件"规定：建立在一个独立的国家领土上，而且《改善战地武装部队伤者病者境遇之日内瓦公约》已在该国生效；是该国唯一的全国性红十字会或红新月会，并由一个中央机构领导；本国合法政府已依照日

沈敦和

内瓦公约和国家立法正式承认它为志愿救护团体，担任政府当局的人道主义工作助手；具有独立的地位，从而得以按照国际红十字运动的基本原则进行活动；采用日内瓦公约规定的红十字或红新月的名称和标志；组织机构应能便于履行该会章程所确定的任务（包括平时就做好准备，一旦发生武装冲突，便于履行公约所规定的任务）；该会活动需遍及本国领土；在吸收志愿工作者和专职工作人员时，不得考虑种族、性别、阶级、宗教和政治见解等。

1904 年 7 月 8 日，瑞士政府的确将中国政府入会一事布告在约各国，但中国只是因补签"原议"而被接纳为会员国，只是取得开办红会的资格。当时虽有上海万国红十字会的存在，但由五国合办，非中国独自拥有，显然不符合"承认条件"，不可能得到承认。这就难怪日内瓦国际红会会长穆业、副会长欧第业 8 月 12 日给中国外务部的复函中告知"将贵国入会一事布告在约各国"的同时还"深望贵国设立红十字会"了。因此，1904 年 7 月 8 日中国红会得到国际红会承认之说，不言而喻，缺乏有力证据的支持，实际上是难以成立的。

1907 年上海万国红十字会解组，中国红十字会走上"自立"之路，初步具备了被"承认"的条件。但基础薄弱，无力在全国范围内开展人道主义工作，甚至连一个正式的章程也没有（只有一个《中国红十字会试办章程》），争取"承认"，尚需时日。尽管如此，沈敦和等人仍以"承认"宣布于外，他在驳张竹君女士书中就说"中国之有红十字会，于今八年，国家承认，全球承认"。其实沈敦和心中明白，"全球承认"也只是承认中国为红十字会会员国，还不是国际联合会的正式成员。

辛亥革命爆发，沈敦和改弦更张，发起成立中国红十字会万国董事会，开展卓有成效的战地救护。中国红十字会声誉鹊起，引起国际社会的关注，争取"承认"的时机已经成熟。万事俱备，只欠东风。沈敦和想到借助日本赤十字社的"东风"来实现这一夙愿。

日本赤十字社（初名"博爱社"）诞生于 1877 年，十年后，也就是 1887 年得到红十字国际委员会的正式承认。中日一衣带水，不仅距离近，而且大批中国留日生加入到日本赤十字社的行列。日本赤十字社的成功经验成为中国效法的榜样，中国红十字运动从启蒙宣传到立会、制定草章、征集会员，无不参照仿行，有学者说，"中日两国红会的关系其实是学生与老师的关系"。

辛亥之役，日本赤十字社应沈敦和之请，给予中国红十字会以难能可贵的援助，除派医队参与战地救护外，还派法学博士有贺长雄前往上海，对中国红十字会的运作多有规划。有贺长雄从 1911 年 11 月 26 日到上海至 12 月 11 日回国，在上海半月，其间沈敦和"每日带秘书、通译前来……谘询红会详细办法。有贺博士于二十七日先将条约缔盟，与万国红十字会联合之故，详细说明。沈氏闻之，深为致谢，并谓中国红十字事业，将来如能发达，皆为博士之赐。当将该会试行章程，求请修订"。后来首届会员大会上通过的《中国红十字会章程》（6 章 20 条），就是在有贺长雄博士的帮助下"参照东西各国成法"拟制的。中国红十字会各种创制和规模日臻完善，具备了被承认的条件。受中国红十字会之托，1911 年 12 月 26 日，日本赤十字社社长松方侯爵特别致函国际红会联合会会长阿铎尔，介绍中国红会加盟。松方侯爵函称："中国红十字会已开办，设总会于上海地方。该会组织完全，办理合法，愿具保结，请即知照万国承认，以利进行。"鉴于中国红十字会已符合"承认条件"，1912年1月12日，阿铎尔会长函告：中国红会得到红十字国际委员会的正式承认。多年的期待，终于变成现实。而中国红十字会的加盟，也为国际红十字运动注入了新鲜血液。

意义深远的中国红十字会首届会员大会

郝如一　池子华

1912 年无疑是中国红十字运动史上的关键之年。1 月 12 日，中国红十字会得到红十字国际委员会的正式承认，这是对中国红十字会自 1904 年成立以来不断完善自我并在人道主义领域取得辉煌业绩的嘉勉。接着红会向新生的中华民国政府申请"立案"，得到批准。但红十字运动如何推进，倒是红会领导人面临的一个重要问题了。

辛亥革命成功，民国建立，先前成立于上海的中国红十字会万国董事会（"万国"即国际之意）已经圆满完成了自己的历史使命。万国董事会是应辛亥救护之急而设的临时机构，"功成身退"乃是自然之理。红会"立案"，其合法地位得到民国政府确认，处理辛亥革命这一遗留问题也就提上了议事日程。董事部长沈敦和、苏玛利（英国按察使）为此忙碌了几个月。

7 月 16 日，中国红十字会万国董事会董事、名誉董事数十人在上海英国按察使署召开报告大会，苏玛利主持会议，报告辛亥起事以来万国董事会辅助红会救护概略、办事成绩、收支账目等。苏玛利宣布："中国战事已息，董事会全体辞退，银钱存款经众议决仍由会计董事正金银行儿（倪）玉君、朱葆三君执管。"接着，沈敦和报告辛亥战时救护行动成绩，特别强调，辛亥革命救护"红会得以有美满效果，西董之力是赖"，组建分会 60 余处，"办事手续虽有不同，而得教会西董之力居多"。言语之中，表达了中国红十字会对在华西方各国董事人道主义援助的歌颂赞扬和款款谢意。大会商定，万国董事会解散后，从原董事中挽留沈敦和、李佳白、朱礼琦、亨司德、朱葆三、儿（倪）玉、施则敬 7 人办理会务，以便交接。

万国董事会解散，中国红十字会一时出现"虚脱"状况，没有正式会长（吕海寰的会长职务为清政府所任命，清政府倒台，而民国政府尚没有新的任命），没有副会长（虽然沈敦和偶尔以会长的身份发布捐款致谢广告），也没有理事。这是中国红十字会历史上短暂的"空档"。这种局面，维持了两个多月，直到首届会员大会召开后才恢复常态。

为尽快结束"虚脱"局面，沈敦和等"看守"人员在报告大会之后立即投入会员大会的筹备事宜。中国红十字会成立已近十个年头了，还从未召开过会员大会，意义重大而头绪繁多。

会期确定，筹备会员大会的临时机构"红十字会事务所"在 8 月 7 日、14 日《申报》登出《中国红十字会第一次会员大会广告》，向社会宣布：首届会员大会即将召开，并向全体会员发出邀请。《广告》说：中国红十字会创始于日俄之战，已加入日内瓦公约。在去年的辛亥革命中，添设分会及临时救护机关共 60 余处，救伤葬亡，力任艰巨。"蒙孙（中山）前总统、袁（世凯）大总统及黎（元洪）副总统奖许立案，并承日本赤十字社社长松方侯爵推荐加入万国红十字联合同盟，当经万国公认本会为中国正式红十字会。"现拟订正式会章，择于阳历 9 月 15 日（旧历八月初五）下午 3 点钟在上海大马路小菜场英租界议事厅召开全体会员大会，报告会务、账目并正式选举常议员，再由常议员中选举会长、理事等职员，"协力进行，以宏博爱恤兵宗旨"。凡属会员均有选举被选举权。又曾纳捐或经募捐款者，本会亦概认为会员。务请分别携带佩章、凭照、收据等与会，待常议会成立后，凡纳捐募捐诸君，照章应特赠特别会员或名誉会员者，再当会议推举，以重荣誉。"红会为世界的慈善事业，万国均极推崇，具有选举被选举资格者，幸勿放弃，实深企（祈）祷。"会员大会关系到中国红十字事业的未来发展，理所当然受到社会各界特别是会员的关注。

会期迫近，而各种印刷品赶办不及，只好延期至 29 日举行。为方便外地会员莅会，红会事务所经与沪宁铁路公司商妥，为会员乘车提供半价优惠。

9 月 29 日，"天朗气清，风不扬波"。在这秋风送爽，桂花飘香的迷人季节，中国红十字会首届会员大会隆重开幕。下午 3 时，中国红十字会首届会员大会在上海英租界大马路议事厅隆重召开。到会会员共计 1352 人，可谓盛况空前。大会主席沈敦和报告开会宗旨，并言辛亥革命一年来，中国红十字会声誉日隆，已有会员近 2000 人，纳捐善士数千人，捐款 155270 余元，分会 60 余处，进步迅速，诚非意料所及，"然以创办九年未经展发之红十字会一旦得见其旗帜飘扬于全国且与万国红十字会旗相映而增辉，固可博世界之荣誉增本会之光宠，而诸公博爱之仁声亦可永垂不朽矣。今日开会正欲申谢诸君之仁德，筹商进行方法，并推举议员，组织议会，以立永久之基础"。沈敦和演说毕，王培元用白话演说辛亥革命主战场武汉战地救护情形，"庄谐杂出，娓娓动听"，掌声不断。施则敬报告收支账目，会员没有异词。会议通过了《中国红十字会章程》并推举英国按察使苏玛利、日本总领事有吉明、日本赤十字社外务顾问有贺长雄、尚贤堂监院李佳白和福开森"五君为顾问"。

推举常议员，选出新一届红会领导，为此次会员大会的中心议题。经讨论，推举施则敬、洪毓麟、朱佩珍、席裕福、唐元湛、汪龙标、陈作霖、狄葆贤、张蕴和、周晋镰、童熙、李厚祐、金世和、蒋辉、何怀德、哈麟、何亮标、谢纶辉、丁榕、施肇曾、郁怀智、叶韶奎、桂运熙、徐镜澜、袁嘉熙、叶德鑫、邵廷松、贝致祥、王勋、林志道、朱礼琦、余之芹、洪肇基、江绍墀，计 34 人为常议员。

10 月 6 日，常议会成立，常议员集会，参照东西各国定章，公举大总统、副总统为名誉总裁；选举吕海寰为正会长，沈敦和为副会长兼常议会议长，江绍墀为理事长。9 日公电政府，请以明令宣布正副会长，以"昭示中外，策励将来"。19 日"大总统令"："派吕海寰充中国红十字会正会长、沈敦和充中国红十字会副会长。"

中国红十字会总办事处同人合影

　　首届会员大会的召开，在中国红十字运动史上具有里程碑意义，它结束了万国董事会解散后出现的"虚脱"状态；通过了《中国红十字会章程》，使中国红十字事业的发展步上正规；完成了董事会制向常议会制会内运作体制的转变；特别是通过《京沪合并章程》，化解了北京红会与上海红会之间的隔膜，有利于中国红十字事业的协调发展。

奠定中国红十字会万年不拔之基

——1912 年中国红十字会"统一"大会纪实

池子华　邓　通

1912 年 1 月 1 日，大清帝国灭亡，中华民国诞生，中国红十字会面临新的转折。鉴于在辛亥革命救护中的巨大功绩，中国红十字会的"立案"申请很快得到了民国政府的批准。9 月 29 日，中国红十字会召开了首届会员大会，会上选举了新的领导班子，成功化解了北京红会与上海红会之间的隔阂，完成了董事会制向常议会制运作体制的转变，有利于中国红十字事业的协调发展。但遗憾的是，有一个重要问题没有解决，那就是"统一"问题。

中国红十字会早期救护汽车

原来，中国红十字会自 1904 年成立以来，虽具有全国性质，但从未实现真正意义上的统一，红会组织随时可以"冒"出来而与总会毫无关系，只要需要，似乎谁都可以创建红会组织。特别是辛亥革命时期，这种情况更为常见而普遍，名目繁多，五花八门，如广东就有广东红十字会、中华红十字会、粤东红十字会、济群红十字会、大汉红十字会、广东河南赞育红十字会等名目，造成一定程度的混乱。民国成立后，如沈敦和说，"一切政治机关莫不革故鼎新"，红十字会作为"世界万国唯一慈善事业……安可不正厥名义，求合乎世界大同"？况且，对内对外关系也还没有理顺，需要有一个"统一"明确的界定，因此有必要"特开统一大会，联合政府及各省分会，共筹进行。举凡对内对外之关系，与夫本会事业之必要，一一详加讨论，列为条件，俾共遵守，冀他日事业，可与万国红十字会相辉映"。

为开统一大会，内务部在 1912 年 10 月中旬即通电各省，要求各省红十字会派代表与会，"携带现时办事规则及一切成绩报告以备研究"。《中国红十字会统一大会》的广告也在 10 月中、下旬不时见诸报端，希望"已与本会联合或未与本会联合之红十字会或赤十字会以及其他慈善团体统祈一体莅会，光斯盛举"。当局以"红十字会为全国唯一慈善事业，力任维持"，黎副总统以及外交、内务、海陆军各部特派代表莅会，如此盛举，如 10 月 16 日《申报》评论员文章所说，"必可为中国慈善界放一异彩也"。

1912 年 10 月 30 日，中国红十字会统一大会在上海大马路黄浦滩汇中旅馆五楼大会堂成功举行。参加会议的代表有黎元洪副总统代表赵俨葳（伯威）、奉天都督代表司督阁、江苏都督代表许葆英（伯明）、外交部代表陈懋鼎（征宇）、王继曾（述勤）、内务部代表刘道仁（伯刚）、陆军部代表汪行恕（植圃）、海军部代表谢天保（卫臣）、温秉文、上海交涉使陈贻范（子安）以及总会、总办事处和厦门、常熟、南京等各分会的代表，多至数百人。北京国务院总理赵秉钧和中国红十字会名誉总裁黎元洪副总统发来贺电。

下午 2 时，统一大会开幕。会长吕海寰因重病缠身，不克莅临，由秘书长冯恩崑（伯岩）代诵开会词。吕海寰充分肯定了中国红十字会自成立以来特别是辛亥战时救护中所取得的可观成绩，但"各会办事条件，大半临时拟订，不无缺点"，所以"特开此会，规定办事章程及应行筹备及推广各事，以固基础，以期统一"。接着，沈敦和副会长宣布开会宗旨，"极言统一之万不可少"，希望"同心协力，共赞厥成，庶几中国红十字会得与共和名义，同享世界上之荣誉焉"！沈敦和报告完毕，秘书长冯恩崑报告红会规条及章程；徐盅（森玉）、赵俨葳、谢恩增（隽甫）、江绍墀（趋丹）汇报红十字救护成绩；陈懋鼎、刘道仁、汪行恕、谢天保分别阐述红十字与外交、内务、陆军、海军各部之关系。31 日下午，会议继续进行，施则敬、石美玉等就《红十字会筹款方法》《女界赞助本会并筹款法》《红十字会应得医士之协助》《禁止滥用红十字会记章旗帜及袖章》《初级救伤》《分会组织法》《编辑红十字会印刷品鼓吹事业之发达》等问题发表见解或做解释说明。11 月 1 日，与会代表兴致勃勃地参观了总会医院，观赏医学生担架队演习和战地救护幻灯。统一大会就此结束。

统一大会，不言而喻，旨在"统一"。而要改变各自为政、涣散如一盘散沙的局面，实现统一，正如吕海寰所说，就要"规定办事章程"。

在中国红十字运动史上，曾有过《上海万国红十字会暂行简明章程》《中国红十字会试办章程》的施行，但要么是"暂行"，要么是"试办"，不免流于粗疏，无助于中国红十字事业的长远发展。有鉴于此，辛亥革命期间，沈敦和邀请有贺长雄博士对会章进行修订，并在首届会员大会上通过。统一大会上再次通过的《中国红十字会章程》就是经过多年实践不断修订、完善的正式章程，这也是中国红会史上第一个正式会章。《章程》共6章20条，从内容到形式，均比较完备、规范，也更符合国际红会章程通例。特别值得注意的是，统一大会根据《章程》，制订、通过《中国红十字会分会章程》，统一分会名称为"中国红十字会某某分会"，结束了分会名称杂乱无章的格局。分会与总会的关系、宗旨、义务等也都作了明确具体的规定。设立分会不再具有随意性，要履行《中国红十字会组织分会申愿书》规定的程序向总会提出申请（申愿），经总会审批后始能开办。总之，通过会章，中国红十字会向规范化管理迈出了重要一步。

统一大会的成功召开，使中国红十字会告别了"散漫"，走向了"统一"，中国红十字会"唯一"地位由此得到了真正确立，这在中国红会史上具有深远影响，史称"实奠中国红十字会万年不拔之基"。

《中国红十字会杂志》创刊

阎智海

"宣传——红会工作的'半壁江山'"。红十字会作为外来事物，在近代中国生根发芽并成长于上海一隅，就与当地发达的新闻传播系统不无关系。

早在中国红十字会创立之前，就有人借助《字林西报》《申报》等刊物讨论红十字会战时救护诸问题，红十字会"无宗派之立场，泯国家之界限"的救护原则颠覆了传统的慈善理念，红十字会创设者认识到大众传媒的强大传播作用，认为"报纸为瀹智利器"，正是向国人传播"人道主义"的绝妙工具，红十字宗旨借此远播千里，有利于红十字会的发展和成长。

但是，1913年以前，中国红十字会尚无专属自己的宣传阵地，红十字会主要借助于《申报》《大公报》等的报道来征信于人。尽管中国红十字会已取得诸多成就，从1904年日俄之役的初创，到辛亥战时救护，中国红十字会"大彰于武汉之师"；从分会散漫林立、各自为政，到1912年召开中国红十字会统一大会，"奠万年不拔之基"；从中、英、法、德、美五国合办"上海万国红十字会"，到与红十字国际委员会"缔结同盟，得列于国际之林"，初创时期的中国红十字会迈入了稳步发展的进程。然而，红十字会的处境仍然比较尴尬，国人"泰半不能言其梗概"的境况并没有多少改变。

毕竟，红十字会事属创举，国人对其认识尚有未尽完美之处，虽然经过前期的兵灾救护和天灾救济，红十字会成绩声誉"昭闻于世"，但是，和其他国家红十字会组织相比，中国红十字会会员无多，且资力薄弱，其时会员人数不及全国万分之一，救护救济过程中难免心殷力绵，种种事业，持续艰难。1912年9月29日，中国红十字会召开首届会员大会，全国红十字分会60余个，会员仅2000人。如何使初创时期的红十字会"厚基础"而"垂永久"，是摆在红十字会创始人面前的一个重要课题。

红十字会创始者意识到趁热打铁的必要，看到了近代报纸杂志的重要媒介作用，尤其是民国建立以来，中华大地依然并不平静，"是正红十字会有事之秋也"。正是有感于近代中国的尴尬处境，才寄希望于通过传播"人道主义"思想，消弭战争于无形，"使吾神州温带之中，蔼蔼乎皆善气之弥纶，一尘不惊，秋毫无忧，而一切河决鱼烂豪暴残酷之风云卷波平"。1913年1月，沈敦和决意创办刊物来宣传"人道主义"，以期推广善举，广纳会员，为红十字博爱事业的发展创造机遇。

1913 年 5 月 1 日，《中国红十字会杂志》的正式创刊，标志着中国红十字会有了自己的舆论宣传阵地，"所以为是编者，诚欲发挥人道主义以感动人心"。中国红十字会的创始人之一沈敦和在创刊"弁言"中明确指出，刊物创办的主要目的即弘扬"人道主义"。正所谓"世无不尊重人道之国，亦无不尊重人道之人，人道云者，人类之保障也"。

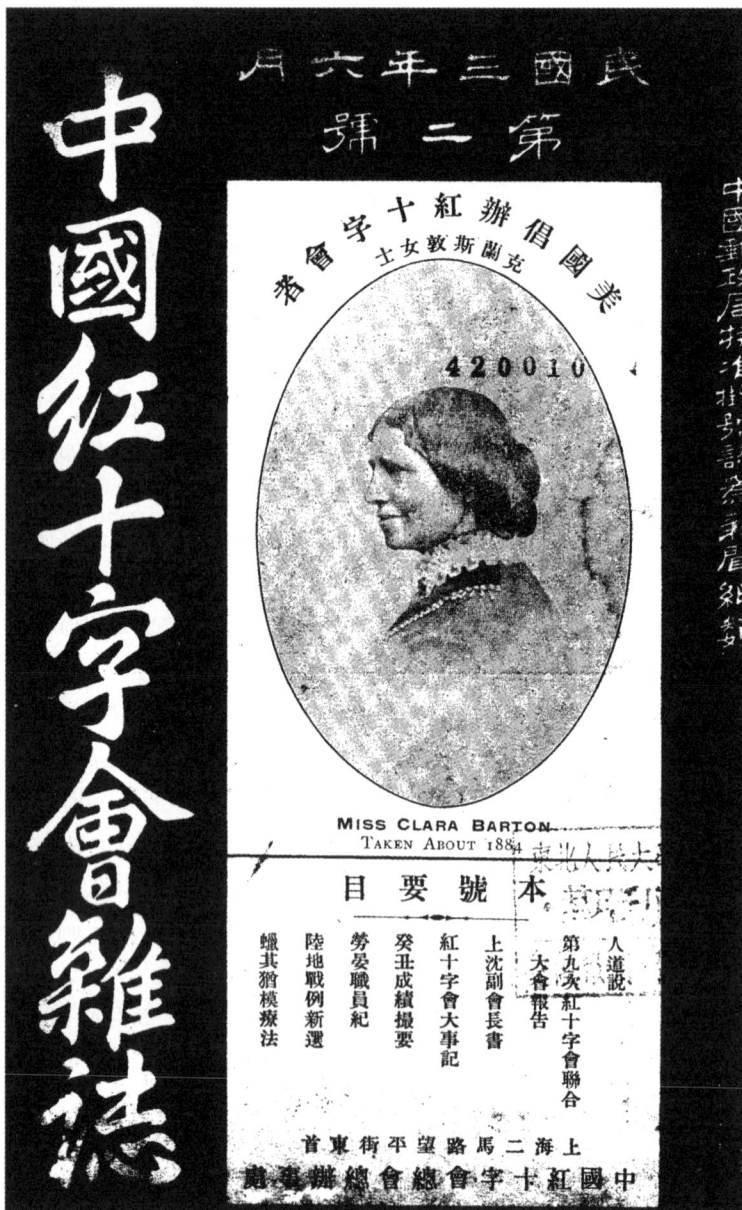

《中国红十字会杂志》第二号封面

《中国红十字会杂志》的内容编排丰富，举凡红会历史沿革、战地救护、红会会务、人道主义思想的传播、组织建设、国际动态均有所涉及。如反映红会会务的文论有《中国红十字会第一次会员大会记》《中国红十字会首次统一大会》；涉及战时救护的文论有《辛亥革命时（期）中国红十字会暨各分会活动成绩》；反映红十字会自身建设的文论有《中国红十字会章程》《中国红十字会组织分会申愿书》，等等，均刊载于1913年《中国红十字会杂志》第一号。从刊物所收录的内容来看，除向国人宣扬红十字会创立初期所作出的成绩之外，兼向大众传播人道主义思想理念，以期扩大红十字会在中国的影响，以广周知。

刊物的适时创办是处于发展时期的中国红十字会向大众开诚布公和自信的体现，同时也为后来的办刊积累了经验。这不仅有效地宣传了人道主义思想，也为红十字博爱事业在中国的进一步发展开辟了广阔的天地。由此开始，1913年以后的几年间出现了第一次会员入会的高潮，红十字会会员人数骤增至数千人，可以说和其有力的宣传是分不开的。此后，红十字会对刊物的宣传多所重视，刊物起到了一定的传播效果，红十字会公信力有了进一步提升。

迄今为止，《中国红十字会杂志》仅发现两期，第二号于1914年6月出版，为十周年纪念刊。《中国红十字会杂志》的影响可谓深远，此后，无论是1924年出版的《中国红十字会二十周年纪念册》，还是随后出版的《中国红十字会月刊》，以及20世纪40年代的《救护通讯》《会务通讯》《红十字月刊》，无论是办刊宗旨、编排形式，还是刊物的内容选择上，皆能看到《中国红十字会杂志》的影子。即使是新中国成立后续出的《新中国红十字》，在某种程度上也是1913年创刊的《中国红十字会杂志》的继承。

正如沈敦和所言，其"所希冀者，固大有在矣"。作为传播人道主义思想的有效媒介，《中国红十字会杂志》不仅寄托着红十字会创始者对和平理想的向往，同时也是创建初期中国红十字会在人道救援领域辉煌成就的见证。

"二次革命"中中国红十字会人道救援

——"大通"医船南京城救援行动纪实

◇

沈燕燕

　　袁世凯篡夺政权后，一意孤行，走专制独裁之路，终于引发了革命者的武装反抗。1913 年 7 月 12 日，李烈钧在江西湖口起义，宣布江西独立，"二次革命"（即"讨袁之役"，又称"癸丑之役"、"赣宁之役"）爆发。江西独立不久，7 月 14 日，江苏宣布独立，17、18 日，安徽、上海先后独立。接着，广东、福建、湖南等省相继独立，纷纷组织讨袁军，举兵讨袁。袁世凯调兵遣将，南下攻伐，一时烽烟四起，天昏地暗。兵灾救护是红十字会职责所在，"二次革命"爆发后，中国红十字会迅速做出反应，组织救护队，分赴战地，开展人道救援。

中国红十字会救护队在战地摄影

　　"二次革命"中，南京之战尤为惨烈，从 7 月 15 日到 8 月 11 日不到一个月的时间里，南京经历了三次独立起义，其中第三次独立战争最为激烈。南京分会救护队"寻觅伤兵，登山涉水，不畏艰险"，多次救伤兵、难民于危难之中。为疗治伤员，南京分会以鼓楼医院、基督医院、金陵医院为临时红十字医院。截至 8 月 20 日，各红十字医院已救护伤兵 200 余名。由于救护工作紧张而繁重,南京分会难于应付,有鉴于此,中国红十字会总办事处在请苏州教会医生柏乐文、惠庚生,镇江教会医生白廉组织救护队增援的同时,还加派了王培元医师前往南京协助。

南京的争城之战仍在继续,成千上万的市民被困城中,饱受战火灼烤,逃生无路。他们聚集在江边,风餐露宿,朝不保夕,渴望红十字会救其脱离险境。8 月 21 日,如皋、镇江绅士杨鸿发、李耆卿、焦霭堂等向沈敦和副会长发出乞援的电报,称:南京江边有难民数万人,无路逃生。难民们向过往轮船哭跪求救,但无人理会,盼红会迅速租借轮船援救难民。第二天,南京分会又特派人冒险出城,向中国红十字会上海总办事处报告了南京城内被困人民的困苦情况,具体为:南京西门每天下午开 2 小时或 4 小时,趁此时机,居民纷纷往城外逃难,跑到江边,却没有可乘的船,想要到乡下避难,但是交通受阻,于是大批难民聚集在江边,哭声震天动地。城内白米每升贵至 300 多文,中等收入的市民每日只能喝粥。士兵虽然已经停止了抢劫活动,但是难民因无路可走,也没有收入,生活越来越窘困。鼓楼医院、金陵医院已经人满为患,宝琅医生及中西医生十几个人,已经几日无眠无食了,救护员手烂足裂,境况危险。伤兵的惨状,更是不能用笔墨可以形容的。分会医院接沈敦和副会长的信后,虽每日清晨救护难民出城一次,但因交通被阻断,走投无路。

难民的凄惨愁苦,不能不牵动红十字会员的心弦。为接送伤兵、救援难民,总会沈敦和副会长等权衡再三,决定租借英国太古洋行商轮"大通"号作为红十字救伤救难的专用医船。8 月 23 日,原中国红十字会会长盛宣怀慷慨捐助租船费用 4500 两。镇江绅士焦乐山等也伸出援手,慷慨解囊。旅居上海的南京人仇俣之、魏梅村、金熙生等专门召开会议,商议安置和救济难民的方法,众人均异常踊跃。在社会各界的支持下,"大通"号救护医船顺利成行,王培元医师为队长,邓笠航为总干事员,"救护船上自船主及救护员均不许自由行动,须听王队长主裁,至难民伤兵上船后,一切招待分派事宜归总干事员邓笠航专办"。南京分会宝琅医生、马林医生等负责分送乘船券,不管船位等次,一概免收船资。这些严格的操作规程能确保救援活动得以有效开展,达到救人的目的。

8 月 24 日上午 8 时,王培元医生率救护员列队由天津路红十字医院出发,经大马路向太古码头行进,据《申报》报道,"沿途聚观者,途为之塞,拍掌欢送,各西商参观者,咸称美不止"。旅居上海的南京绅士哈少甫、蒋星阶、陈彦清、李月生等数十

王培元医师

人早早在码头上恭候，沈敦和副会长以及沈鼎臣、江趋丹、吴敬仲等全体职员也前来送行。10时，"大通"号起航，停靠在黄浦江上的各国兵船见红十字救护船扬帆起行，一律升旗致敬。救护医船随带药料20箱，防治疫疾药水等10箱，饼干4000磅，大米50石，面包5000件，洋2500元，担架40副，同时将临时捐助的一些食物，也一并装运上船。25日下午，"大通"号抵达南京，此时正处于两军激烈争战中，至为惊险。然而，苏荔棠率队员乘民船四处营救难民，王培元更是亲自穿行于枪林弹雨间，进城引渡难民出险。此次行动，救出难民2000余人，伤兵百余。

8月28日，"大通"号安全回到上海。第二天，立刻投入了第二次的救援行动，"大通"号再次由太古码头起航，30日抵达南京，此次王培元又是亲自进城引渡难民，结果被困于城中，危险异常，差点不能生还。后经多方交涉，才被放行。9月1日上午11时，"大通"号返回上海，因封锁过严，仅救得难民808人，伤兵伤民53人。

"大通"号医船两度赴宁，救护难民出险3000余人，伤兵伤民160余人，受到社会各界的交口称赞。尤其是以王培元为首的救护队员，不支薪水而甘冒生命危险，出入于弹片横飞的战地，救伤恤难，令人感佩。9月2日后，南京的炮声终于停了下来，"大通"号医船功德圆满。

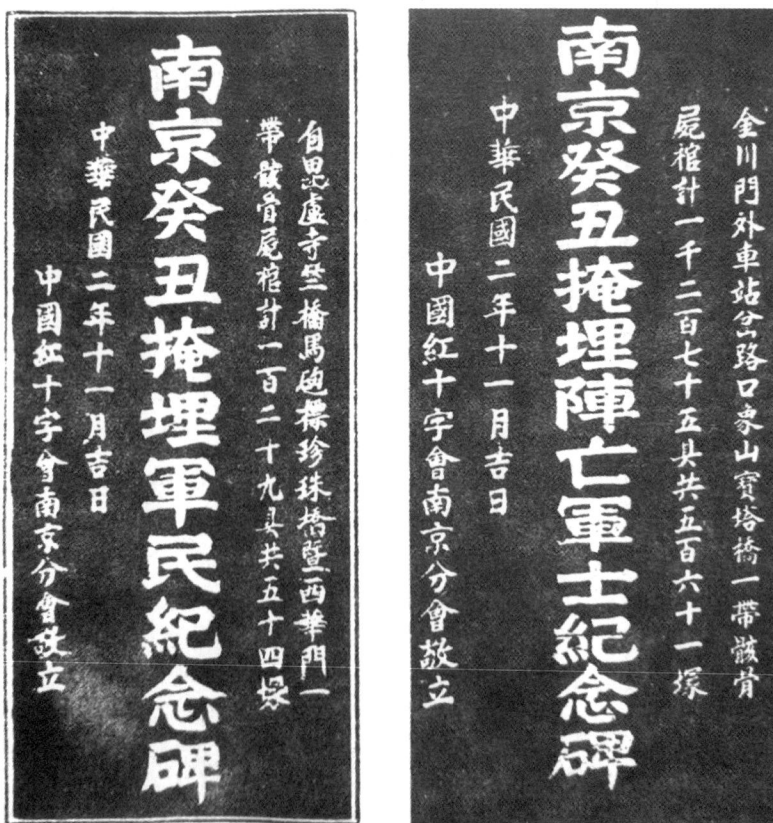

癸丑之役南京掩埋队之成绩

1914 年豫皖兵灾救助

池子华

"二次革命"的救护刚刚告一段落，"狼"烟又起——白朗之乱引发的豫皖兵灾，中国红十字会紧接着不得不投入到新的救援工作中。

白朗（1873—1914），史书称"白狼"，字明心，河南宝丰人，曾投军营效力，后因"犯律"，潜逃回乡，落草为寇，啸聚山林，很快成为豫西屈指可数的"杆子首"（绿林头目，又称"杆首""架杆"）。他以舞阳母猪峡一带为基地，四出"打家劫舍"。1913 年 6 月 15 日，一举攻克禹县城，缴获大量枪支弹药，"声振豫西"。

白朗攻城略地，远近震动，河南都督张镇芳督兵镇压，疲于奔命。9 月下旬，白朗率军南下湖北，攻占鄂北重镇枣阳县城，10 月 6 日弃城北上，11 月 12 日占领宝丰县城，满载而去，以鲁山为根据地，伺机大举。

白朗军已成为二次革命后国内规模最大的一支武装反袁力量，不能不引起袁政府的严重关注，袁世凯一面严令张镇芳限期肃清，一面增兵河南。当大兵云集之时，白朗乘虚蹈隙，跳出包围圈，并于 1914 年 1 月 11、15、16 日连克光山、光州（即潢川）、商城三县城，接着兵进安徽，24 日克六安，2 月 6 日陷霍山，鄂豫皖三省震动。

战火蔓延，生灵涂炭。天职攸关，中国红十字会当然不能坐视。2 月 2 日，沈敦和副会长分电固始、颍州、庐州、正阳、临淮等地分会，请速"遣队出

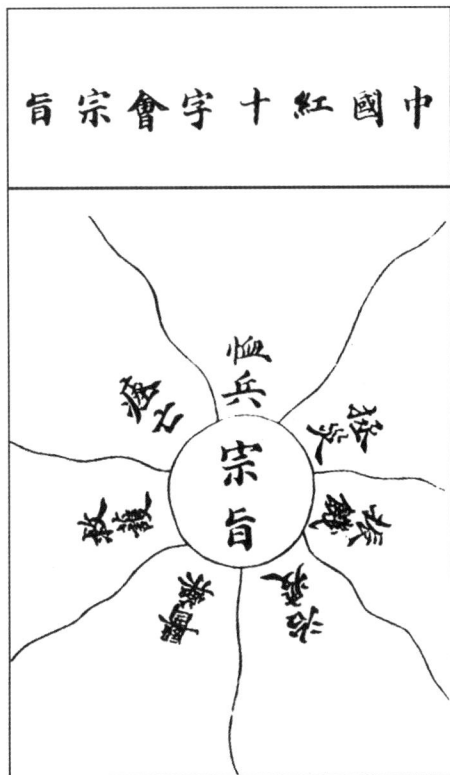

1913 年 5 月《中国红十字会杂志》
第 1 期刊载的中国红十字会宗旨

发"，实施救援。但毕竟战灾面广，分会之力有所不逮，仍不得不向总会请援。

救援急不可缓，中国红十字会除组织战地各分会救伤葬亡外，电请庐州、芜湖等地分会派员冒险前往被兵之地，调查灾情，以便实施赈济。调查员周历罹难之区，将需赈信息及时上达总办事处。

霍山调查员余荫庭报告："（白朗军）所到之处，奸掳焚杀，无所不为。霍山为偏僻之区，此次遭匪蹂躏，元气大伤，断非旦夕所能补救。"

六安调查员朱应璋报告："兵灾之后惨象迭呈，沿路难民纷纷逃窜，妇人身中枪弹犹抱小孩坐路旁啼哭，有老者因子被匪戕、居庐被毁欲归不得者。分会掩埋尸骸异常忙迫。统计各灾民不下十万之多，无食无衣，沿途求乞……务祈迅汇巨款或干粮、面包以救残喘，实为迫不及待。"

颍州、固始调查员张星槎报告："光、潢、六三县城陷后，全城精华劫掠一空，房屋半成焦土，间有未毁者，亦复残破不完，难庇风雨。所遇难民，鸠形鹄面，道路相属……核计三县难民不下百余万口，若无大宗款项，万难救济。"

从上述报告中，人们可以强烈地感受到灾情的严重性和赈灾的紧迫性。中国红十字会可谓重负在肩。不过，巧妇难为无米之炊，赈济"狼灾"，红会不得不先行筹款募捐。

3月14日，中国红十字会沈敦和副会长以总办事处的名义在《申报》刊登《劝捐公启》，呼吁社会各界"慨解仁囊，源源惠助"。4月12日，沈敦和再次以总会总办事处的名义在《申报》刊登《中国红十字会急募皖豫两省匪灾赈款》，希冀"海内外诸慈善家笃念痌瘝，仁囊慨解，多施一金即多活一命，早惠一日即早救一人。谨代豫皖两省数百万哀鸿九顿以俟，幸公鉴焉"。

沈敦和的"托钵之求，发棠之请"，产生了一定的社会反响，捐款源源不断。特别是中国红十字会前会长盛宣怀，又一次慷慨解囊，捐银万两，做出表率。安徽旅沪同乡会也伸出援助之手，筹垫洋千元。

款项仍在筹措中，而赈灾亦不容稍缓。安徽是重灾区，安徽旅沪同乡会义不容辞地担负起放赈的使命。受总会总办事处委托，同乡会张瑞臣、朱星五、周谷生携款20000元并药物、食品等奔赴六安、霍山，在分会和地方官绅协助下，散放急赈。根据受灾程度，"分投施放，计分福、禄、寿三项，会同官绅择要散放"，直到5月底，赈毕回沪复命。

河南战灾的赈济由1913年10月25日经总会审批正式成立的固始分会负责实施，在理事长张玉缜的领率下，分会同仁疗治伤残，赈救难民，不遗余力。总会总办事处给予扶助，协济大洋千元。

1914年5月，白朗军转战陕、甘，中国红十字会鞭长莫及，无法组织起有效的救援，只好请被兵各地传教士调查灾情，量力接济。黎元洪副总统捐助洋400元，表示出对红会工作的支持。

皖、豫兵灾的救护持续到8月初白朗之乱被完全平息才告结束，在这半年中，中国红十字会在力所能及的范围内投入救援，于事不无小补，"全活数万人"。

1914 年中国红十字会的胶东救援

池子华

皖豫兵灾救济尚未结束，山东半岛又风云突变。中国红十字会不得不把救护的重点转向胶东。

山东半岛原是德国的"势力范围"，但日本对这块富饶的土地垂涎已久，必欲据为己有而后快。第一次世界大战的爆发，恰好为彼取而代之、推行其"大陆政策"提供了可乘之机。

1914 年 7 月 28 日，以英、法、俄等协约国为一方，以德、意、奥等同盟国为另一方，在欧洲大动干戈，两大军事集团忙于欧战，无暇东顾，日本便跃跃欲试。8 月 15 日，日本政府以"日英同盟""确保东亚和平"为借口，向德国政府发出最后通牒，要求德国解除驻华武装，将胶州湾租借地转交日本，8 月 23 日如无满意答复，日本将采取军事行动。德国同意将青岛"交还中国"，条件是日本也应将台湾交还中国，这当然是日本难以接受的。8 月 23 日，日本即以德国无满意答复为由，正式对德宣战，并派出军舰 20 艘向威海卫集结，准备向驻山东德军发起进攻。

战争阴云密布，而北洋政府忍看列强为争夺中国领土在中国厮杀，却严守所谓"中立"。

战争一触即发，中国红十字会不能不为大战救护预作准备。8 月 9 日，沈敦和以总会总办事处名义在《申报》刊出《中国红十字会召集救护队员》的广告，准备组建救护队。8 月 21 日，中国红十字会举行常议员会议，决定：预筹海战救护船及陆战救护队及临时医院以便青岛如有战事即可出发救济，并预备渔船救护难民；筹募临时救济经费，由常议员分头劝募；与北洋政府、日内瓦国际红十字总会"接洽一切"。

青岛战事日迫，中国红十字会救援准备也在紧锣密鼓地进行着。会长吕海寰久寓青岛，就近组织红十字会医院以备战时救护；烟台接近战地，交通便利，烟台分会奉命组建临时医院，作为疗治伤兵的基地。同时，总办事处组编海面救护队，教授初级救伤之法，以便在水上开展救护；红会各省分会不下数十处，大多经历战事，不乏救护有素之人，沈敦和电请各分会，派出富有经验的会员来沪，以便组编一支精干的救护大队。

中国红十字会救护医队赴烟台进行战事救护

无款寸步难行，除常议员分头劝募善款外，总会总办事处仍以沈敦和的名义在8月27日、28日、9月1日《申报》上刊登《中国红十字会立募救护急捐请海内外同胞公鉴》广告，号召海内外同胞"念切痌瘝，情殷赞助"。

战事急迫，风声鹤唳，中国红十字会准备就绪，整装待发。为规范救护行动，特制订《临时章程》和《临时要则》，对"组织""队员""遵守规则""津贴川资""奖恤惩罚"等均作出具体规定，要求救护队员谨遵勿违。救护队分编成水、陆两组，9月1日陆路组先行。天有不测风云，医队行进不远，忽接胶州电报，"即墨一带大雨旬日，积水盈渠，途中淤泥三尺，不便进行"。医队不得不折回上海待命。9月13日，水陆两组合二为一，搭乘"新济"号轮，前赴胶东。救护医队由43人组成，队长为上海南市医院医生陈杰初，副队长为吴丽山、邓笠航，另以金幼香为掩埋队队长、吴凯为担架队教练、金汉声等3人为医员。临行前，沈敦和副会长假座群雅莱馆为医队饯行，"以人道主义及博爱恤兵等旨为临别赠言"。沪城分会、南市医院各备筵钱别，而后医队"整队登轮。队员服制全系黄色，臂系红十字袖章，由陆军部及该会盖关防以为识别。队员之等级以帽上金线之道数及阔狭为区别，并均执有证书，且悬救护记章，随带药料、医具、食物等项不下二百余件"。船行3日，16日到达烟台。而此时距战争爆发已整整两个星期了。

9月2日，日军突然在龙口及莱州附近登陆，以对德宣战为名，侵犯中国领土。北洋政府无力阻挡日本的军事行动，只好援引日俄战争时的做法，把潍县车站以东划为日德交战区，其他地区仍为中立区，在这些地区，中国的领土主权以及官民生命财产必须得到尊重。但日军对中国政府的严正声明置若罔闻，9月10日侵占平度，12日兵临即墨、高密，13日占领胶州，日军后续部队也将从崂山湾登陆，直攻青岛。战火燃起，中国红十字会在鲁各分会在会长吕海寰指挥下开始力所能及的战伤救护。吕海寰本拟在青岛设立临时医院，因青岛为战地，只好移往潍县（吕海寰不久离开山东进京），同时扩组鲁省分会，推定陈绮垣为烟台分会理事长、尉礼贤为青岛分会理事长、傅稚谷为莱州平度理事医长、艾体伟为黄县分会理事医长、顾林森为海阳临时分会医长、庄钰为济南分会理事长（不久因滥用红十字标志而被辞退），其余接近战线之处由各该分会分驻救护医队。16 日总办事处派出的救护医队到达山东后，救护力量大增。19 日，救护队由烟台乘小轮至虎头岸登陆，开往平度，设立临时医院，在地方分会的配合下，实施救护。但"战线甚广，各处虽有分会，仍恐不敷展布，且医队行动在在均关外交"。有鉴于此，沈敦和副会长另举王培元医生为临时监察员，偕 4 位医学生，携带药料、医疗器械，于 10 月 31 日"前往援助"。

战争在继续，中国红十字会的战伤救护也在有条不紊地进行着。11 月 7 日，驻青岛德军战败投降，中国红十字会的战地救护任务完成。

1914 年是中国红十字会成立十周年，从 1913 年开始，总会总办事处即着手筹备十周年的庆祝活动，但终于 1914 年，庆典活动无暇举办。事实上，他们以人道主义行动为十周年大庆献上一份厚礼，为中国红十字运动增色不少。

中国红十字会在"护国战争"中的救护

李 慧

1915 年日本趁一战期间列强无暇顾及中国之际，不仅继承了德国在山东的一切特权，而且以支持称帝为交换条件，向袁世凯提出了灭亡中国的"二十一条"。袁世凯为圆帝王梦，完全接受，并决定改 1916 年为洪宪元年，元旦登基称帝。袁世凯出卖国家主权，复辟帝制的倒行逆施，激起国人的普遍反对，孙中山、梁启超等人纷纷通电全国，号召民众行动起来，以武力捍卫共和，讨袁护国，"护国战争"由此爆发。战争就意味着流血牺牲，生灵涂炭，百姓颠沛流离，中国红十字会于是开始了新的救援行动。

"护国战争"首先在云南拉开序幕。原云南都督蔡锷辗转万里返回昆明，联合云南督军唐继尧于 1915 年 12 月 25 日，通电反袁，成立讨袁"护国军"，宣布云南独立，出征讨袁。袁世凯派曹锟为总司令，统兵南下"平叛"。中国红十字会预料到"滇边各省必有战事"，但无奈战场遥远，鞭长莫及，因而充分调动发挥各地分会的作用，是十分必要的。因此致电成都、梧州各分会，要求各地分会组织医队，并分组涪州、泸州、重庆、叙州、荣县、雅州、自流井、南宁等处临时救护机关及固定医院，一旦当地有战事发生，均由各地分会组织的临时救护机关及固定医院进行救治，总会各救护队"概不出发，以昭慎重"。

蔡锷将军

在总会倡导推动与各地分会的努力下，临时救护机关及固定医院在西南地区纷纷设立，如四川的成都、宁远、雅州、嘉定、叙州、泸州、自流井、荣县、重庆、忠州等，湖南的长沙、常德、辰州、洪江、麻阳，贵州的铜仁、安顺，云南的昭通，广西的梧州、百色等地均成立了临时救护机关，拯救伤兵灾黎。但救护经费所需浩繁，各地分会及临时救护机关，纷纷致电总会"请速接济"，因而筹措经费的重任又须总会承担起来。但当时由于受欧战影响，物价飞涨，各地分会需款又巨，筹措募捐，诚非易事。尽管如此，总会不敢怠慢，力任艰巨，向海内外同胞发出呼吁，多方筹措经费。总办事处多次在《申报》上刊登急募兵灾救护经费的广告，如《中国红十字会急募兵灾救护经费广告》《中国红十字会总办事处沈仲礼启事》《红十字会募捐通函》《中国红十字会急募兵灾救护经费》等，希望海内外慈善家，"本恻隐以为心，悯伤痍之满目，仁囊争解，义举同襄"。

中国红十字会的呼吁，得到了社会各界的积极广泛回应，从《申报》上刊登的《中国红十字会敬谢隐名氏大善士捐助四川兵灾洋一百元》《中国红十字会谨谢徐邦兴大善士捐助洋二百元》《中国红十字会敬谢钱维之大善士捐助洋五百元》《中国红十字谨谢刘老太太指捐兵灾洋一百元》等连篇累牍的征信广告中，我们可以看出社会各阶层民众在这民生凋敝的年代，仍踊跃捐款。正是这源源不断的捐款，成为分会开展救护活动的强有力的经济后盾，增强了中国红十字会人道救援的信心与力量，促进了救援工作的顺利开展。

"护国战争"中四川战场最为惨烈，泸州、叙州、纳溪等地皆是伤亡累累，送医就诊者络绎不绝，各地"医院满塞，几不能容"。各地分会及临时救护机关，全力救治，救护人员不分昼夜，敷药疗伤，应接不暇。湘西战场的争战亦十分激烈，伤亡惨重，但湖南的救护力量相对薄弱，身兼湖南麻阳和贵州铜仁临时机关主任的柯慕林医士采用"调剂"的方法，使铜仁、常德及辰州三地相互配合，医师及医资物品等互相调剂，"资源共享"，使得救护力量相对薄弱的湖南地区的战地救护工作也能顺利推进。

除了救死扶伤之外，瘗亡也是红会的重要职责。战争的发生势必带来死亡，若不及时掩埋尸骸，一则无可告慰亡灵，二来可能导致疫病产生、流行，因此各地分会及临时救护机关组织掩埋队，掩埋尸骨，告慰亡灵，防治疫病。

烽火四起，生灵涂炭，百姓颠沛流离。除了战场上的救援外，中国红十字会对嗷嗷待哺的战区难民，也不能置之不顾。各地分会及临时机关除救伤外，还要担负起恤难的责任。如常德分会就专门组织了救济队，赈济灾民。

"护国战争"是中国的内战，针对内战救护，《日内瓦公约》没有明文规定，因而红会"纯抱慈善观念，畛域不分"，无论是袁世凯方面军队的伤兵，还是护国军伤兵，皆一体救治，体现红十字会的中立性以及人道主义精神。

1916年6月6日，袁世凯在四面楚歌中撒手归西，"护国战争"取得了最后的胜利。在整个"护国战争"的救护中，中国红十字会各地分会设立临时机关数十处，筹款募捐10余万元，基本保证了战区的救伤恤难需求，尽管受到总会远离战区的客观因素，以及有些报纸刊登红会为政府刺探军情等不利因素的影响，中国红十字会总会无法组织快速有效的救援，加之各地分会组织仓促，力量薄弱等原因，使得"护国战争"的救援工作较之辛亥革命以及"二次革命"，大为逊色，但由于总会负责指挥调度与筹款，各分会及临时救护机关尽心尽责，疗伤瘗亡，也使得救援行动取得了较为圆满的成功。

中国红十字会救济 1917 年京直水灾纪实

阎智海

　　20 世纪的第二个十年，水灾成为肆虐中国最主要的一种自然灾害，从 1912 年起至 1919 年，几乎没有一年不发生大范围的水灾。1917 年水灾，全国受灾省份达到 12 个，其中，京直水灾为害尤巨。

　　1917 年 7 月 15 日以来，淫雨积旬，黄流盛涨，京兆、直隶地区大面积受灾，水患祸及"一百零二县，灾民多至三百余万，实为一百七十年来所未有"。近畿十数县，"尽在汪洋巨浸之中"。近河各村，"居庐既遭冲塌，田禾亦多淹没"，灾民枵腹露处，无食无衣，朝不谋夕。天津属水患尤为严重之区，此外，武清、宝坻、涿州、房山、文安、大成、获鹿等处，灾情亦不容乐观，即使向以繁盛著称的石家庄，亦因水患肆虐，居民幸存者无几。

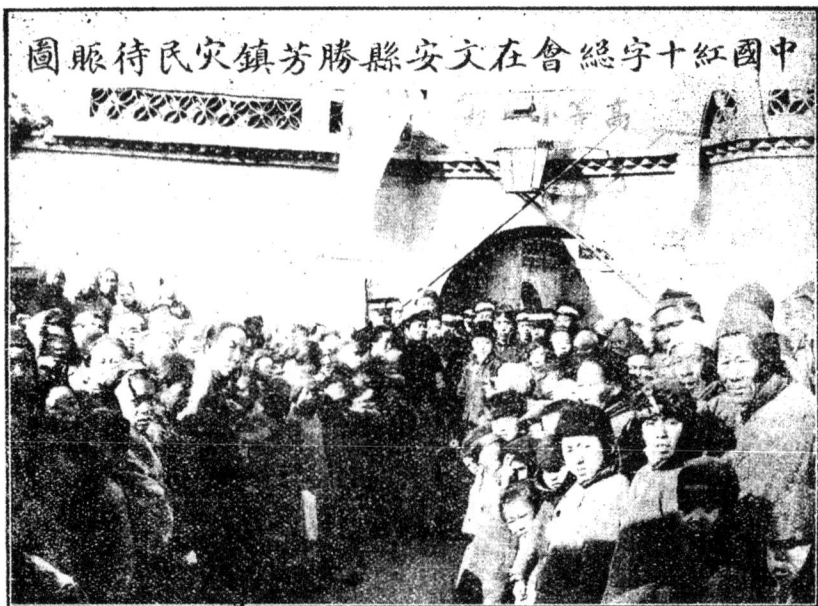

文安县胜芳镇灾民待赈情形

水患发生后，乞赈函电如雪片飞来，直隶督军曹锟、旅津浙绅严昭明、天津红十字分会多次向中国红十字会函电告灾，请求救济灾民。在接到曹锟乞赈函电后，中国红十字会总办事处即着手筹赈救济，一方面电请政府将红会青岛灾赈余款 2 万元如数拨交，以便赶办急赈，一方面派员分往京直各灾区调查灾情实况。与此同时，天津红十字分会亦赶办急赈，为救济水灾不遗余力。

8 月 31 日下午 4 时，中国红十字会在上海二马路总办事处召开职员会议，决定在紧急筹捐的同时，准备痢疾、疟疾、疥疮药品携往灾区散放，以防疫疠。鉴于北方早寒，此次集议决定多募集棉衣以救济灾民。副会长沈敦和以灾情重大，拟亲往灾区查放。

然而受灾区域广阔，灾民众多，"非有大宗赈款，断难普及"。为此，总会除借助《申报》等大众媒介刊载劝募广告，以期热心市民捐款外，还通过举办灯会、游园等活动多方拓展筹款渠道。9 月 8 日夜至 12 日夜，在特别会员黄楚九资助下，中国红十字会假座大世界，特开京直水灾救护灯会五夜，以激发民众好善观念。其间，展出一战中"各种红十字会救护器械、飞艇、潜艇、武装汽车、救护汽车"等战地照片，另外还有灾民图、红十字会各医院模型等灯彩。9 月 15、16 两日，灯会续开两天，售票所得，均移作急赈之用。

灾情严重，刻不容缓，在想方设法募捐的同时，红十字会又积极付诸实际行动。9 月中旬，鉴于天津灾后窘境，在接到天津分会对灾情的摄影报道后，红十字会即派放赈员蔡吉逢、朱仲宾、邓笠航、姚衢笙等，携带赈洋 2 万元、药品 35 箱奔赴灾区，在谒见直隶督军曹锟、京兆尹王达民后，随即在京兆、天津、石家庄、文安县等被灾尤重区域先行散放。

中国红十字会于安平县掩埋溺尸

　　祸不单行，各灾区急赈尚未发放完毕，天津遭遇二次大水，灾民雪上加霜，也加大了救济的难度。据9月28日《申报》记载："二次水涨，全埠尽成泽国，各租界陆地行舟，除已淹毙者不计外，现在待赈男妇老幼灾民不下数十余万。"而适值夏秋之交，天气渐渐转凉，衣食住统筹兼顾，繁难可知。天灾考验着红十字会的救济能力，面对严酷灾情，红十字会有条不紊，沉着应对，红会放赈员冒险雇舟，在天津英、德、法、日等租界内外水淹地点极力抢救，"保全灾民至六七百人之多"，而妇孺老弱之辈，则送到女子工艺传习所暂为留养。

　　在接到天津放赈员二次水灾乞赈电文后，中国红十字会多次在《申报》刊登劝募广告，呼吁捐款捐物，而民众亦多响应，纷纷解囊，以襄善举。中国红十字会积极擘画，筹募赈款，并派员携带现钱、饼干、药物、芦席等前往灾区散放急赈。天津城乡由姚衢翁查放，各租界则委托旅津士绅担任救济。10月5日，副会长沈敦和致电天津红十字会，嘱托天津分会打捞尸骸，迁葬远方，以清疫源。

中国红十字会放赈员姚衢笙在天津杨柳青关帝庙放赈情形

　　筹办天津二次水灾急赈期间，总办事处特将放赈员寄来之灾区惨状照片放大翻印，并张挂于门口及街道，以激发人们乐助观念。善款源源而来，救助进行有序。10月2日，总会交太古"通州"轮船装运棉衣6000件及饼干、药物等运往津埠；10月12日，又装运棉衣4000件寄津；10月19日，由太古"奉天"轮船装运棉衣7000件，分赈京兆各县及天津四乡；10月25日，由怡和"官升"轮船装运棉衣5000件，赈文安县；10月26日，由太古"奉天"轮船装运棉衣6500件，分赈东光、沧县。未及一月，中国红十字会运出5批棉衣共计28500件。

　　为避免重复不均之弊，提高救济效率，早在10月15日，熊希龄即约集慈善团体计10余家，决定统一放赈办法，通过划分各县区域，各慈善团体分别担任灾民衣食住事宜，并决定设立京畿水灾赈济联合会，熊希龄被举为会长。随之，中国红十字会又加认沧县、东光、玉田、徐水四县急赈。京兆方面，中国红十字会得到美国红会的资助，经京兆尹王达民与美国红十字会代表顾临氏商榷，决定用以工代赈办法，招集京属被灾 12 县难民 20000 人，修筑由京至汤山一带路工，每人月给工资 5 元，并另给棉衣一套，由美国红十字会助资，中国红十字会助衣。

救护灾民出险

　　救人须救彻，为帮助灾民渡过青黄不接的难关，中国红十字会对于京直水灾的救济一直持续到次年春天。京直水灾救济期间，副会长沈敦和以身作则，与众理事、职员规划救济事宜，"兼营并筹，几逾半载"。从急赈到冬赈、春赈，从散放棉衣、防疫药品到搭盖窝棚、酌设工厂、留养灾民妇孺，中国红十字会和各善团协力合作，携手赈济，救灾取得巨大成绩。据史书记载，此次京直水灾，总会会同天津分会，"由急赈而继以冬赈，计共散放赈款十一万二千余元，棉衣十万四千余件"。再加上由总会采办棉布自制棉衣裤，连同药品面粉等，共合洋 22 万有奇。

　　灾难带来的是噩梦，灾难救济的背后却昭示了人道主义的伟大。京直水灾救济进一步彰显了红十字会面对天灾时的应对能力，也显示了民间团体在参与公共事务中积极的一面。

1922 年中国红十字会对"八二风灾"的救援

池子华

　　1922 年对广东沿海民众来说，是一场大浩劫。8 月 2 日午后，飓风突起，风狂潮卷，酿成沉灾。据报道，汕头"倒塌屋宇无数"；潮安"船只损失大小百余只，淹毙水手不下千人"；潮阳"江河水涨数丈，平原变成泽国"；揭阳"满城瓦砾横飞"；澄海"竟有全村人命财产化为乌有者"。飓风中遇难人数，据不完全统计，"澄海县属约死六万余人，汕头市约死五千余人，饶平县属约死六千余人，潮阳县属约死五千余人，揭阳县属约死千余人，潮安县属约死五百人，普宁县属约死百余人，南澳县属约死二百余人，惠来县属约死百余人……死者既多，何以觅得棺木，若澄海之沿海岸，有掘一大砂窟，即葬百数十人者，可谓惨矣！而牲畜之死亡殆尽，横街塞项（巷），恶臭逼人"。至于财产损失，更是难以计数，如仅汕头一地，"估计约在三千万以上"，"无家可归者约数千人"。

中国红十字会派往汕头的救疗队

　　灾情发生后，乞赈函电，纷达中国红十字会总会总办事处。总办事处迅速作出反应，在《申报》刊登《中国红十字会总办事处拯救潮汕风灾乞赈启事》募集捐款的同时，于 11 日派出医生郁廷襄、沈嗣贤，看护钱宝珍、潘遵福、张一鸣、张永清、刘宣辅、魏宝兴、陈国宝等 9 人组成的医队，乘 "苏州" 轮前往香港，转赴灾区。唯 "灾地甚广，灾民甚众，灾情甚重，所带药品，不敷应用"，红会不得不于 26 日加派第二医队（以施兆堂为领队），携带药品数箱，搭乘太古公司 "新宁" 号轮，乘风破浪，驶往汕头增援。

善款为人道救助之保障。虽然总会拯救风灾难民乞赈呼吁得到回应，如《申报》载有《中国红十字会敬谢黎集云大善士捐助潮汕风灾洋五百元》《中国红十字会敬谢存心子经募慰记大善士捐助潮汕风灾洋一百元》《中国红十字会敬谢孙月三大善士捐助潮汕风灾洋三百元》《中国红十字会敬谢喜闻过斋大善士捐助潮汕风灾洋一百元》《中国红十字会敬谢周龙章君经募偷生氏蔡静记二大善士捐助潮汕风灾共洋二百元》《中国红十字会敬谢陈庸庵大善士捐助潮汕风灾洋二百元》《中国红十字会敬谢孔金声大善士捐助潮汕风灾洋一百元》《中国红十字会敬谢裘焜如君经募延年子大善士捐助潮汕安徽灾赈洋一百元》《中国红十字会敬谢鲍子丹大善士筵资助赈潮汕水灾洋一百元》《中国红十字会敬谢吴熙元孙贞道安定根经募韩国赤十字会捐助潮汕风灾洋一百元》等征信广告，虽然红会中人亦纷纷解囊，如理事长庄录捐助洋 200 元，但所筹款项，仍属杯水车薪。为此，中国红十字会总会总办事处特于 8 月 21 日致电中央政府，为灾民乞赈，得到支持。经内务部税务处核准，关税拨用附捐 10 万元，作为汕头赈灾费。这对灾民来说，不啻为福音。

中国红十字会救护医队出发临城情形

中国红十字会救济"八二风灾"行动仍在推进中。在赈灾过程中，中国红十字会南海分会、汕头分会、澄海分会、番禺分会，均积极参与，量力协助。其中澄海分会即岭东分会，"协助尤力"。

澄海分会自飓风乍起时，"全埠电灯失光，莫名真相，救护方法，极难下手，迨夜深，本分会幸墙垣坚固，不至倒塌。爰督役冒险，就本分会附近铺屋倒塌露天浸水之男女，极力救护，即将本分会看症房开辟，吸纳安藏达旦。翌早，即由理事黄作卿、医务长吴济民率医队，巡行全埠救伤，医治无数，三四五等日继之"。又接各灾区来函，请派医队救护。澄海分会即"赶办医队出发，由队长颜钦洲、医长吴济民，率队前往，按定报告灾区，挨次出发，以期救灾恤邻，不分畛域"。第一次出发鮀江灾区，"求救者纷至沓来"，共医治200余人；第二次出发潮阳，"附近灾区挨次救护"，救治男女290余人；第三次出发外砂、莲阳等处，共医治430余人；第四次出发潮安、东陇等处，"沿途施医"，统共医治男女279人；第五次出发鸥汀乡，由辛子基领队，与中国红十字会总会总办事处特派医队会合，于辛氏大宗祠开办临时医所，医治因灾被伤难民多人；第六次配合总办事处医队再往鮀江区、大场乡等处，开办临时诊所，并逐日派医员"循环巡医"，统计10余天医治数百人；第七次总办事处医队开赴潮阳，借林氏洋楼开办临时医院，澄海分会"仍派员帮忙"。

"八二风灾"救护，持续月余，救死扶伤数千人。中国红十字会总会总办事处在救护兵灾及他处自然灾害的同时，筹款募捐，为灾民请命，遣派医队，诚可谓恪尽天职。总会、分会相互配合，取得了"八二风灾"救护的圆满成功。

1923 年日本关东地震与中国红十字会的国际救援

池子庆　阎智海

　　中国红十字会自 1904 年成立以来，拯灾恤难，不仅尽职于国内，而且积极采取援外行动，参与国际性救护，以弘扬国际人道主义精神。在"援外"行动中，1923 年对日本关东地震的人道救援，有声有色，堪称范例。

　　1923 年 9 月 1 日，日本关东地区发生 8.2 级强烈地震，东京、横滨、横须贺均遭灭顶之灾，14.3 万人死亡，20 万人受伤，50 万人无家可归。这不仅是日本历史上罕见的大浩劫，也是人类社会的巨大劫难。

　　9 月 2 日，无线电波播出日本大地震的消息，立即引起上海中国红十字会总办事处的关切，遂决议组织救护医队，驰赴救护。总办事处牛惠霖医务长表示"愿亲自赴救"，"此外自告奋勇前往者甚多"。不约而同，北京中国红十字会总会也已组织救护队，准备即日东渡。9 月 6 日，经过中国红十字会的奔走动员，由数十家团体组成的"中国协济日灾义赈会"成立，在该会成立大会上，中国红十字会当场认捐万元赈款。在中国红十字会的率先垂范下，其他团体亦纷纷解囊，据次日《申报》报道，成立大会共集款 65000 元。这为救护工作的展开，奠定了坚实的物质基础。

　　中国红十字会的善行义举，得到了官方的首肯与激励，外交、交通等部门通力协作，也为中国红十字会的扶桑之行铺平道路。

　　1923 年 9 月 8 日晚，救护医队在理事长庄录亲自率领下，登上"亚细亚皇后"号轮，扬帆东渡。救护医队组成人员有：队长庄录，医务长牛惠霖，医生焦锡生、汤铭新、华阜熙、张信培，女医生刘美锡，日文顾问陆仲芳，会计沈金涛，英文书记李桐村，看护生杜易、朱继善、张惠理、陈威烈、史之芬、孙有枝、钱宝珍、孙文贤，女看护曾德光、刘振华、王秀春、钱文昭，连同队役 4 人，共 26 人，携带现款 20000 元，药品器具 90 余箱，历经四天风浪之苦，于 9 月 12 日抵达神户。

　　9 月 14 日，中国红十字会救护医队抵达东京后，当即与中国驻日使馆取得联系，了解灾情及旅日侨胞被灾情形，并与日本赤十字社往返联络，"接洽本队协助救护事宜"。19 日，庄录理事长前往横滨察勘灾情，22 日复至神户，鉴于灾情严重，庄录一行四人遂于 25 日先行回国（27 日至上海），进一步"筹商捐务"，而东京救护事宜，全权委托牛惠霖医务长代理。

中国红十字会赴日救护医队全体成员

救护医队在东京麻布区高树町设有临时医院，主要为日本灾民提供医疗服务，同时"日赴华侨收容所，为华侨诊治病症，并分遣队员至横滨从事救护难民"。日本载仁亲王接见了中国红十字会救护医队。

日本载仁亲王接见中国红十字会救护医队

中国红十字会救护医队在东京从事医疗救护三个星期，其间，与日本赤十字社甘苦与共，精诚合作，"东京赤十字会（社）病院往日容病榻约四百五十具，自地震以后，复增病榻四百具，所诊病人，均为受火伤压伤甚重者"，其中"中国红十字会所担任医治者，计有病榻四十号"，他们尽心尽责，直到该院病人"病势伤势，均已恢复，无复须其诊治"，才于 10 月 6 日乘"约弗生总统号"离开东瀛返程。临行前，中国红会救护医队将"所有未经用去之药料，约值五千元，均赠日本赤十字会（社），此外并四千元支票一纸，俾该会（社）得以于日后留治其他病人"。10 月 11 日，牛惠霖一行 21 人抵达上海，赴日救护使命圆满完成。

中国红十字会救护医队日本之行的目的，固然是"救灾恤邻"，但于"恤邻之外，原以疗治灾胞，及救运灾胞，为第一要义"。不言而喻，旅日侨胞在这次大浩劫中并不能幸免。地震中死难华人约 2000 人，伤约 3000 人，尚有近万人流落街头，苦不堪言。"救援灾侨，也就是救援日本"。因此，中国红十字会救护医队在与日本赤十字社合力救治日本难民的同时，与神户中华会馆合作，以资遣难侨为"第一要义"。

回国难侨由中华会馆发给绒毯一条，现金 5 元，救护医队则给予协助，如联系船只、电告总办事处难侨抵沪日期以备接护等。而总办事处显得更为忙碌，每次难侨抵沪，中国红十字会"领袖"的"中国协济日灾义赈会"负责接待、安置，总办事处则派出医护人员，收治伤病同胞。据统计，从 9 月 8 日至 10 月 18 日，中国红十字会 40 天共接待 21 批 6321 位难胞，加上 10 月 22 日（97 人）、29 日（11 人）、11 月 4 日（107 人）、8 日（36 人）、18 日（52 人）陆续抵沪难侨，总数达 6624 名，任重事繁，不待言可知，在中国红十字会的人道关怀下，返沪难胞陆续回到故乡。

对日震灾的救援行动，是一项繁重的"生命工程"。中国红十字会全力以赴，有序推进，取得此次"援外"行动的成功。对中国红十字会的善行义举，日本各界由衷感激。日本赤十字社社长平山成信和神户商业会议所会长泷川仪作、副会长森田、西川庄之分别致函中国红十字会，对中国红会救护医队的日本之行深表谢意。

日本赤十字社欢送中国红十字会赴日救护医队返国

为答谢中国人民给予日本震灾的援助，日本派出以臼井哲夫、铃木富久弥、砂田重政、半泽玉城等组成的"超政府超党派之纯粹代表日本国民"的"国民表谢团"，10月20日起程来华答谢。"表谢团"于11月21日到达上海，特别拜会中国红十字会总办事处，称谢不置，谓"此次贵国人民，对于敝国震灾所给予伟大之同情，与贵会派遣医队之协助，殊足使敝国上下一致感动。此次来沪，敬表谢意，极希望此后中日两国国民益臻亲善"。

的确，在这次国际救援中，中国红十字会医护人员恪尽职守，彰示人道关怀；博爱恤邻，尽显浓情厚谊。中日民间的良性互动成为进一步加深两国人民之间理解的纽带，中国红十字会的扶桑之行无疑也是中日两国民间交往的一段佳话。

"为中国赈务作一模范"

——1928—1930 年红会救助西北华北旱灾纪略

李 慧

1928 年西北、华北大旱，其中灾情最重的是陕西、甘肃、山西等省，"终岁不雨，赤地千里"。至 1929 年，灾情益加严重，灾民日增，饿殍遍野，每日饿死者达数千人，甚至出现烹煮幼童，捕食生人的现象。面对愈演愈烈的灾情，各慈善团体纷纷行动，组织各种形式的赈灾活动。

1927—1928 年济南饥荒难民营内部情景

中国红十字会当然也不能袖手旁观，1929 年初捐款 5000 元，棉衣 2000 套。但这些捐款物品，犹如杯水车薪。为了筹集更多善款，中国红会从 1929 年 2 月初开始，连续在《申报》上刊发《中国红十字会总办事处豫陕甘晋察绥灾民乞赈启事》《中国红十字会谨代河南甘肃陕西及晋察绥数百万灾民叩求大善士大发慈悲救此垂毙饥民性命》《中国红十字会代陕甘豫晋冀察绥数百万灾黎劝募赈款》等"乞赈"广告，取得了一定成绩，社会各界踊跃捐款助赈，仅《申报》上刊登的中国红十字会鸣谢广告，就不计其数。但无奈灾区广阔，饿殍遍野，如此捐赈仍不足以赈济灾情，所以红会的救济工作也只能是重点关注重灾区，给予其力所能及的资助。

为了募集更多善款救济灾区，中国红十字会于 5 月 10 日成立赈灾委员会，召开大会，"宣布另设筹赈处及委员会之主旨，有集成巨款之可能"。与会代表达成共识：想要筹集巨款还要推举德高望重、中外钦佩的人为委员长，故推选李鸿章之孙李国杰为委员长。除以上之外，还要实行新的募捐办法。中国红十字会决定发行"宝塔捐"（类似福利彩票），此为"积少成多，聚沙成塔之法"，另制真金宝塔、红十字真金表、观音像等赠品，同时为了动员社会的广泛参与，中国红十字会还组织了"募赈宣传队"，宣传鼓动，并且分送宝塔捐号"宝号"。这一举动在上海引起轰动效应，"每日零星捐款，逾百数十户，平均达千余元，为红十字会有史以来未有之盛况"。激起人们的捐助热情，保证了红十字会救灾活动的实施。

儿童是民族的希望和未来，但是在西北华北的重灾区，出现了卖子鬻女，丢弃子女，甚至出现易子而食的人间惨剧。为此，中国红十字会推出了"保种"的一系列措施，在北平、开封、西安各设临时灾童留养院、灾女教养院 6 处，每处额定 1000 人，开办费共约 20000 元，月支衣食每处 5000 元，共需 30000 元；在西安、郑州、张家口、南口等地各设灾民流亡接济所，凡遇逃荒者，给以干粮、零用钱及护照使其赴丰收之地做工，减少饿殍。

灾情仍在继续，红会不得不使出"釜底抽薪"之法——移沪就食之法，决定在上海成立中国红十字会灾童留养院，将灾童转移到上海留养。但因"灾区遗弃无父儿女，触目皆是"，面对如此惨状，红会请西安红十字分会、洛阳红十字分会、开封总商会等在各处成立妇孺收容所，同时在北平设甘陕绥察灾童总收容所加以收容。因而在不长的时间内，陕西送灾童 200 名，甘肃、绥远送灾童 200 名，开封送灾童 300 名，洛阳收容所送灾童 150 名到上海，因而至 8 月底，上海灾童骤增千余人，再加上上述妇孺收容所，总人数达 7000 人，负担之沉重，可以想见。重重困难之下，中国红十字会日夜筹备，废寝忘食。

在上海各部门的支持和各界的捐助下，中国红十字会灾童留养院在上海天津路建成，灾童分两批进入留养院。灾童入院后，得到了红会的精心呵护，进行身体检查，并安排课程学习和身体的锻炼。与此同时，红会还向社会公布了《灾童留养院简章》，内容涉及灾童留养院的定名、宗旨、经费来源和使用、对灾童的管理训练、传授技艺等，体现了中国红十字会对这些灾童的拳拳爱心，并且从长远出发，传授技艺，使其将来能够立足社会，为西北的发展和进步作出贡献。

1929 年 10 月，冯玉祥发动了反蒋的"豫战"，这对于本来就是重灾区的河南，无疑是雪上加霜。蒋介石发电，要求红会和赈灾委员会合作，成立战地赈灾委员会。红会即由上海押运棉衣 13000 套及粮食、药品等，于 12 月 19 日抵达洛阳，将赈灾物资分拨至洛阳红十字分会妇孺救济所及豫西各作战区，"灾民御寒有具，欢声雷动"。

中国红十字会对西北、华北旱灾的救济，从 1928 年底开始，至 1930 年春结束，前后共一年有余，在此过程中，红会人员全身心投入，赢得社会各界的普遍称赏，赞誉红会为"中国赈务作一模范"。

"一·二八事变" 与沪战救护

傅 亮

　　1932 年 1 月 28 日，日本海军陆战队由上海租界向闸北一带进攻，受到驻守闸北的十九路军英勇抵抗，史称"一·二八事变"。从 1 月 28 日到 3 月 2 日，十九路军浴血奋战，伤亡惨重。作为救死扶伤的人道主义组织，中国红十字会义不容辞地担负起救援任务。在战争爆发当天，红十字会立刻组织救护队和伤兵医院，并着手建立难民救济所。

红十字会员救护伤员

　　29 日，以王培元为队长的救护队出发战地，开展人道救援。一方面，及时将战场上受伤的士兵运送到后方各医院进行救治；另一方面，积极救援难民，将其转移到难民救济所，妥为安置。由于前线军医不足，救护队的医师还积极参与前线医疗服务，分班轮流值守。

　　2 月 4 日《申报》报道："第六救护支队，由俞松筠、蒋益生两队长率领，于昨晨七时半出发，直赴宝兴路一带，在猛烈火线内救出伤兵陈高仲，腿部炸伤；陈春生，眼角炸伤；难民关久棠，头部炸伤；张杨氏，产妇；刘清泉，腿弹伤，弹未取出；王阿根感冒；朱阿四感冒；吉阿银感冒；朱懋平轻伤，卢光和轻伤，均在第五救护医院治疗。"

经过红十字会的救护，一些轻伤的战士"自愿仍赴前线杀敌"。2月8日，红十字会考虑到收容的难民容易患病，因此特别在救护队中组织医药队，选任医师携带医药循环诊视，重病送往医院救治，轻者就地医治。

救护行动在不断进行中，对于红十字会的人道之举，民众给予了力所能及的支持。1月30日，红十字会发出紧急启事，请求社会各界捐助善款，支援抗战。各界人士纷纷响应，捐款捐物，"有陈炳谦捐洋一万元，闻兰亭经募交易所联合会助洋二千元，程荣初捐二百元，鲍国栋捐爱邀丁一千针，樟脑五百针，迪及推林五百针，吗啡一千针，爱特老林一打，张某等棉花纱布约值洋三百元，日新盛同大白布四十匹，乔宝斋嘘嘘药膏一百包，余零星捐款物品甚伙"。海外华侨也踊跃捐款，新加坡总商会会长林义顺先生将募集到的5000银两，汇给中国红十字会。

此外，2月1日，沪西胶州路星加坡路四十二号张竹君女士，不仅将其园子供给伤兵居住，而且提供医药。龙华路打浦路口惠工医院院长庞葵汀，率领全院职员加入到救护队第二后方医院的工作中。

需要特别指出的是，何香凝女士给世人做出了表率。据《申报》2月2日报道，"中委何香凝女士原设有国难妇女救护训练班，现已改称国难战事救护队，计队员六十人，假新闸路江海关监督公署为办公处所，时特情由刘毅夫夫人持函前往红十字会接洽合作，当经该会允许，指为第七救护队，专任官兵救护事宜"。除了组织救护队，2月14日，何香凝还亲自赶往第十一医院，为重伤士兵及伤手士兵，亲手喂食面包、牛奶等，"伤兵多感激涕泣，谓生身父母，亦无此项爱护，誓以此身报国"。

在3月3日停战前的一个多月中，中国红十字会不畏艰险，开展救援。先后组织起20支救护队，队员471人；开办临时伤兵医院41处（以后增加到43处）；设立四处难民救济所。

中国红十字会积极展开战场救护，在枪林弹雨中抢救伤员，救助难民，付出了巨大的牺牲。但是日本军队对于《日内瓦公约》中充分尊重和保护红十字会人员的规定不屑一顾，不仅肆意屠杀平民，还多次枪杀红会救护人员、轰炸红会建筑。如红十字会第七队队员刘祁瑞被日本兵连射十余枪，伤势过重身亡，另有第一队队员郁鸿章也被日本兵枪杀。总计，红会"在炮火下施行救护工作，以致受惨害者三人，被击身死者二人，失踪者四人，受重伤者三人，被炸毁伤兵医院一处，其他轻伤者及射击未中者更多"。日本的暴行引起国人的强烈愤慨，红十字会致电日内瓦红十字国际委员会，强烈要求各国主持公道。同时，红会并没有被侵略者的恶行所吓倒，在2月18日为刘祁瑞举行的葬礼上，救伤队员打出了"为国牺牲"的巨幅标语，表达了他们不畏艰难的勇气。

3月1日，十九路军由于后援不继，全军撤退，退守嘉定、太仓。3月3日，日军占领真如、南翔。在英美等国的调停下，中日双方宣布停战。于是，红会的战地救护遂于3日宣布结束，而"各队员激于义愤，贯彻始终，决心仍赴我军后方工作"。4日，红会各救护队陆续向苏州等地进发，并开始设立伤兵医院、难民救济所，实施救护。6日，为了便利救护，红会专门组织了前方办事处，以张箴言为主任，沈金涛为副主任，俞松筠为医务股股长，罗希三为运输股长，周濂泽为交涉股长，俞卓如为总务股长。8日，红会抽调各支队队员混编一大队，由正队长张箴言、副队长沈金涛率领，携带大量药品登船赶往前线，相机进行救护。

5月5日，中日签订《淞沪停战协定》，战事暂告结束。5月10日，救护队队员全部返回上海，完成使命。据统计，在三个多月的救护行动中，红会共救治伤兵8600余名，收容难民53100余人。在此次救援行动中，红会总计花费283000余元，药品、食物、衣服不计其数。红十字会的人道救援，得到各方的赞许。美国红十字会副会长别克纳，特别称赞红会："其最足使人得到深刻感觉者，厥为中国红十字会之救护工作。该会负责办理适于战时之需要，得一切有惊人之成绩云云。"但是红会取得的成绩，离不开国内外爱国同胞的慷慨支援，红会款项，"全仗临时捐助，尤以海外侨胞，送捐巨款为最踊跃"。

上海市民自动加入红十字会救护队

"为国人谋福利，为国际增光荣"

——征求会员运动

吕志茹

抗日战争爆发前，时间从 1934 年至 1937 年，这三次征求会员运动，是在当时国际国内大战危险日益迫近的情况下，中国红十字会为壮大力量，以应对战争危险而发起。作为国际性的救护组织，中国红十字会希望通过征求会员运动，为战争救护储备人才，以发挥红十字会在战争救护中的积极作用。在第二次征求会员运动中，总会还打出了"为国人谋福利，为国际增光荣"的口号。

第一次征求会员活动从 1934 年 3 月开始，原定两个月，后来由于边远省份纷纷以准备不足为由要求展期，实际截止日期为 9 月 30 日。3 月 1 日，第一次征求会员运动正式开始，总会聘请国民政府各级政要担任名誉征求总队长或征求委员会委员长等职，下令全国分会同时进行，号召"凡赞成本会宗旨者不分国籍与性别，请向总会及各地分会踊跃入会，以襄善举"。会员种类分为五种：一次缴纳会费洋 1000 元者为名誉会员；一次缴纳会费洋 200 元者为特别会员；一次缴纳会费洋 25 元者为正会员。以上三种会员为终身会员。另外还有两种有时间限制的会员，分别是普通会员和学生会员。普通会员需一次缴纳会费洋 10 元，会员有效期为 10 年；学生会员为在校学生，需一次缴纳会费洋 1 元，会员资格在校期间有效，毕业离校后失效。

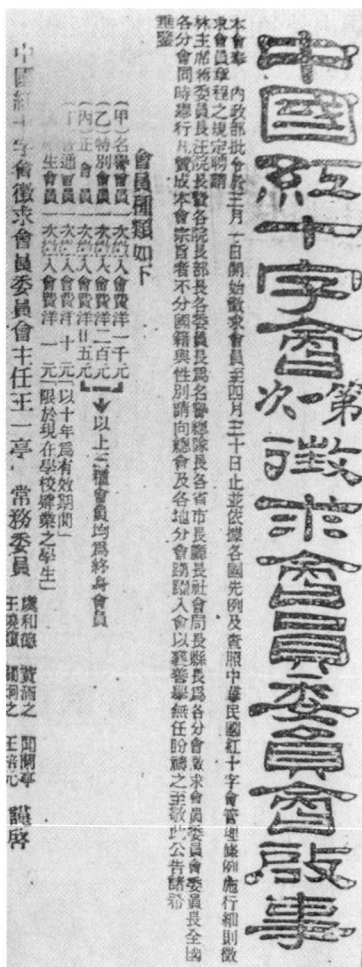

1934 年 3 月 1 日《申报》刊载的中国红十字会第一次征求会员委员会启事

为鼓励各级征求者努力工作，总会设置了较为详细的奖励办法。征求期间，屡见政要赞助征求的报道，可见国民政府对红十字会的征求会员工作采取了积极支持的态度。除总会外，部分分会也加强了宣传，如1934年昆明分会在昆明出版的《义声报》上，以《红十字会本市分会征求会员》为题，报道了中国红十字会昆明分会征求会员的情况。昆明分会的征求活动，也得到了当时云南省政府官员的大力支持。宣传上是有一定声势的，但遗憾的是，征求效果甚微。据统计，此次征求全国仅征得新会员5055名，全国438个分会，只有82个分会开展了征求会员活动。征求结果离百万会员的既定目标相差甚远。红会曾"计划于征求会员闭幕之后，即训练战时救护员，储购救护材料，购置海上病院船，并训练外国语看护等等，以备战时之用"。由于征求效果不理想，该计划只能搁浅，红会不得不筹备二次征求。

第二次征求会员自1935年8月1日开始，原计划两月结束，后由于救济水灾难民等原因展期，实际为1936年6月30日结束。中国红十字会深知"值此不景气之时，征求会员，殊非易事"。所以此次征求结合了当时的实际情况，吸取了上次征求活动的经验教训，对入会缴纳会费数额和奖励标准都进行了调整，降低了入会会费的标准，加大了奖励力度。就入会会费标准来说，根据全国会员大会议定降低会费精神，各类会员中除普通会员仍是一次性缴纳会费10元外，其余各种会员类型均按第一次征求会员入会收费标准的一半收取。这对提高民众的入会积极性有一定的作用。此外，总会调整了第一次征求期间的奖励办法，对征求效果好的组织和个人的奖励力度有所加大，以调动各级征求者的工作积极性。这次征求会员同样要求全国455个分会同时举行，并打出"为国人谋福利，为国际增光荣"的响亮口号，仍聘请各级行政长官为总队长。此次征求，总会进行了精心的准备，开展了大量的宣传活动。红会通过电台播放"特别节目"，进行宣传鼓动。在上海，还聘请沪上名角"合演拿手好戏"，凡"购戏票五张，可得一红会会员，购票十张，可得红会一永久会员，戏票每张仅定价一元"。以此来激发市民入会热情，红会为获得好的征求效果可谓不遗余力。在为期将近一年的时间里，共征得会员68326名，全国分会有158个分会参加，其成效要大大好于前次，响应活动的分会也比上次多，但仍未能达到全国一致举办的程度，征求数额仍离既定目标甚远。在大战迫近的情况下，为增强抗战救护力量，红会不得不发起第三次征求。

第三次征求会员从1937年初开始，仍原定时间为两个月，后由于时局原因，征求工作至10月方告结束。这次征求活动，会员的种类、会费标准仍旧，奖励办法仅做些许调整，没有太大的变化。此次征求运动的声势远不如前两次，这从《申报》的报道中便可以明显看出，前两次均有大量有关征求活动的报道，而这次基本没有提及，红会把工作重心更多地放在了救护训练及战地救护工作上。但此次征求效果远远高于前两次，出现这样的结果，主要原因在于时局。中国已经进入战争状态，在保家卫国的精神感召下，入会者较之前踊跃，征求会员工作取得比较可喜的成绩。此次共征得新会员138418名。这时全国分会已达到464处，红十字医院和医疗机构有262处。红会整体实力有所增强。

1934至1937年的三次征求会员活动，总会做出很大努力，部分分会积极响应，

"但因当时许多分会组织不健全以及其他种种原因，征求工作在一些分会仍不落实，甚至没有搞起来"。这是征求效果不理想的重要原因之一。

三次征求会员运动是中国红十字会为增强自身力量，为迎接即将到来的战争考验而发起，在中国红会史上具有重要意义。虽然征求结果并未达到预期目标，但毋庸置疑，三次征求会员运动大大增强了中国红十字会的力量，为抗战期间红十字会的救护与赈济工作打下良好基础。新力量的加盟，无疑"有利于中国红十字事业的发展，有利于提升中国红十字会的国际地位"。

1937 年中国红十字会淞沪抗战救护略记

呙盼盼

1937 年 7 月 7 日，宛平城的枪声拉开了日本全面侵华的序幕，战争以迅雷不及掩耳之势在中国蔓延开来。8 月 13 日，沪战爆发，中日双方在淞沪地区展开激烈鏖战，上海被硝烟炮火所笼罩。日方先后增派 12 个师团 20 多万兵力进攻上海，同时觊觎南京，妄图迅速灭亡中国。主权被侮，国土沦丧，激起了国人强烈的爱国情怀，上海驻军及各界民众同仇敌忾，与日军展开殊死搏斗。淞沪抗战三个月间，几乎无日不战，伤亡异常惨重。

为有效开展救护工作，中国红十字会未雨绸缪，早在沪战爆发前，就作了精心筹备。1937 年 7 月 20 日，中国红十字会联络上海市商会、地方协会、医师公会、中华医学会、药业公会、医事教育机关及其他与救护有关的团体，在上海市救护事业协进会基础上，重组"中国红十字会上海市救护委员会"，在红十字旗帜下集中力量，统一组织、编练救护人员。这种救护资源的大整合，为淞沪抗战救护准备了条件。

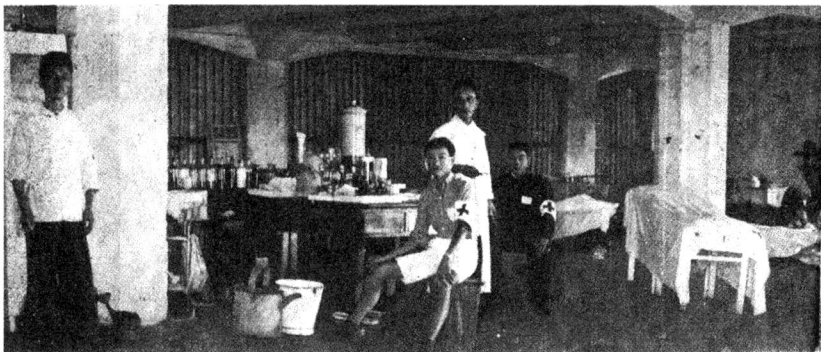

前方临时伤兵医院之治疗室

战争呼唤红十字的关爱。在整个淞沪抗战中，中国红十字会联合上海市救护委员会，组织了救护队 10 队，急救队 12 队，救护医院 24 所，并特约公私医院 16 所及国际委员会所设之医院，分布在淞沪前线及上海租界，协同一致，执行救护、输送、医疗等作业，并于接近前线之交通要道，设置伤兵分发站，为受伤军民办理登记、更换绷带，然后分批送往医院收容，伤兵救护工作有条不紊。

　　沪战伊始，中国红十字会即紧急筹组急救队和救护队，开始战地救护。从8月13日至20日，在短短的一周时间内，先后成立救护队6队，每队队员56人，择其干练者，由红会委任其为各该队队长。各业救护团体纷请参加救护，除煤业公会单独组织救护队1队队员有百余人外，其余经红会审查编为急救队6队，每队16人。8月25日后，战线逐渐扩大至吴淞、罗店等处，原编救护队、急救队不敷调遣，又续编救护队4队、急救队6队，先后出发前线，协助工作。救护、急救队人员不论距离远近，均能密切合作。据统计，经救护、急救队所救伤兵总计39000余人，救护过程中，救护队员不畏艰险，奔走于枪林弹雨间，张克己、张秀芳、谢志贤等30多位救护人员甚至惨遭日军杀害。

　　救护伤兵离不开救护医院的开办，当淞沪战事爆发前夕，总会即着手组织救护医院，以便及时收治伤兵。"八一三"战端即开，第1至第7及第12救护医院即次第开办，随后第8至第13及第18救护医院相继成立，至8月底，已有15处救护医院投入救护。9月以后，战线扩大，战事激烈，伤兵日增，已有救护医院不敷收容，又相继开办9所医院。医院规模不一，开办时间有长有短，对于收治伤兵，则不遗余力。

　　除救护医院之外，还有"特约医院"、社团或私立医院也参与红会救护工作。与红会合作的"特约医院"16所，床位共计千余张，对于伤兵之收容，不无助力。社团或私立医院，组织、经费完全独立，但仍与红会合作，对于伤员收容及遣送则由红会负责。从1937年8月14日至1938年4月30日，综计由上述各医院收治伤兵、伤民共19539名，为淞沪抗战提供了有力的救护保障。

　　随着沪战的持续，伤兵收容成为红会面临的一大难题。沪战期间，伤兵运沪日有数百名，多时千名，而上海各救护医院床位最多时仅5000余张，势不能全体收容，所以自8月22日起就第6救护医院内设立伤兵分发站一所，自前线救回伤兵视伤势轻重分别处理，重者送入医院，轻者暂留分发站，等候火车、船只转送后方。第6救护医院附设之伤兵分发站自8月20日至9月20日共收容分发伤兵2267名。9月20日第6救护医院结束后，伤兵分发站改设于枫林桥外交楼，此处可容伤兵千名。自9月21日起至11月8日止，共收容分发伤兵17940人。

　　11月13日，上海被日军占领，淞沪抗战告一段落，而救护工作仍在进行中。上海沦陷后，疏散留沪伤兵至内地成为当务之急（此项工作在上海沦陷前即已开始）。虽然救护工作困难重重，中国红十字会依旧全力以赴，并取得了可观成效。据统计，从1937年8月14日至1938年4月30日完全结束，由上海市各医院收容兵民19539人，由伤兵分发站运送后方者计7128人，由前线直接运送后方各地者共17722人，合计先后救运受伤兵民44389人。

　　当然，在淞沪抗战救护中，中国红十字会的工作仍有有待改进之处，在战事救护期间，向以募捐为救护经济基础的中国红十字会，因恪于军部约束，既避免透露与军情有关的消息，又较少向社会报告工作进展，无法取得社会最广泛的同情和支持，致使救护工作困难重重，即使总会秘书长庞京周也认为救护工作"毁誉参半"，而亟思有所补救。此后，随着战局扩大，中国红十字会救护工作因地制宜，适时调整，到1937年底，中国红十字救护总队应时而生，由此掀开了战地救援的新篇章。

人道光辉照耀"孤岛"

——抗战时期上海国际红会组建及伤兵难民救助

池子华　崔龙健

中国红十字会上海国际委员会（Shanghai International Committee of the Red Cross Society of China），简称上海国际红十字会（Shanghai International Red Cross，缩写为 S. I. R. C.），成立于 1937 年 10 月 2 日，结束于 1939 年 3 月 31 日，由旅沪中外慈善界人士共同发起，专以办理伤兵、难民救济事宜，并"为各善团之后盾"。

淞沪抗战救护的急切呼唤

一个半世纪以来，红十字组织的诞生，似乎注定与战争有着不解之缘。19 世纪 60 年代，由于受到索尔弗利诺（Solferino）冲突的巨大触动，瑞士银行家亨利·杜南（Henry Dunant）发起成立红十字国际委员会，国际红十字运动由此而起。20 世纪初，同样因为一场发生在中国东北的日俄战争，中国红十字会诞生。30 多年后，也是因为战争，在上海催生了一个叫中国红十字会上海国际委员会的红十字组织。

1937 年 7 月 7 日，日本挑起"卢沟桥"事变，不宣而战，中日战事全面爆发，华北危在旦夕。为了阻止中国军队北上增援及控制中国经济重心，以达到速战速决的目的，日本企图在上海挑起第二次淞沪战争。8 月 13 日，日本拉开了淞沪战争的大幕。据《立报》报道，当天上午 9 时 15 分，日军陆战队出动 3 辆装甲车，掩护士兵五六十人，由宝山路商务印书馆旧厂址与横浜桥间道路，跨过淞沪铁路，向中国军队阵地进犯，双方交火一刻钟后，日军溃退。下午 4 时，日军又向八字桥与江湾路进犯，发动二次进攻，同时宝山路、天通庵路亦有交火，一时间枪炮声大作，淞沪之战终究不可避免地爆发了。

从战事爆发到 11 月 12 日上海沦陷，中国军队浴血奋战达 3 个月，虽然有人数上的优势，但无奈在日军优势火力猛烈进攻之下节节败退，最终不得不从上海撤出。淞沪会战中双方投入兵力百万余人，日军伤亡 4 万余人，国军伤亡 25 万余人。

炮火之下岂有完卵，普通平民手无寸铁，或在炮火中不幸身亡，或遭日军任意劫杀，即便逃离了火线，也身陷背井离乡、家破人亡的境地。据有关方面粗略估计，死在淞沪战线上的平民有 10 万～15 万人，而当时上海常住人口超过了 300 万，更多的人等待援救出险。

流离失所的平民扶老携幼，纷纷向租界方向避难。然而租界当局以维持界内侨民和华人居户商家安宁为由，特在与华界接壤处安装铁门，并加强了警戒，但仍有不少人涌入了租界，街头弄口风餐露宿者比比皆是。有鉴于此，各慈善团体、同乡会组织纷纷设立收容所，收容、遣送。但据《申报》报道，"在战区未逃出者，为数尚多，时有拟入租界而被阻止者，东奔西突，为状殊惨"。于是，中国红十字会走上了前台。

其实早在 1936 年初，中国红十字会就成立了总会救护委员会，开始准备抗战救护事宜。不久遵照国民政府颁布的《非常时期救护事业大纲》及施行细则，又联络上海市商会、地方协会、中华医学会等团体，在上海市救护事业协进会的基础上，重组中国红十字会上海市救护委员会，积极募集捐款、购置医药用品，并着手编练救护队员，淞沪会战前夕培训学员 300 余人，这还不包括帮助其他团体培训的学员。

淞沪会战打响后，中国红十字会立即召集学员在中德医院集合，编队出发前线救护。基于抗战救护需要，先后组织了 10 支救护队、12 支急救队及煤业救护队 1 支。另设立救护医院 24 所，特约公私医院 16 所，征集救护汽车 98 辆，执行救护受伤兵民任务。

然而，随着战争扩大，救护形势日益紧张，且救护队员的生命安全无法得到保障，各救护队驻所常遭日机轰炸。第一救护队副队长苏克己及护士陈秀芳、谢惠贤、刘中武不幸遇难，为抗战救护蒙上了一层阴影。又因受军部约束，中国红十字会对于救护工作不得不保持缄默，引起各方质疑，难以取得社会各界最大限度的支持，也给救护工作带来重重困难。另外，租界当局出于预防疾病及其他方面的考虑，对于运送伤兵、难民入内设置了种种限制。而各慈善团体、同乡会组织收容难民往往来者不拒，日感力不从心。但是，战争在不断扩大，伤兵和难民人数还在不断增加。

在此困境中，为使伤兵救护和难民救济这两项工作在更大范围内更有效地得以开展，旅沪中外慈善界人士均发出成立国际红十字委员会的呼吁，以争取国际社会的广泛同情和援助。于是，上海国际红十字会的组建被提上了日程。

老会长颜惠庆为建会积极奔走

上海国际红十字会的成功创建，与颜惠庆先生的积极奔走不无关系，他在筹建过程中发挥了至关重要的作用，也可以说，他是上海国际红十字会的缔造者。

颜惠庆，字骏人，1877 年出生在上海虹口，是我国近现代史上著名的外交家。早年毕业于上海同文馆，1895 年前往美国求学，1900 年获得美国弗吉尼亚大学学士学位，成为该校毕业的第一位中国学生。回国后执教于上海圣约翰大学，也曾任商务印书馆和《南方报》编辑。

颜惠庆的外交生涯始于 1908 年 2 月，他以清朝驻美使馆参赞的身份，随同伍廷芳出使美国。次年冬天应召回国，担任外交部主事。1911 年 11 月升任外务部左丞。民国建立后，先后担任北京政府外交部次长、驻德公使、驻丹麦公使、驻瑞典公使、中国出席巴黎和会代表团顾问、外交部总长、农商总长、内务总长、国务总理等职。1926 年冬移居天津从事实业活动，1931 年复出政界，先后担任南京国民政府驻美大使、驻苏大使、中国出席国际联盟大会首席代表、圣约翰大学董事长等职。抗日战争前后，曾在上海从事慈善活动，1924—1934 年他担任中国红十字会会长，为中国红十字事业发展作出重要贡献。

颜惠庆

淞沪会战爆发前，时在青岛的颜惠庆乘火车前往上海，在他到达上海的第二天，"八一三"淞沪战事爆发。他在自传中写道："这是我平生中第一次看到发生在眼皮底下的战争。"日机狂轰滥炸之下，上海的伤兵救护和难民救济给他极大的感触，他由衷向救护队员救死扶伤的精神致以崇高敬意的同时，对于租界的态度和难民的生存环境深感忧虑，他认为，"寒冬即将来临，为难民提供住处和食物成为迫在眉睫的事情"。

恰在此时，中外慈善界人士纷纷向这位曾经的中国红十字会会长、现任中国红十字会名誉副会长的他表达意见，"亟望有一国际红十字委员会之组成"。颜惠庆对此深表赞同，他说："为了继续进行和支持救护工作，成立某种形式的国际组织以争取援助，显然是十分必要的，这种援助不仅是资金和技术上的，而且是政治和道义上的。"为此，他先后向华洋义赈救灾总会总干事贝克（J. E. Baker）、上海防痨协会副会长马晓尔（R. C. Mershall）、中华圣公会港粤教区负责云贵事务的助理主教朱友渔等人征询意见，得到热情支持。成立国际红十字委员会的计划迅即付诸实施。

上海国际红十字会的成立

1937 年 9 月 18 日，国际红十字委员会筹备会议在上海国际饭店召开，会议由颜惠庆主持。经过几番商讨，议决成立一个执行委员会来研究国际红十字委员会筹备事宜，当时推定颜惠庆、白赛德（Major A. Bassett）、邓纳（J. Donne）、马晓尔、蔡增基、冯炳南、安献金（G. Findlay Andrew）、普兰德（W. H. Plant）、礼德（B. E. Read）、饶家驹（R. P. Jacquinot）、李劳生（Rev. R. Rees）、颜福庆、施思明、劳白生（R. C. Robertson）、钟思（J. R. Jones）、田伯烈（H. J. Timperley）十六人为执行委员会委员，这意味着上海国际红十字会的筹建工作正式启动。

然而此时执行委员会内部对于组建国际红十字委员会的思路并不清晰，在组织合法性获得的问题上有较大分歧，颜惠庆主张直接向日内瓦国际红十字会申请独立章程。9 月 24 日，在冯炳南府邸举行执行委员会会议，邀请了到沪考察日机轰炸红十字会救护队员一事的国际红十字会代表瓦特维尔（C. D. Watteville）出席，此举意向非常明确，于是会议议决就中国红十字会所提交章程只作原则上通过，同时决议由瓦特维尔立即向国际红十字会提交独立章程请求。

为了避免红十字主权的问题，颜惠庆次日在同国际红十字会驻沪代表卡拉姆（L. P. Calame）的通话中，产生了成立两个组织的想法，即一个隶属于中国红十字会，另一个直属于日内瓦总会。瓦特维尔与卡拉姆旋于 28 日携备忘录造访颜府，重申了关于工作和组成两个委员会的意见，他从日内瓦得到的答复是"没有人，也没有钱"。

被国际红十字会拒绝当日，颜惠庆召开部门委员会会议，草拟了组织章程，于 10 月 2 日提交执行委员会会议通过，并选举了工作人员，主席为颜惠庆，副主席为饶家驹、钟思、博兰德，秘书为施思明，司库为贝纳德（C. R. Bennett），执行干事为贝铁德（C. W. Petitt）、朱友渔、史蒂夫人（Mrs. C. V. Starr），如此形成以颜惠庆为首、以执行委员会为核心的领导体系，上海国际红十字会初步建立。

10 月 6 日，国际红十字委员会开会，议决向中国红十字会总会申请许可证，并要求拨款法币 1 万元作为办公经费，两日之后就收到中国红十字会总会颁发的许可证草本。12 日通过了正式章程。16 日执行委员会议决定："接受中国红十字会提交之会章，同时放弃向日内瓦国际红会请求独立会章之计议。"并将国际红十字委员会正式定名为中国红十字会上海国际委员会，分设办事处于静安寺路（今南京西路）国际饭店及河南路（今河南中路）505 号中国华洋义赈救灾总会。

上海国际红十字会的成立，得到旅沪中外慈善界人士的大力支持，先后有 500 多人被聘为办事委员，外籍委员达 150 余人。他们热心慈善，大多属于义务工作，仅小部分接受薪给。这些中外委员，或有一技之长，或有重要影响力，是上海国际红十字会的中坚。除了颜惠庆，对于各项会务进行有重要影响的，主要是法籍神父饶家驹、美国人贝克和著名外交家施肇基的"加盟"。其中，贝克率华洋义赈救灾总会总干事办事处同人全体加入，并担任总干事一职，为会务处理作出了积极贡献，颜惠庆对此有极高的评价："他们专心致志地进行管理，这项管理工作随着时间的推进越来越成为头等大事。"

推动南市难民区的建立

上海国际红十字会组建后，立即着手推进南市难民区的设立。南市难民区，在英文中称作"饶家驹区"，是上海国际红十字会公推饶家驹以该会名义特为难民分别商洽中日当局同意在南市划出的一处非战斗人员安全区域，北起民国路（今人民路）、南至方浜路（今方浜中路）、西至方浜桥、东至小东门（初以安仁街为界），包括城隍庙、豫园等处，面积约占旧城厢的三分之一。

之所以要在南市开辟这样一个区域，是由当时救济难民形势所决定的。淞沪战事爆发以后，上海及周边区域先后逃难至租界者达百余万人，经各慈善团体分别收容遣送，仍有大量难民无法安置，及 10 月底第二波难民潮来袭，狭小的租界里早已人满为患，对于租界外不断增加的难民，实在无法再行收容，亟需在租界外寻找安全区域作收容难民用。

南市为上海旧城址，西、北面与法租界接壤，是通往法租界的交通要道。区内有大量可辟为难民收容所的公共场所，又便于从法租界运输补给，是较为理想的区域。而且，南市时已成为日军的进攻目标，日方在10月31日上午通知英、法、美等国驻沪领事，扬言将在当日下午轰炸南市。次日清晨，南市上空就出现敌机盘旋侦察，所幸并未投弹，但造成南市居民的极大恐慌。南市本来人口密集，加上流落在法租界外的难民，若遭敌机轰炸，平民伤亡必定惨重，成立南市难民区刻不容缓。

饶家驹为此积极谋划，爰请英、法、美驻沪外交当局协助，向上海市政府提出在南市划出一部作为收容难民区域的建议，市长俞鸿钧随即向中央请示，并遣派要员赴南市调查难民情况。因涉及领土主权，中央表态较为谨慎，提出"不与日方洽商"等不得损害中国主权的四项原则。11月3日，饶家驹与俞鸿钧秘密谈判，取得令人满意的结果，并由饶家驹起草与俞鸿钧联合署名的信，信中声明：此区域仅系暂时性质，日军不得以任何方式对此发动进攻，区内治安交由中国警察负责等。饶家驹将此"协议"报告给日本总领事冈本季正，旋得日本军政府和海军当局同意，同时要求完全杜绝任何军事行动或武装敌对行为。为此，饶家驹劝说俞鸿钧放弃使用区内两处军事设施，但他隐瞒了冈本季正给他的另外一封信上的内容，那就是一旦中国军队撤出毗邻区域，日方将接管这一地区。

饶家驹神父

11月8日，上海市政府发布公告，南市难民区将于9日中午12时开放，然而中日双方却并未签署任何正式协议，仅仅是分别与上海国际红十字会达成了"谅解"。可以说，饶家驹是用"善意的谎言"换得南市难民区的事实存在。

南市难民区由饶家驹等7名外籍人士组成的监察委员会负责管理，经费主要来源于上海国际红十字会等国内外慈善团体和个人的捐赠。至1940年6月30日结束时，为超过30万难民提供了庇护，蒋介石曾为此亲笔书信感谢。

随着这一安全区模式在上海取得成功，南京、汉口等地纷纷仿效，虽未尽获日方同意，

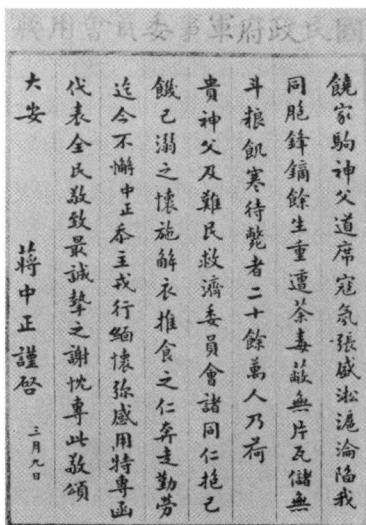

蒋介石1938年3月9日
致饶家驹神父的感谢信

但也确实为当地难民提供了短暂保护，国际红十字会因此将其选作交战国在战时保护平民的成功范例而写入1949年《日内瓦第四公约》，对国际人道法的订立产生了重要影响。

出色的人道主义救济业绩

上海国际红十字会以人道主义为怀，救助伤兵、难民可谓不遗余力。同时，积极联络各慈善团体，整合人道力量，筹款募捐，共同推动各项救助事业进一步开展。

1937年10月21日，上海国际红十字会开会讨论并规划了宣传与募捐事宜，提出募集1千万元的目标。首由颜惠庆偕同施肇基成功说服当时财政部长孔祥熙，拨款100万元（包括现币20万元、救国公债80万元）予以倡导，国民政府前后共计拨赠135万元。12月1日至8日在上海举办募捐活动周，除组织街头募捐队分赴两租界闹市区募捐外，还聘请中外歌剧名家在大上海戏院举办中西慈善音乐大会。又创立三元救命会，广征会员，凡月纳三元者即可入会。1938年5月2日，应美国红十字会邀请，饶家驹由施思明陪同启程赴美募捐，并得以晋谒罗斯福总统。6月17日，在中国难民救济会会长小西奥多·罗斯福（Theodore Roosevelt）上校的鼎力相助下，饶家驹在纽约唐人街组织了一场"旧中国之夜"的大型募捐晚会，由此在美国全国发起"一碗饭"运动。经国内外各慈善团体、个人和华侨的慷慨捐赠，上海国际红十字会共募集到3 129 926.74元，同时支出2 908 088.70 元，主要用于难民救济费用。

上海国际红十字会共设立伤兵医院5所、残废伤兵医院1所、难民医院2所、难民收容所诊疗所6处、流动诊疗所8处，为伤兵和难民提供医疗服务。各处伤兵医院收治伤兵共计44 271人，其中施行急救手术者17 722人。残废伤兵医院共收容残废伤兵403人，手术并装置假肢计140例，并对这些残废伤兵施以针线、缝纫、园艺等职业训练，为他们出院后自立谋生创造条件。两处难民医院共收治病人2 861人，住院日数计69 651天。各处难民收容所诊疗所及流动诊疗所前后共施诊486 316号，总计为70余收容所近42 000名难民提供了医药服务，并每月拨赠现金及药用品于其他团体开办的25所难民医院和20处难民诊疗所，还为难民及贫穷病人免费防疫注射，预防伤寒、虎列拉注射182 214次，施种牛痘6 188次。

上海国际红十字会还制定收容所设备甲、乙两种标准供各善团改善收容所设施及环境卫生参照，涉及居住、饭食、衣被、健康、卫生及清洁、组织及登记办法、训练等方面，且组织视察组赴各收容所指导改进。并聘请教育专家陈鹤琴、叶梁露等人在各收容所推行难民教育，分儿童教育、成人教育、职业教育三项，颇见成效。当时全沪221所难民收容所中，成立儿童班者130所，成立成人班者97所，受教儿童42 508人、受教成人29 528人、受识字教育成人4 552人，教师最多时合计580人。

1938年1月1日起，上海国际红十字会先后担任上海慈善团体联合救灾会、上海难民救济分会、上海国际救济会等 14 团体所设难民收容所给养重担，给养难民人数最多时达到 17 万人（包括南市难民区）。仅此一项，耗费甚繁，终以无力维持而决定至 10 月 31 日起停止全部救济工作，只任筹款募捐，直到会务结束。

上海国际红十字会从成立到结束救济，在短短一年多的时间里，无论伤兵救护，抑或难民救济，都取得卓越成绩，有目共睹，为抗战救护事业作出了巨大贡献，在中国抗日战争史和中国红十字运动史上书写了光彩夺目的一页。

"三十年代青年的光辉榜样"

——上海红十字会煤业救护队皖南从军纪实

阎智海

"八一三"淞沪抗战开始后不久，在战地救护的第一线，活跃着一支特殊的队伍，即上海红十字会煤业救护队。救护队绝大多数成员是上海煤业界的热血青年，在为期三个月的战事救护过程中，救护队员全力以赴，竭力施救。沪战结束后不久，多数队员参加了新四军，并最终走上了抗日救亡的道路。

上海煤业救护队从温州、南昌等地运往新四军伤病医院的卫生用品

全面抗战伊始，战事救护成为中国红十字会的主要任务。1937 年 7 月 20 日，中国红十字会联络上海众多团体，重组"中国红十字会上海市救护委员会"，以期集中力

量，整合资源，为战时救护准备条件，而社会各界对红十字会的工作亦予以积极援助。

8月9日，煤业公会为救济难民设立煤业界"救护委员会"，潘以三、魏志大、鲍哲芽、陈渭滨、王文正任委员。"救护委员会"下设上海煤业救护队，田葶芳、罗希三、罗德传、金振华任正副大队长，大队下辖15个中队和分队。至沪战爆发前夕，登记上前线担任战地救护的煤业职工多至500名，汽车约50辆。沪战爆发前夜，煤业公会举办为期一周的战地救护训练班，上海市救护委员会特派教员陈珩、朱运骏担任教练。

8月13日，淞沪抗战开始，战地救护正式拉开帷幕。中国驻军在北四川路等处与日本侵略军展开激战，刚筹组不久的上海煤业救护队当晚就出动十几辆救护卡车，每车5人编成一个救护分队，上前线进行服务。数百名热血青年携带着担架、急救包、慰劳品，辗转于八字桥、江湾、虹口公园、大场、罗店、嘉定以至昆山前线，几十辆救护车往返于伤兵医院、难民收容所和前沿阵地之间。

上海煤业救护队得到了红十字会和煤业公会的支持，8月16日，为便于救护活动，煤业救护队与红十字会取得联系，旋改称"上海红十字会煤业救护队"，并从红十字会领取汽油和经费。随着沪战的展开，救护队汽车遍及淞沪各个战场，其间，队员冒险抢救伤员，厥功至伟。

就在煤业救护队成员竭力施救的同时，中国红十字会也在积极进行战场救护工作。淞沪抗战的三个月间，中国红十字会联合上海市救护委员会，"组织救护队十队，急救队十二队，救护医院二十四所，征集救护汽车九十八辆"。时任上海市商会童子军50团的教练蒋传源所带第3小队部分队员被红十字会派往大华路（今南汇路）伤兵救护运输站工作，负责登记车辆、人数、去向。不久，蒋传源受命组织一支童子军救护队，并被红十字会定名为第11急救队，蒋兼任队长，每天带领救护车出入战地抢救伤员。

11月12日，上海沦陷，数千名伤兵集聚于上海公共租界，转运伤兵至内地成为当务之急。在救护委员会的委托下，蒋传源率4名队员奔赴宁波接洽转运事宜。与此同时，总会又委派红十字会交通股事务长乐时鸣来此协商，筹设伤兵接运站，专门接运和医治运至内地的伤兵。

为加速外运伤兵，增强接运力量，红十字会和煤业公会决定将煤业救护队和接运站合并，仍沿用"中国红十字会总会交通股"，金芝轩任交通股主任，田葶芳为副主任。"交通股"下设两组，原接收站人员为第1组，由乐时鸣任组长，杨梦雁、孟雁堂为副组长；原煤业救护队为第2组，由忻元锡任组长，叶进明、陈昌吉为副组长。为便于战时救护，第2组对外仍沿用"上海红十字会

忻元锡

煤业救护队"的名号，救护车辆统一刷印红十字会交通股字样及红十字徽记。

上海成为"孤岛"后，在昆山前线服务的煤业救护队成员 100 多人因交通阻隔，在田莘芳、罗希三以及中共地下党员王公道、周中奎等带队下，从淞沪前线转战苏州、宜兴、南京、长兴、宣城并进入皖南山区。为解决给养困难，救护队大队长田莘芳和队员周中奎先后赴沪求援，鉴于忻元锡在战地救护的出色表现，红十字会和煤业公会决定由忻元锡出任煤业救护队前方大队长，并商定由叶进明、忻元锡、周中奎等 15 人去屯溪运送给养和接运伤兵。不久，忻元锡等一行与乐时鸣所部伤兵接运站救护人员会师于宁波。

12 月，在转运伤兵后，忻元锡、叶进明等返回屯溪，针对部分队员分裂煤业救护队欲转投国民党的错误企图，忻元锡、叶进明、王公道、周中奎等为了争取队员团结一致，在救护队内公开提出"坚持抗敌救亡，反对出卖救护队"等口号。随之，忻元锡等向煤业公会发出"红十字会一、二组即日开赴南昌休整"的电报，并将全队重新整编为 10 队，每队二或三辆卡车。

周山（1917—1946），原名周中奎

1938 年 1 月，上海煤业救护队 100 多人，带着 20 多辆救护汽车来到南昌，不久，大部分队员皆参加新四军，而救护队地下党支部组织关系亦转入新四军军部。对于建军初期的新四军来说，煤业救护队的到来无疑是雪中送炭。救护队一方面负责南方八省游击健儿的伤病员救护工作，一方面需将分散在南方各地的新四军战士接运到皖南岩寺，从 1937 年 12 月至 1938 年 5 月间，救护队巧妙避开国民党军队的阻挠和破坏，陆续把散落各地的成千上万的战士运送到目的地，集运任务如期顺利完成。

为巩固抗日统一战线，便于争取社会各界支持，叶进明、忻元锡、陈昌吉三人并未立即参加部队集体生活，上海红十字会煤业救护队的名义依然继续保持。虽然救护队只存在了短短的三年，但是，国难当头，从参加红十字会，进行战时救护，到最终集体参加新四军，上海煤业救护队"从一个群众性的救亡组织，发展成为一支抗日革命队伍"，这无疑是抗日救亡时势和爱国热情融合的结果，也是艰难时势下爱国青年的必然选择。

南京大屠杀与红十字会的人道救援

马红英　李　慧

1937 年 12 月 13 日，南京沦陷。日本侵略军进入南京后，烧杀抢劫，奸淫掳掠，无恶不作。最令人发指的是，日军对南京城内和附近地区的平民和俘虏进行了惨绝人寰的大屠杀，30 万同胞罹难，史称"南京大屠杀"。

南京安全区国际委员会和国际红十字会南京委员会部分成员
（左起：福斯特牧师、米尔斯牧师、拉贝、史迈士、史波林、波德希伏洛夫）

面对日军疯狂血腥的屠杀，许多慈善组织不畏艰险，纷纷行动起来，组织了有效的救伤、葬亡和赈济活动。以救死扶伤为天职的红十字会也绝不会袖手旁观，这主要是中国红十字会南京分会和国际红十字会南京委员会。因为此时中国红十字会的大部分救护人员都撤退到武汉，剩余的人员城陷以后不复成队，因而南京的救护工作自然落在了南京分会的肩上。而此时南京城内由外籍人士发起成立的国际红十字会南京委员会与中国红会南京分会一道承担起对南京大屠杀的人道救护工作。

设粥厂赈济难民

南京沦陷后，大批难民流离失所，挣扎在死亡线上。在南京安全区内，有20处难民收容所，收容难民5万~7万。供应如此之多的难民吃饭，成为一个棘手的问题。中国红十字会南京分会目睹这一情况，于12月13日在金陵女子文理院开设了一个施粥厂，专供居住在该校内之妇孺难民吃食，每日两次。每日领粥人数，最多时有8000余人。施粥厂规定："每日施粥二次，一次自上午八时起至十时止，一次自下午三时起至五时止。"难民如果付得起钱的，每碗给三个铜钱。实在困难的，经核实后，发给他们一个红色标牌，可以免费领取。

施医送药

因南京下关一带遭受兵灾最重，患病难民无力就医，中国红会南京分会在下关设立施诊送药所一处，分内、外科，为无数难民义诊。与此同时，国际红十字会南京委员会鉴于设在安全区以外的外交部、铁道部和军政部的伤兵医院，医疗环境恶劣，病人缺乏医护人员治疗、照顾的惨状，便即刻接管了这些医院，组织医护人员救治。但日军占领外交部大厦后，即不准任何人出入，而铁道部、军政部的两所医院亦然。尽管如此，红十字会一直不间断地向外交部红十字医院的中国医护人员以及病人供应食品，在对伤员提供保护方面也竭尽心力，成效卓著。其后迫于无奈，国际红十字会南京委员会将红十字医院迁移到鼓楼医院内，另开设了三个户外诊所，为难民伤员服务。

施棺掩埋

南京城陷，日军野蛮屠城，举世震惊。30万同胞惨遭杀戮，尸横遍野，血流成河。掩埋被害同胞的遗体，既可告慰亡灵，又可防止疾病传播，红会自然义不容辞。从1937年12月开始，中国红会南京分会就组织了两支掩埋队，开始从事掩埋事务，并于1938年1月4日，正式得到日军允许，在下关沿江和平门外一带从事掩埋工作。从1937年12月至1938年5月底的半年中，中国红会南京分会共掩埋军民尸体22371具，而且"现仍在下关沿江岸一带捞取上游漂来浮尸，随时加以掩埋"。而中国红会南京分会早在南京沦陷前，就在会员中发起"募集施材运动"，要求每一会员捐助一具，共募集棺木960具，在南京沦陷后的6个月期间，这些棺木陆续施出，仅留下50具。

募集棺木

社会服务

南京失守后，城内政府官员和有能力的难民纷纷出城避难，其余难民也躲进安全区内，致使南京城市管理陷入无序状态。中国红会南京分会与国际红十字会南京委员会鉴于此，在重点救济外，还开展了力所能及的便民利民的社会服务活动。

南京城陷后，小学教育骤行停滞，一般儿童无学可上，坐等光阴荒废，其中以下关地区最为严重。为此中国红会南京分会在下关办义务小学一所，内有教室一间，可以容纳 50 名学生，其后由于要求入学人数过百，便着手寻觅新校址，以便容纳学生至150 人。

又因原设于下关、浦口的义渡船因城陷，早已不知漂向何处，致使一般难民渡江往返困难，中国红会南京分会遂在下关与浦口之间设船摆渡，难民可免费渡江。同时，国际红十字会南京委员会主要对安全区的难民提供物资帮助，并建议当时的伪南京市自治委员会承担南京城东一所养老院的责任，同时鉴于南京难民多患有脚气病，委员会特别从上海运来黄豆 100 吨，以治疗此病。

值得一提的是，美国红十字会虽未直接参与南京大屠杀的现场救护，但也伸出了援手。1938 年 1 月，美国红十字会响应罗斯福总统的号召，呼吁美国国民捐献善款食物救济中国难民。2 月，美国红十字会又向南京捐款 4 万美元，到 4 月底，又会同美国咨询委员会向南京难民捐助 1.5 万美元的现金和食物。美国红会还多次请求国际红十字会南京委员会提供其救济计划方案，以期提供更多帮助。

　　总之，南京大屠杀期间，面对日军灭绝人性的血腥屠杀，面对难民的身心受创，中国红会南京分会与国际红十字会南京委员会及其他慈善组织，合力同心，置个人安危于不顾，全力救助处于水深火热中的中国难民，竭力开展人道救援工作，谱写了一曲感人至深的人道救援乐章，为红十字会的抗战救护写下了光辉的一页。

林可胜与中国红十字会救护总队的组建

郝如一　邓　通

　　红十字运动起源于战地救护，在整个近代中国各类社会救助活动中，战争救护是红十字会工作的重心。其中尤以抗战时期的救护业绩最为辉煌，而这又与一个关键人物——林可胜密不可分。

　　林可胜，1897 年 10 月 15 日生于新加坡，祖籍福建省海澄县（今属福建龙海县）。父亲是新加坡著名医生、社会活动家林文庆，母亲黄端琼是著名同盟会员黄乃裳之女。林可胜 8 岁被送往英国爱丁堡上学，中学毕业后考进爱丁堡大学，专攻医科。求学期间，适逢第一次世界大战爆发，林可胜应征入伍，被分配在英国南部朴次茅斯附近的军医院当外科助理，并以英国印度远征军廓尔喀团准尉军医身份在法国服役两年，主要从事新兵的战地救护训练工作，这一经历，为他之后经营中国红十字会救护总队积累了丰富的经验。第一次世界大战结束，林可胜复学。1919 年以优异的成绩连续获得医学内科和医学外科学士学位，并留校担任生理学讲师。此后，他又以过人的精力，于 1920 年获得哲学博

中国红十字会救护总队部总队长林可胜

士学位、1921 年获得生理学博士学位，1924 年，又获得科学博士学位。1923 年底，林可胜获得美国洛克菲勒基金会资助，赴美留学一年，在芝加哥大学生理系卡尔森实验室，对胃液分泌的调节机制进行研究，多有创获。

　　林可胜在国际生理学界的影响与日俱增，但报效祖国之心，未尝能忘，他决定回国创业。1924 年 10 月，林可胜如愿进入协和医学院，担任生理系教授兼系主任，"为

协和医学院第一个华人教授"。在协和的 12 年中，他开拓进取，锐意创新，在科研、教学、人才培养诸方面，取得卓越成就。1926 年 2 月，在他的积极推动下，中国生理学会宣告成立，他出任首任会长，1927 年春，《中国生理学》杂志创刊，他担任主编，1928 年出任中华医学会会长。他成为不争的中国现代生理学奠基人、"中国三大军医先进"之一（另两位为伍连德、刘瑞恒）和"中国生命科学之父"。他发现的"肠抑胃素"，引起海内外医学界的广泛关注，至今仍有生命力。

同时，林可胜也是位爱国学者。1925 年上海发生震惊全国的"五卅"惨案，他毅然两次与协和学生一道上街游行示威，抗议帝国主义的暴行，同时积极策划、支持学生成立救护队，以援救在示威活动中受伤的学生和市民。1931 年"九一八事变"后，日军侵占东北，进窥华北，长城各口，烽火连天。林可胜组织协和学生，成立救护队，开赴古北口前线，实施救护。林可胜敏感地意识到，抗日战争将是长期的、持久的，因而，他在协和医学院组建了军官救护训练队（Medical Officer Training Corps, 简称 MOTC），在课余时间，除实习医生外，一至四年级同学一律参加。训练课目主要是战地急救和担架搬运操练，指定外科讲师杨静波主讲外科急救，文海楼舍监负责督导担架操练。他还制定标准手术器械箱和急救药箱示范。"实践证明，这是以后红会救护总队部的一次小型预演。"此外，随着华北局势的日趋紧张，全面抗战势将不免。有鉴于此，"七七事变"前夕，林可胜特向协和校长胡恒德建议，派遣协和医疗队南下首都南京待命，以便在战争爆发时为前线将士提供服务。建议遭到拒绝后，林可胜以赴英国度假为由，转道南京，置身抗战救护事业。

渊博的学识，精湛的医术，拳拳的报国之心，使林可胜成为组建中国红十字救护总队部的首推人选。

中国红十字会救护总队第 14 医疗队在衡阳

1937年，日本发动全面侵华战争，为实现尽早灭亡中国的狂妄计划，又举兵南下，上海、南京相继沦陷。中国红十字会总会撤退到武汉。由于战线太长，中国红十字会的救护工作，顾此失彼，陷于极端尴尬的境地。转变救护策略，重整旗鼓，势在必行，且急不可缓。

为配合战事需要，中国红十字会做出了两个重大举措：一是12月6日，总会成立了临时救护委员会；二是聘请林可胜为救护委员会总干事，"负责综理医疗救护事宜"，林可胜由此脱颖而出。干事室下设总务、医务、运输、材料四股，架构起救护组织系统。干事室有11人，总务股9人，医务股702人（其中包括各医疗队人员，其中女性222人），材料股32人（女性3人），运输股73人，总计827人。

林可胜出任总干事兼救护总队长后，立即着手医疗队的改编。改编后，医疗队具有人数少，便于移动，经济而易于举办，男女分工合作，前后方配合适当等适于战时的优点，从而大大提高了救护的效率，弥补了各战区伤兵医院的不足。

经过积极筹备，1938年春，救护总队部在汉口正式宣告成立，林可胜成为理所当然的总队长。救护总队部是中国红十字会"专负军事救护之机构"，它的成立，翻开了抗战救护新的一页。在国难深重，资财匮乏情况下，救护队员们在红十字旗帜下，冒血雨腥风，共树抗日丰碑，广播人道圣歌。尤其林可胜，倡导于前，躬行于后，运筹帷幄，惨淡经营，使救护总队功勋卓著，屡有损毁却不断壮大，展现了以"救死扶伤，博爱恤兵"为宗旨的人道主义精神。

"歧路"先锋：第23医疗队在陕北

马红英　池子华

抗日战争时期，中国国民党旗帜下的军队和中国共产党麾下的武装是两支既相联系又各自独立的军事力量。在日军践踏国土、中华民族旦夕存亡之际，中国共产党倡导的全民族抗战使"两种力量"一致对外，共赴国难。然而，国民党消极抗战的总体战略思想，导致正面战场败多胜少。广州、武汉失陷后，国民党战区更加被动。共产党领导下的敌后战场成为日军进攻的重点。八路军、新四军抛头颅，洒热血，付出沉重的生命代价。遗憾的是，"国民党，正如孙中山夫人一语道破，它划了一条横贯中国的虚构线，在虚构线一边的抗日战争伤兵能受到照顾，在另一边的伤兵则不然"。八路军、新四军从国民政府那里几乎得不到应有的给养与医疗保障，只能依靠自给和国内外人士的援助。天职攸关，中国红十字会救护总队冲破人为阻禁，派出医疗队，给予敌后战场——那个似乎被遗忘的"空间"以力所能及的人道救援。

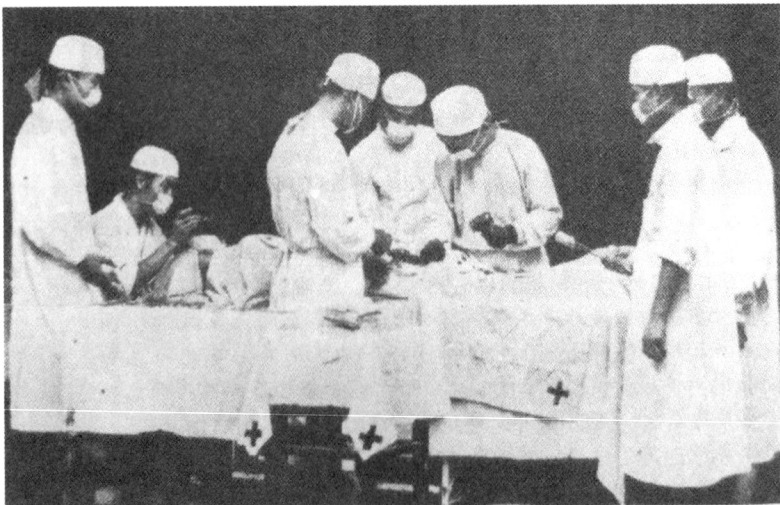

红十字会医疗队在陕北工作情形

在红十字会救护队救护视野中，抗日战场只有一个，因此他们不怕山高路远，几次将医疗队派往八路军所在的西北敌后战场，而其中作为先锋的是第23医疗队。

抗战初期，八路军取得平型关大捷，赫赫战功使其富有传奇色彩。当周恩来向红十字总会要求派医疗队到延安为八路军服务时，奉派的第23医疗队怀着崇敬之情欣然前往。

1937年12月20日，第23医疗队由汉口乘车北上西安。途中几经周折，颠簸五六天，终于到达中国红十字会西安第一医疗大队部。八路军驻西安办事处中共中央代表林伯渠在七贤庄驻地接见了第23医疗队和同去的第7、第39医疗队。随后，三个队在侯道之率领下向延安进发。时届寒冬，渭河平原和黄土高原苍凉的景象令人望而却步。由于汽油匮乏，汽车燃料由木炭替代，动力不足，蜗行三天，到达三十里铺，受到八路军留守处首长萧劲光、中共联络员姬鹏飞、后勤部卫生部副部长饶正锡、孙仪之和边区医院院长傅连暲等的热烈欢迎和盛情款待，队员们被深深地鼓舞。延安蓬勃向上的气息激励他们尽早投入工作。

第23医疗队是1937年12月汉口整编时，由中央大学、齐鲁大学联合医疗队改编而成，队长是外科医师侯道之，队员有内科医师谢景奎，妇产科医师金茂岳，外科医师李汇文、姜传习、张伯英，护士朱朝政、朱芹、王学礼、王金泉、朱朝城（后改名朱朝成），事务员吕起润，工人李福淮、刘长山。其中6名医师均是齐鲁大学七年制医疗系毕业，护士是四年制高级护校毕业。医护实力总体较强。侯道之队长与卫生部二位部长、姬鹏飞共同商定：第23医疗队到距离前线最近的第二后方医院协助工作，负责手术治疗；妇产科医师金茂岳、内科医师谢景奎及第7、第39医疗队留在边区医院。从部署初定直到1940年5月，第23医疗队辗转于陕北，为边区军民疗伤治病。

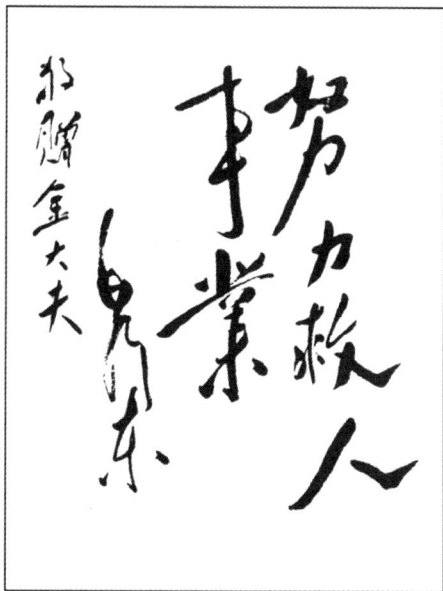

毛泽东为"红都名医"金茂岳题字

第二后方医院位于延安东80里的甘谷驿，条件非常简陋，这意味着"加盟"于此的红十字第23医疗队要付出更多的努力，面临更多的挑战。院部原是一个旧天主堂，依山穴洞而成，灰砖铺地，石灰粉墙，显得整洁、明亮。手术室、药房、消毒室、办公室、食宿地都在这"山洞医院"。医院的仓库、病区设在院部后面的山坡上，一切因地制宜。红十字医疗队与当地医疗机构一样，只能因陋就简。

陕北山区物质贫乏，百姓散居各处，无法为较多的伤员提供集中的住地。因此，伤兵病民只能就近收容，分散救治。第二后方医院除院部外，还设有4个医疗所：一所在甘谷驿东延水边上的杨家湾，距院部10余里；二所在延川县禹居镇，距院部上百里；三所在延长县交口镇，距离院部近百里；四所在院部西北数十里。这种布局固然便于及时收治伤病人员，在特殊情况下可以及时、安全转移伤员，但不便之处也是显而易见的，队员要不辞辛劳地到各医疗所为伤兵敷药、疗伤。无论刮风下雨，还是军情紧张的时刻，他们都必须克服一切困难将温暖带给伤兵。

另一个较为棘手的问题是后方医院医疗器械缺乏，原有医护人员素质低，这更加重了第23医疗队的负担。后方医疗机构中主要使用的外伤处理器材止于"三大件"：镊子、探针、剪子。至于原有的医护人员，大多是未受正规训练的、文化程度较低的四川女子，真正的医生屈指可数。一切表明，困难所在，任重而道远。

抗战进入相持阶段，日军不断对敌后抗日根据地进行"扫荡"，双方频频激战，后方医院救护工作因此非常繁重。根据紧迫形势和后方医院状况，第23医疗队全体医师一律先转外科，集中力量协助外伤处置和相应的手术治疗。1938年和1939年，在保证院部手术治疗工作的前提下，第23医疗队先后抽组两个手术小组分别由侯道之和谢景奎率领到延长县交口镇第三医疗所和延川县禹居镇第二医疗所开展流动手术治疗。所到之处，没有现成的手术室，手术队便将空窑洞除尘消菌后改造为手术室。他们用白布挂在窑洞壁及顶上用来防尘和增加亮度。由于没有电，手术只能赶在白天做，医疗器械缺乏，他们便自制或找代用品。为提高诊疗准确率，又请求西安第一大队部派于保良带一台X光机协助。受伤的战士被抬下前线，痛苦的挣扎、呻吟。红十字医疗队员因不能马上为他们驱除伤痛而焦急难过。当伤病员得到医治后露出感激的笑容时，他们也感到莫大的安慰。

红十字医疗队中除外科医师外还有妇产科、内科医师，技术水平高，他们被延安的边区医院、中央医院、白求恩医院邀请参加会诊是理所当然的。谢景奎医师就曾参加甘谷驿后方医院对王稼祥病情的会诊。后方医院原有医务人员技术素质较差，红十字医疗队在疗伤之余，对他们进行正规的训练。根据地深处陕北农村，红十字第23医疗队在为军队服务的同时，在农民中进行卫生知识宣传，还免费为他们施医送药。

第23医疗队在延安第二后方医院的八百个日日夜夜，兢兢业业，把满腔热情毫无保留地献给人道救护事业。完成各类大小手术3000余例（次），效果令人满意。经救治的伤病员，除少数留有残疾外，绝大多数康复重返前线。"做精密准备"，"献科学身手"，既是红十字医疗队的信条，亦是对他们工作实绩的贴切评价。

红十字人道奉献是不图回报的，而延安军民用特有的方式向给予他们关爱的红十字医疗队表达了朴素的感激之情。陕北贫穷落后，生活艰苦，战时供给制对党、政、军、学各界都有严格限制，但对红十字医疗队员却给以特殊待遇，允许他们单独起灶，并设法使他们吃上面食。延安军民艰苦朴素、蓬勃向上的精神风貌时时感染着红十字医疗队员。在浓厚的革命氛围中，队员们聆听当时中国最先进的声音，使他们对自己所从事的人道主义事业更有信心。

1940年5月，驻西安的中国红十字会救护总队第一大队部调第23医疗队到第五战区的湖北老河口前线。中共中央副主席周恩来、八路军总司令朱德等各级领导以及有关团体对即将离去的红十字医疗队或致词或赠旗赠物，表达边区军民对医疗队衷心的谢意。曾经的外乡人，带着延安的气息踏上新的人道旅程。

"到敌人后方去"

——一支红十字救护队的红色征途

◇

池子华

1938 年中共地下党领导的上海红十字煤业救护队百余人集体加入新四军，轰动一时。这支队伍来自中国红十字会交通股二组，而与之合作的红会交通股一组，有的队员选择加入新四军，有的队员则做出另外的选择——奔赴延安为八路军服务。虽然一组的选择不同，但殊途同归，都是在党领导下投身民族解放事业的英雄之举。

地下党员乐时鸣临危受命组团接运伤兵

红会交通股一组负责人不是别人，而是中共地下党员乐时鸣。

乐时鸣（1917—2015），浙江定海人。1932 年他从定海中学初中毕业，与胡世奎、金振华等 6 名同学被上海刘鸿生企业招录，"兴冲冲束装就道"。他被安排开滦售品处当职员，1935 年 12 月参加中国共产党领导下的抗日救亡运动。1937 年 9 月经顾准介绍加入中国共产党。淞沪会战爆发后，乐时鸣"作为煤业界的一员，立即参加煤业救护队上大场前线救运伤兵，一个人带一辆卡车，从前线救护所把伤兵连夜送到昆山，再到苏州。在苏州回上海的路上，大白天，卡车翻到公路边，所幸没有受伤。"乐时鸣心有余悸地说。

10 月初，乐时鸣进入中国红十字会总会交通股，协助金芝轩主任、田萼芳副主任处理日常事务。中共地下党领导人顾准"不但

乐时鸣

同意我去，而且认为这是一个重要渠道，叮嘱我要搞好和上层人物的关系，想办法扩大这个阵地，组织上可以随时帮助我。"乐时鸣说。

11月12日，被称为远东第一大都会的上海沦陷，4000名伤兵（一说6000名）滞留上海，亟待转运后方救治。乐时鸣临危受命，以总会交通股事务长的名义，前往浙江办理此事，上海市商会童子军第50团教练、淞沪会战中中国红会第11急救队队长蒋传源协助。历经波折，乐时鸣终于征得浙江军医署同意，在宁波设转运站，上海运来伤兵先在宁波落脚，然后送永康、金华等地再转运后方。安排甫定，第二天，12月24日杭州沦陷。

延安的召唤

回到上海，乐时鸣立即向上级党组织报告："把伤兵运出后，用红十字会名义和车辆的方便，设法去延安。"顾准表示同意，并说："有此机会，可以多动员一些进步青年去延安。"于是乐时鸣和中国红会第十九救护医院负责人之一的地下党员陈春宜相商，据了解，该院"有许多同志迫切希望到延安去"，"到敌人后方去"，决定进行组织动员。1938年1月第十九救护医院医师马仁源，护士戴婉芝，助产士谢丽华，助理护士梁洁莲、梁钧铤及工作人员朱文奎、施奇在孟燕堂率领下来到宁波。上海华华中学事务主任杨梦雁，上海地下党员杨志华及毛中玉、毛薇卿、黄豪等进步青年前来加盟。连同已在宁波的蒋传源、张渭清、张文彬、张文焕、杜柏青等童子军，交通股的王富兰、苏逸尘及司机、修理工，加上乐时鸣和侯若隐、徐若冰等，集合成一支30人的队伍，在宁波西郊龙华寺（后迁至翰香小学），办起伤兵接运站。为加速接运伤兵，中国红十字会总会和上海煤业公会决定将交通股接运站和煤业救护队合并，改称中国红十字会总会交通股，将原交通股接运站和煤业救护队分别改称交通股一组、二组。乐时鸣任一组组长，忻元锡任二组组长。第二组对外仍沿用"上海红十字会煤业救护队"名称。两组协力同心，并肩战斗。至1938年6月，转运伤兵任务画上了圆满句号。

伤兵接运使命完成，一组前往皖南与二组会合。二组已集体加入新四军，原本打算去延安（这时的延安已经超越地域界限而具有象征意义，即参加八路军）的一组何去何从，刻不容缓提上日程。有的认为新四军、八路军都是共产党领导的人民军队，现在新四军近在眼前，没有必要舍近求远，杨志华、毛中玉、施奇、毛薇卿等于是参加新四军；孟燕堂一心去延安，坚持把他带出来的第十九救护医院的人都带去延安。乐时鸣对参加新四军的队员表示尊重和支持，作为党员，"本应该带头参军"的他，考虑到"要对一组那么多同志负责，要对上海交通股负责"，没有立即参加新四军，况且组织关系还在上海，无法向组织请示，遂决定将没有参军的包括准备去延安的队员，一起带到南昌再定行止。安排停当后，乐时鸣重新回到皖南加入新四军。

"为党的事业奋斗终身"

　　1938 年 7 月，乐时鸣带领一组的队员达到南昌，在洗马池小学安顿下来后，即到新四军南昌办事处报道。南昌办事处对一组的到来"非常欢迎"，中共中央东南局统战部长黄道希望一组以红十字会的合法社会团体身份，配合办事处的同志开展工作。对队员们的政治成长，黄道等办事处领导也极为关心，他和陈丕显、黄知真、李家庚分别为队员做了关于三年游击战争、《论持久战》等辅导报告，提高了队员们的思想觉悟。煤业救护队地下党组织领导人叶进明在救护队建党，侯若隐第一个入党。接着侯若隐动员青年骨干梁洁莲、梁钧铤姐妹和郭步洲写自传和入党申请书，由"侯大姐转交给党组织"。他们"欣喜若狂，高兴之极"，立即找了间教室，点着油灯，连夜写自传。梁洁莲、梁钧铤文化水平低，郭步洲帮助她们誊写直到东方发白。"四周静寂无声，我们的心已经投入到党的怀抱。"郭步洲说。

　　1938 年 6 月，中国红十字会救护总队部已在长沙创建战时卫生人员训练所（简称卫训所），培训战地卫生救护人员。根据总会要求，7 月底，一组的郭步洲、梁洁莲、梁钧铤、谢丽华、马仁源、戴婉芝、周路斯、周惠成、裘寿林、陈瑞增、许国隆、朱文奎、沈芝英等 13 人安排到卫训所集中培训。其间，郭步洲、梁洁莲、梁钧铤带着南昌新四军办事处的信与长沙八路军办事处徐特立取得联系。8 月，叶进明来到长沙，介绍他们三人与长沙地下党接上关系，由长沙地下党组织正式接收他们三人光荣加入中国共产党。三人"激动得热泪盈眶"，表示"做一个真正的共产党员，为党的事业奋斗终身"。

中国共产党第一次全国代表大会会址
纪念馆所藏叶进明的皮包

中共地下党特别小组的建立

　　1938 年 8 月底，13 名学员从卫训所毕业。为了实现到延安去、"到敌人后方去"的初衷，除医师马仁源和其即将临产的爱人戴婉芝外，11 人上书中国红十字会救护总队部林可胜总队长，"坚决要求去敌后游击区为八路军服务"。

　　林可胜总队长是爱国华侨，开明知识分子，对中国共产党领导的抗战事业表示同情和支持，对此请求他毫不迟疑答应了，并决定筹建中国红十字会救护总队第 61 医防队到晋东南游击区服务。虽然目的地不是延安，但毕竟为八路军服务，队员们满心欢喜。第 61 医防队除 11 人外，另有黄淑筠医师等加盟，共 20 人。因要求为八路军服务的人员较多，林可胜另行组建第 13 医疗队同往。

　　临行前，郭步洲、梁洁莲、梁钧铤办理组织关系结转手续。根据长沙地下党区委指示，郭步洲担任第 61 医防队地下党特别党小组组长，梁洁莲、梁钧铤和新入党的朱文奎为成员。特别党小组的建立，标志着原交通股一组党建工作取得新的飞跃。

救护总队总队长兼卫训所主任林可胜签发的梁洁莲结业证书

前路漫漫，砥砺前行

　　1938 年 9 月底，第 61 医防队在党的领导下，满怀信心，踏上了红色征途。出发之前，林可胜总队长设宴招待全体队员，还特别准备了饭菜馒头、窝窝头，要队员们做好思想准备，去迎接艰苦生活的挑战。"我们听了这些送别话，又吃了艰苦饭都很感动。"

　　不过，出师不利。队员们先乘火车到汉口，再由平汉路往郑州转西安，可是车行至东篁店时武胜关失守，交通中断，火车不得不开回汉口。汉口八路军办事处叶剑英举行欢迎会，分析了抗战形势，激励队员们不畏艰难勇往直前，并派出徐光庭副官做向导，陪同去西安。队员们乘火车折回长沙，换乘中国红十字会救护总队卡车，10月10日从长沙再出发，渡长江，过襄樊、老河口、商南、商县，几经周折，11月初到达目的地。随后，郭步洲等4位党员到八路军办事处将党组织关系交给伍云甫主任。12月中旬离开西安时组织关系转八路军总司令部政治部杨尚昆主任。车到河南渑池，"胡服"（刘少奇）接见队员们，"并鼓励我们几个党员要带领大家克服游击区的各种困难，一刻也不要离开群众。这对我们新党员来说，感到十分亲切"。4位党员不负所望，带领队员们从渑池渡过黄河，到达山西垣曲，翻越中条山，长途跋涉500里，经阳城、高平、潞城，终于到达太行山北村八路军总司令部，受到朱德总司令、杨尚昆主任的热情招待。随后全队队员派到沁县南仁村八路军野战医院开展医疗服务，兢兢业业，受到广泛赞誉。半年后，第61医防队调回西安。4位党员要求留下，但为了维护抗日民族统一战线，经杨尚昆说服，1939年7月随队回到西安，担任卫生防疫工作。为避免身份暴露，八路军办事处决定将4位党员化整为零。在郭步洲的请求下，朱文奎加入中国红十字会救护总队第23医疗队，派往延安，梁洁莲调陕南褒城卫训分所，梁钧铤和郭步洲参加新成立的中国红十字会救护总队第40医疗队前往晋北五台山白求恩医院，后因山西决死队事变折返西安。1940年秋，第40医疗队扩充，4位党员一起参加，随队调到湖北第五战区李宗仁管辖的第五战区服务。第五战区是国共合作较好的地方，中共地下党的力量也较强，特别党小组原本借此机会带队到大别山游击区为八路军服务，因形势变化未能成行。根据党的隐蔽精干、长期埋伏的方针，4位党员"不露声色"，继续为抗战救护事业挥洒汗水，直到取得反法西斯战争的全面胜利。

慈善人生

——抗战时期红会秘书长庞京周医师二三事

庞曾涵　高忆陵　池子华

翻开中国红十字会的历史，细心的人们就会发现，抗战初期，这个瘦高的身影，曾奔波于大江上下，驱车于南北东西，组织救护团体、组建伤兵医院、实施战地救护、运送医药物资、通过广播讲演向民众宣传红十字精神等，呕心沥血，殚精竭虑，发挥着杰出的组织联络才干，他就是红会秘书长庞京周医师。

绥远战事奔波调度牵动人心

1936 年秋末，庞先生自欧美归国不久，傅作义将军在百灵庙抗日奏捷，人心为之大振。上海市商会、上海市地方协会与中国红十字会总会三团体联合发起成立"绥远剿匪慰劳救护委员会"，庞京周为常务委员。11 月 23 日到 26 日，他以红十字会总会副总干事身份乘慰问团专机飞到绥远劳军，与颜福庆代表总会暨各团体向傅作义的部队献赠医疗药械，并"督当地分会加速进行救护事宜"。

前方虽有绥远红十字分会从事战地救护，但力量单薄，缺医少药的状况也亟待改观。有鉴于此，12 月 1 日，总会特派庞京周赴南京，而后"转赴北平，与各大中学及协和平大医学院接洽，组织训练救护队，组成后，即率领队员，赴大同、绥远，从事救护"。

中国红十字会秘书长庞京周

庞京周到北京后，本拟筹设中国红十字会总会救护委员会华北分会，因筹备分会需要时间，而战事进展急迫，乃于12月上旬成立了一个"中国红十字会总会救护委员会华北临时分会"，接受总会之托，办理"华北临时救护防疫工作之补助事宜"。临时分会成立后，迅速组队驰赴前方，开办临时医院，救护伤员。到12月中旬，"前线一带，已遍布红十字会之旗帜"，而即将出任红会秘书长的庞京周也再度飞往绥远前线，指挥调度，悉心尽力。

绥远抗战中的慰劳救护行动，不仅激发起前方将士高昂的斗志，而且对"唤醒将来全民奋起"抗战，意义重大。这次行动也是中国红十字会全面抗战前的一次预演，庞京周先生在其中辛劳倍加，成效卓著，为他随后在战争全面爆发时组织战地救护工作打下了基础。

活跃在抗战救护的第一线

1937年初，庞京周接任了红会秘书长工作。

1937年7月7日卢沟桥事变爆发，救护工作与当时的军事准备一样，处于应变不及的形势。卢沟桥事变后10天，蒋介石在庐山发表了"无论何人皆有守土抗战之责任"的声明，旋召庞京周先生上庐山垂询救护准备情况，"因南京电促，复匆匆于十五日下山，遄程东下，昨晨过宁，竟日与卫生、军医两署会商救护事业各要案"。

紧接着，"八一三"炮声响起，在人民大众群起报国的形势之下，红十字会以上海为中心，沿京沪线展开了轰轰烈烈的战地救护工作。当时庞先生既要作为领导处理会务，又要指挥救护队，视察收容治疗情况，必须经常往返于京沪之间。在紧张劳累中，他胃溃疡出血，无从治疗，只能勉强服药止痛，每天靠吃些苹果及饼干随时充饥维持。

8月下旬，拟在南京"设立打破世界纪录能容五千床位之大规模重伤医院"，以期为持久抗战救护准备条件。作为总会秘书长，该伤兵医院由庞京周先生主持筹办，国民政府给予财力上的支持。

庞先生承担组建伤兵医院的任务后，他每每于夜间驱车在京沪道上，白天分在两地处理各种事务。终于在不到10天的时间内，动员了上海医学院崔之义、邵幼善等教授及开业外科医师十数人及一批护理人员，随带多架X光机及大量器械应召赶赴南京，于前中央大学内组织起有5000床位（一说3000床位）的首都伤兵医院。庞先生任院长，陈崇寿为副院长。首都医院不愧是"伤兵医院之冠"，规模之大与组成之速为世所罕见。尽管战事急转，医院发挥效用的时间短暂，但作为具体执行者的庞京周先生在此事中有着令人难忘的出色表现，可以说是创造了战地救护事业中的一项奇迹。

南京形势危急，庞先生曾由上海驱车前往南京，力图转移伤兵，中途被阻，只好折向宁波，弃车就船回到上海，再急往香港，飞武汉。当时由南京溯江西撤的伤员和救护人员已先到武汉。不久，卫生署长刘瑞恒偕同协和南下的林可胜教授也抵达武汉。于是刘、林、庞三人共同重整队伍，组建救护总队，林可胜任总队长，下编分队，派赴各地。在此期间，红十字会理监事先后转移香港，设总会办事处于香港，以便接收侨胞及国际援助，转供内需。庞先生便于1937年末离开武汉飞到香港，仍任秘书长主持日常会务至1939年。

1938年夏天，红十字会收到爪哇华侨指名捐助八路军的一大批药械及食品。庞京周先生受托由香港将这批物资亲运至武汉，并与林可胜一起代表红十字会，组成车队送达延安。毛泽东主席曾接见了他们并作了抗战形势与持久必胜的谈话。他们一行在延安还曾与白求恩大夫等人会晤，了解八路军救护工作的情况。

重庆空袭救护舍家失子

从1938年10月开始，日本对当时的陪都重庆展开狂轰滥炸，许世英主持的赈济委员会拟组织空袭救护，于是邀请庞先生到重庆组织空袭救护委员会。庞先生放弃了香港的安定环境，辞去红十字会的职务，轻装赴渝。

自1939年冬到来年春，他主持空袭救护委员会利用重庆雾季空隙，招致人员，组建院队，使重庆的空袭救护组织粗具规模。

在他任主任委员期间，重庆遭到了最为严重的轰炸，一天内几次拉响警报。空袭救护委员会除了组织老百姓进入防空洞，还要在轰炸结束后，到被炸的地点清点伤亡情况，抢救伤者，掩埋尸骸。有时，前一场轰炸的善后工作还未完毕，下一次轰炸即至。他总是冒着危险亲临第一线进行指挥，不顾当时经常胃出血，以带病之身发奋工作。在此期间，他顾不上家里人的安危，连大女儿结婚都没时间参加，请别人代为主婚。外孙女发高烧，病情严重，他在工作间隙中匆匆赶去，给了些药物指导，又奔赴救护现场。他和大女儿同在重庆居住，这仅是唯一的一次看望，事后他提起来，总是感到十分歉疚。更让他感到内疚和难过的是，当时他的夫人怀孕，已经4个月了，由于怕影响空袭救护工作，他毅然决定打胎。当时重庆找不到专业医院，只能在一个作为临时救护手术室的简陋的茅草屋中，通过腹部开刀手术打了胎，使他的夫人冒了很大的生命危险。他并非是一个漠视家人的人，相反，他极重感情，但在投身一件关系到许多人性命的事业中时，他是果断、决绝的。

在庞京周先生义无反顾地承担重庆空袭救护工作一年半后，他又接到新的召唤，以他的专长——热带病防治——投身滇缅铁路卫生事业。

庞京周医师按照自己的生活哲学，日做倍人之事，追求"浓缩的人生"。这人生，浓缩的是慈善与博爱，是生生不息的红十字人道精神！

"中国伤兵之母"

——史沫特莱参与抗战救护纪实

◇

阎智海

史沫特莱是 20 世纪上半叶著名的美国作家，记者，社会活动家。

1928 年底，史沫特莱以《法兰克福报》记者的身份首度来到中国，其后几年间，她写出了讴歌中国革命的《中国人的命运》《中国红军在前进》等伟大著作。鲜为人知的是，在中国全民族抗战开始后不久，史沫特莱还参加了中国红十字会救护总队并成为一名宣传工作者。这一时期，她心系伤兵，情牵病员，为中国红十字会的募捐及救护作出了贡献。

1938 年 1 月 8 日午夜，史沫特莱抵达汉口。第二天，她就开始为在前线抗战的伤员四处求援。当时，林可胜正在汉口筹组中国红十字会救护总队，通过南斯拉夫公共卫生专家鲍谦熙博士牵线搭桥，史沫特莱见到了林可胜，她由此成为一名救护总队的"编外"队员。

史沫特莱对中国伤兵的命运总是牵肠挂肚，在《中国的战歌》一书中，她写道："中国伤兵的境遇则和托尔斯泰在《战争与和平》一书中所描写的一八一二年俄罗斯伤兵或南丁格尔出现在克里米亚战场上时英国的伤兵类似。"为此她忧心忡忡，常常夜不能寐。为改善中国伤兵的医疗困境，史沫特莱不仅撰文向国际社会大声疾呼对中国的医药援助，而且亲自参与对伤兵的救护。

美国著名女作家史沫特莱

从 1938 年 1 月初来到汉口至 10 月汉口失陷前不久离开，在这 10 个月里，史沫特莱把大部分精力投入到为伤员服务的工作与"为中国红十字会筹款和宣传中国伤兵的英雄故事与悲惨境遇”上。也正是在这一年，由于史沫特莱的穿针引线和积极争取，美国、加拿大和印度医疗队先后来华，加入抗战救护的行列。

1938 年 4 月，在参加救护总队工作的同时，史沫特莱被英国的《曼彻斯特卫报》聘为驻中国特派记者，为《曼彻斯特卫报》写稿所得的酬金使她有能力“为医疗队工作而不领取津贴，甚至还能捐款给他们”。

为了募集资金，改善伤兵恶劣的境况，史沫特莱使尽浑身解数。她“从汉口一切可以设想得到的财源搜索出捐款：美、英大使馆，美孚油公司，国民党政府的高级官员，都是理所当然的猎取对象”。甚至在孔祥熙家里举行的一次宴会上，史沫特莱借机向孔祥熙募捐，要求孔“为在他的家乡山西同日本人作战的农民游击队”捐款，由此募集到一笔巨额的款项。“她的一些记者朋友，至今还记得曾经好几次被她逼迫着到医院去为伤兵唱歌，临走还留下了大笔捐款。”史沫特莱在汉口的密友英国记者厄特利写道，尽管唱歌是被迫的，但她“获取了我们全体人员的热爱和尊敬”，“我们都绝对听从她的调遣”。

史沫特莱与毛泽东、朱德在延安的合影

1938 年 6 月，徐州沦陷后，大批伤员涌入武汉三镇，而此时救护总队由汉口迁至长沙。救护总队队长林可胜希望史沫特莱“帮助他劝说有钱的中国人分别负担一个或几个（救护）队为期至少一年的费用”。劝说的结果是宋子文“‘认领’了十一个，爪哇的华侨也承担了同样的责任”。她还曾劝说“美国红十字会分担另外一些队的费用”，虽然未获成功，但是，借助史迪威和卡尔逊的力量，成功地使美国总领事为中国红十字会设在长沙的救护学校捐助了 6000 元。

为救护伤员和募集资金，史沫特莱经常往返于汉口和长沙之间。“她为此参加了一次次集会，不放过每个与会者。她还奔赴湖南筹款，既赢得了广泛支持，又弄到了大批现款"。"她在汉口的各种集会上向当时具有世界影响的人呼吁",同时也"为民族团结做了出色的工作"。

战争困境下中国落后的医疗制度造成中国伤兵境况的进一步恶化,而日本肆无忌惮的空袭使这些已经境况悲惨的军人雪上加霜,史沫特莱不无沉重地写道:"有时我到一家中国铁路医院去帮助工作,有数以百计的受害者躺在那里流血至死。不少人在我们的手下死去。我发现我自己逐渐变得冷酷而无情——救护时首先选择那些只受了较轻伤害的士兵和工人,因为他们的健康状况可以较快地恢复到能够战斗的水平。"空袭过后的城镇和村庄"都已化为废墟和灰烬,山冈上到处是未经掩埋的尸体。每天都有各种各样的大船小艇靠拢码头,舱面上的伤残士兵躺在自己的血泊和粪便之中——没有一个人去照管他们。一队队步行的伤兵移动着缓慢而痛苦的脚步,沿街寻找某个指定的医院。他们常常走过一两个街口就要坐下来或是躺在人行道上,直歇到又能再往前走。像潮水般从电影院里涌出的人群,会从他们身旁经过,有些人对那些横陈地面的人体几乎连一眼都不看一下。日复一日,我观察那些进出剧场的人群,却没有发现任何一个停下来给他们些微的帮助"。出于同情和激愤,史沫特莱不止一次"叫来一些人力车,拉上一些伤兵,然后冲进军医署署长的办公处",为改善伤兵的悲惨境遇而抗争。

1938 年夏,厄特利在汉口第一次见到史沫特莱的时候,"她正在把一些腿上受伤的士兵扶上人力车,自己掏钱送他们到医院"。史沫特莱坚信"爱和理解一定能唤醒爱和理解","她的这种行为影响了那些所谓头脑简单的人和一些知识分子。不久,她就有了一群人力车夫的支持——无偿地为伤病员提供这种服务"。她在身体力行救护伤兵的同时,无形中也传播了红十字会"人道、博爱、奉献"的精神。

1938 年 10 月,史沫特莱撤离汉口来到长沙,随后不久,她作为新四军随军记者穿梭于各战场,并及时向救护总队部报告新四军战区伤兵难民状况,直到 1941 年 5 月她离开中国。

史沫特莱把在中国的岁月看做是她"生命中最重要的一章",而与中国红十字会的不尽情缘又使得这一章格外动人和光芒万丈。正是基于对中国伤兵命运的热切关注和身体力行,史沫特莱赢得了"中国伤兵之母"的美誉。

大爱无疆,史沫特莱"生在美国,属于世界;来自底层,植根大地"。正是在像她这样的绿叶映衬下,中国红十字会这朵红花才会愈发繁盛和娇艳,中国红十字会救护总队也才能在抗日战争的战事救护中发挥出更大的作用和取得更大的成绩。

"为支援中国抗战"

——国际援华医疗队的中国之旅

◇

池子华

1945 年在日内瓦举行的第 17 届国际红十字大会上，中国红十字会秘书长胡兰生感慨万千地说："吾人身经中国遭受战祸之苦难，而我国红十字会于此大苦难中，历经八年之奋斗，使能于内求民族生存，外维世界和平之抗战过程中，完成战时救护工作之重大使命，首应代表中国全体遭受苦难之军民，向各友邦红十字会致衷心感谢之忱。"的确，中国红十字会之所以取得抗战救护的伟绩，当与国际红十字组织的援助是分不开的。

"为支援中国抗战"

红十字会是国际性的组织，没有种族歧见，无分政治畛域，在人道主义旗帜下，各国红会互相援助，是义不容辞的。自 1904 年中国红十字会诞生以来，"援外"行动屡见不鲜，中国红十字会历次大规模救护行动中，也都有"外援"的支持。而在抗日战争这场关系中华民族生死存亡的大搏战中，国际红十字组织给予人道援助是理所当然的。

1937 年 7 月，日军发动全面侵华战争，"伤亡之惨，旷古无两，救护工作，殆已成为全世界人士所瞩目之问题"。中国红十字会一方面及时向国际社会特别是红十字国际委员会通报日军不顾国际公法以红十字为攻击目标的残暴行为，以争取国际社会的同情与声援；一方面向红十字国际委员会吁请给予救助，该请求得到积极回应。据不完全统计，从 1937 年 8 月 30 日至 1938 年 3 月 21 日，中国红十字会共收到捐款等合国币 4484 万余元。之后各年又有大批款项收入：1942 年 2000 万元，1943 年 2500 万元，1944 年 14000 万元，1945 年 60000 万元。其中，捐款数目最大，占一半以上，"而国外捐款，又占百分之九十五以上。就中以英国红十字会与援华会等经常捐助及美国医药助华会捐助为尤巨"。

"物力"的援助外，"人力"的"外援"使抗战救护事业大放异彩，国际人道主义精神得以弘扬，其中国际援华医疗队厥功甚伟。

印度救护队的中国之行

自全面抗战以来，国际红十字组织为支援中国抗战，纷纷派遣救护队来华，"为正义而服务"。

1938 年 9 月 1 日，印度救护队首批 5 人——亚特（又译称雅图、亚达尔、阿塔尔、阿泰尔）医生、巴素（又译称巴森、巴士）医生、高路拿（又译称乔尔克古）医生、吉尼士（又译称德巴斯、考尼斯，即人们熟知的柯棣华）医生、摩卡治（又译称莫克介尔）医生，备救护车 2 辆、医药仪器 55 箱，以亚特医生为领队，乘英邮轮"兰浦丹拿号"自孟买起航，14 日抵达香港，受到中国红十字会、香港中华医学会的隆重欢迎。15 日下午，中国红十字会驻港办事处、香港中华医学会联合假座华商俱乐部举行欢迎大会，中国红十字会副会长杜月笙、中华医学会会长李树培以及何香凝、倪士钦、黄炎培、王晓籁、伍长耀等社会名流共百余人参加欢迎大会，"情形异常热闹，济济一堂，极一时之盛"。

1939 年，印度援华医疗队在延安

印度救护队在港停留数日，即赴汉口，9 月 30 日抵达，参加中国红十字会救护总队的工作。武汉沦陷后，印度救护队于 11 月 21 日撤至重庆待命，受到重庆各界"盛大欢迎"。随后，该队奔赴华北敌后，救护八路军伤兵难民。

继印度救护队之后，"西班牙大夫"接踵而至。

"西班牙大夫" 接踵而至

1939 年秋，中国红十字会救护总队部在贵阳图云关迎来了一支"国际援华医疗队"，20 余人。他们来自欧洲，因来华之前曾参加过 1936—1939 年西班牙内战共和国派国际医务纵队，所以图云关人士称他们为"西班牙大夫"。他们中间共有 8 个国籍，是通过伦敦的英国援华会组合而成"国际援华医疗队"。他们的名字，历史不会忘记。根据中国人民对外友好协会提供的资料，国际援华医疗队名单如下：

Dr. S. FLATO	斯·弗拉托医生（波兰，傅拉都）
Dr. V. TAUBENFLIGEL	维·陶本弗利盖尔医生（波兰，陶维德）
Dr. F. KRIEGEL	弗·克里格尔医生（波兰，柯理格）
Dr. W. JUNGERMAN	沃·云格尔曼医生（波兰，戎格曼）
Dr. L. KAMIENIECKI	列·卡梅涅茨基医生（波兰，甘理安）
Mrs. M. KAMIENIECKI	玛·卡梅涅茨基夫人（波兰，甘曼妮）
Dr. Y. KRANZDORF	雅·克兰兹多尔夫医生（罗马尼亚，柯烈然）
Mrs. KRANZDORF	克兰兹多尔夫夫人（罗马尼亚，1944年病逝于中国）
Miss. E. MARKUS	艾·玛库斯小姐（德国）
Dr. G. SCHON	捷·舍恩医生（匈牙利，沈恩）
Dr. J. KANETTI	杨·卡内蒂医生（保加利亚，甘扬道）
Dr. H. BAER	赫·贝尔医生（德国，贝尔）
Dr. D. JANCU	达·杨库医生（罗马尼亚，杨固）
Dr. W. FREUDMANN	沃·弗雷德曼医生（奥地利，富华德）
Dr. A. VOLOKINE	亚·沃罗金医生（苏联，何乐经）
Dr. C. COUTELLE	卡·考泰勒医生（德国，顾泰尔）
Dr. H. KENT	亭·肯特医生（奥地利，肯德）
Dr. R. BECKER	罗·贝克尔医生（德国，白乐夫）
Dr. F. KISCH	弗·基什医生（捷克）
Dr. F. JENSEN	弗·严森医生（奥地利，严裴德）
Dr. WANTOCH	王道医生（奥地利，1945年逝于重庆，葬于南岸墓地）

印度救护队、"西班牙大夫"之外，英美等国援华医疗队纷至沓来，不绝如缕。

部分"西班牙医生"在图云关合影

英美等国援华医疗队纷至沓来

1939 年 4 月，瑞士红十字会派遣伯尔乐医生、何尔姆（又译称贺木、霍尔曼）医生，携带药品来到中国红十字会总会驻香港办事处，23 日起程前往贵阳图云关中国红十字会救护总队部，听候调遣。不久被分配到长沙某士兵医院中服务。

1939 年夏初，据报道："由美国自动来华加入红会工作之外科医生有五名，同时自德国被驱逐出境的犹太籍医生多名，亦已加入。"

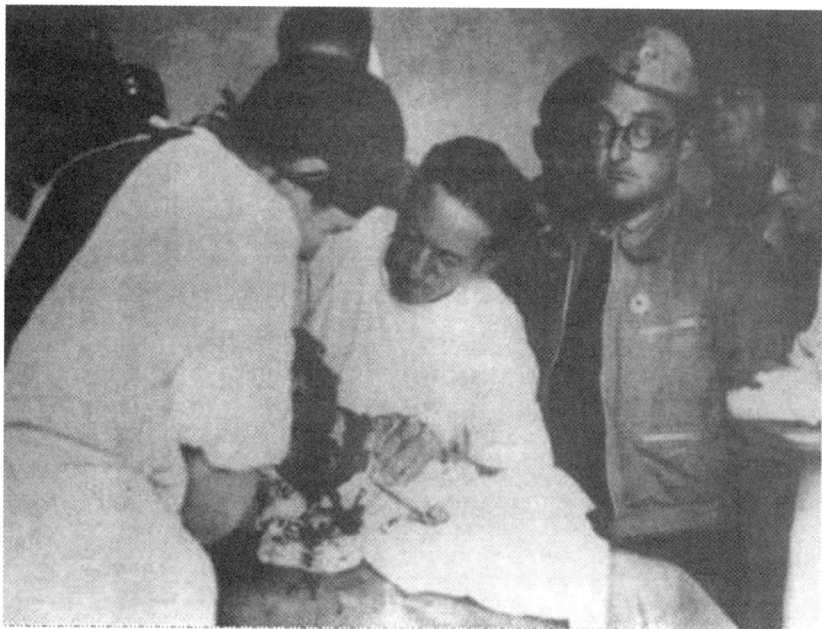

援华外籍医生在做手术

1941 年，由英、美、加合组的救护队来华，"救济滇缅路上被日方炸伤之平民"。据报道，这支救护队有队员 50 人，救护车 10 辆，并有流动手术室、消毒器、发电机及 X 光等设备。

1941 年 9 月 4 日，柯恩女士乘轮抵达香港，而后前往贵阳中国红十字会救护总队部服务，她是"美国赴自由中国服务女医生之第一人，系美国医药助华会所派遣"。

1942 年 4 月 20 日，美国医药助华会宣布，将派遣一支由内外科医生、护士、技术人员组成的医疗队赴华，与中国红十字会救护总队合作，"担任医药指导及医师双重职务"，"帮助中国克服目前因缺乏有训练之医药人员所引起之困难"。

1942 年 5 月 4 日，中国驻英大使顾维钧在大使馆设宴，欢送即将赴华的英国援华医疗队全体队员，"对英方对华所表示之同情与医药援助，表示谢意"。该队由 24 位队员组成，队长为佛罗尔斯，他表示，"全队决尽力在华服务"。

国际红十字组织的"人力"援华，从 1938 年以来，持续不断，到 1942 年达到高潮。来华服务的医护人员，虽然缺乏可靠的资料统计，但仅从上述罗列的不完全的史实看，也已超过百人。这在当时的历史条件下，是一支相当可观的救护力量。

中国红十字会的抗战救护事业，"因有不少外籍医生之加入，效率大见强固"。外籍医疗队员，在红十字旗帜下，与中国红会救护队员，甘苦与共，在反法西斯战争中建立了不朽的丰碑。

不朽的丰碑

国际援华医疗组织遵照中国红十字会订定的《外籍医生服务办法》，前往各战区，致力于救死扶伤的神圣职业，鞠躬尽瘁，一往无前。他们为抗战救护所作出的伟大贡献，是有口皆碑的。

1983 年 5 月的一天，中国红十字会总会迎来了两位远方的客人，男的是位身体健壮、面孔红润的欧洲老人，他就是国际援华医疗队领队保加利亚医生杨托·卡内蒂（中国名字甘扬道），女的是位头发花白的保籍中国老太太——甘扬道夫人张荪芬女士。访问期间，他们两次来到贵阳图云关总队部"过去战斗过的地方走一走，看一看"。旧地重游，甘扬道夫妇浮想联翩。

1937 年甘扬道刚从医学院毕业即响应第三国际的号召，奔赴西班牙，参加国际纵队。1939 年被俘，经英国援华医学会保释，才得以出狱。不久率国际援华医疗队，不远万里，来到中国，被分配到中国红十字会救护总队部工作，担任救护总队第三中队队长和救护总队部顾问。回忆起在救护总队部的日日夜夜，甘扬道犹历历在目：战时

甘扬道和张荪芬结婚照

的医疗条件是非常差的，在救护总队部里设有许多医疗小组，由于医务人员很少，每个组只有一个医生。从前线抬下来的伤兵，80%的人都由于回归热、疟疾、营养不良等病而死亡。尽管如此，甘扬道和他的战友们还是尽自己的最大努力而工作。军队里没有受过训练的医务人员，他们就开办医疗训练班进行教学。他们还训练担架队。没有医院，他们就和中国军民一道，用竹子、茅草搭起了战地医院。他们还向老百姓和士兵宣传卫生知识，让他们知道怎样灭虱，怎样进行食用水的消毒。甘扬道和他的战友们就是这样忘我地工作着。

贝克尔、严森、弗拉托……每个人都有不平凡的经历，都在那个惊心动魄的时代大舞台大显身手，建功立业。他们中有的甚至奉献出年轻的生命。

第31医疗队的罗马尼亚籍女医生柯兰芝（克兰兹多尔夫夫人），1944年在云南昆明参加防疫时，染上回归热，3月14日永远离开了与她并肩战斗的丈夫和国际援华医疗队的朋友。

英国红十字会配属红会救护总队部昆明办事处指挥的医疗队，队长韩正义，在抗战间殉职。据中国红十字会总会出版的《救护通讯》第16期记载，国民政府曾于1944年6月2日下令褒扬。原文是："英国红十字会医疗队队长韩正义，以外籍人员在华从事医疗队工作有年，急难扶伤，忠勇任职，于湘豫等省早著令誉，远近受其惠者，为数非其少，博爱存心，良深嘉尚。迄因调动繁剧，积劳病逝，特予明令褒扬，以彰异绩，而永仁声。此令。"

他们不愧为白求恩、柯棣华式的人物。他们无私的奉献、可贵的国际人道主义精神在中国人民的心中竖起了一座不朽的丰碑。

英国医生高田宜与援华医疗队

吕志茹

抗日战争期间，曾有一批外籍医生来华支持中国的抗战工作，他们中的多数人曾参加过西班牙内战，后来由英国进步人士成立的"国际医药援华会"进行组织，在通过红十字会与中国取得联系后，自1939年起，分批跨越重洋来到中国。这些外籍医生来华后被安排到中国红十字会所设的救护总队部，辗转来到贵阳图云关工作。他们属于不同的国籍，来华的时间上也不一致，来华后并没有组成独立的组织，而是与中国红十字会的医务人员混编，一起前往战地救护伤病员、开展保健防疫工作。他们虽没有单独成立一个医疗队，但人们习惯上叫他们"国际援华医疗队"。除这些所谓的"西班牙医生"外，还有其他外籍医生通过各种渠道来到中国。所有这些外籍医生来到中国后，克服生活方式、语言障碍等种种困难，全力投入工作。他们跟随医疗队进入战区前线，不顾个人安危、夜以继日地为救护伤员和卫生保健而工作，为中国人民的抗战事业作出了突出的贡献，有的甚至献出自己宝贵的生命。高田宜医生就是这些外籍医生中的一员。

对于高田宜医生是否属于援华医疗队，曾有一定的争议，源自通常所说的国际援华医疗队，一般指参加过西班牙内战，由英国"国际援华医药会"组织和资助来中国的外籍医生，并不包括所有来华支援中国抗战的外籍医生。1985年，中共贵阳市委和市政府在贵阳图云关树立"国际援华医疗队"纪念碑时，由中国革命历史博物馆提供的21位医生的名字中没有高田宜医生，但新华社高级编辑张辛民先生提供的名单中有高田宜女士。后来，更有学者在查阅了贵州省档案馆馆藏的红十字会救护总队档案史料的基础上提出，国际援华医疗队的成员不是贵阳图云关纪念碑上所刻的来自9个国家的22名医生，而是来自12个国家的30名医生，高田宜医生位列其中。无论如何界定，高田宜医生和所有的外籍医生一样，同为来华支援中国抗战的外籍医生，秉承同样的救死扶伤的崇高信条，同在中国红十字会救护总队部工作，在人们的心目中把他们都看做援华医疗队的成员也是有一定道理的。

高田宜医生，英文名 Barbara Courner，英国人，高田宜是其来到中国后所起的中文名字。关于她的情况资料较少，据说她出生于一个具有良好教养的家庭，受过很好的教育，毕业于伦敦妇女卫校。她是一个具有崇高理想的人，立志要把医学奉献给全人类。她曾经在印度工作过，在得知日本军国主义对中国人民的侵略暴行后，她自愿申请到中国进行战地服务。她选择了一条很多人不愿选择的艰苦道路，这的确需要具备很大的勇气，因为在当时的英国，民众生活普遍比较富裕、安适，医生收入很高，很少有人愿意奔赴充满危险、条件艰苦的异国他乡。但她自愿放弃了这些优越的条件，最终决定到战火纷飞的中国进行战地服务。在和中国红十字会取得联系后，她于1941年来到中国，被安排到图云关救护总队部工作，现在我们仍能见到的是"兹聘高田宜为本部医师"的布告、中国红十字会救护总队队长林可胜博士签发的聘书和调令，以及申请护照的报告。

从1940年开始，在难以用枪炮迅速征服中国的情况下，日本开始在中国疯狂地推行细菌战。1941年11月，日军在湖南常德用飞机投下许多谷麦絮状物质，后被证实为"鼠疫细菌弹"，很快在常德引发鼠疫。援华医疗队的医生们对日本人的这种不顾信义人道的骇人行径强烈谴责，救护总队派出包括十名外籍医生在内的大批医务人员奔赴常德，参加扑灭鼠疫的行动。其中有的外籍医生提出了注射疫苗、严密隔离、加强检疫、对症治疗、扩大宣传等切实可行的方案。由于措施得当，鼠疫终于在常德被扑灭。1942年3月，日本又向广西投掷了"鼠疫细菌弹"，救护总队部闻讯，马上筹备组建医疗队赴广西扑灭鼠疫，高田宜医生立即自告奋勇参加医疗队。但就在临行前，她患上感冒，但她没有顾及身体的不适，匆忙注射了防疫针，以便按时成行。不幸的是，防疫针注射后不久就引起了过敏反应，不到24小时高田宜医生便含恨去世，此时正值"三八"节前夜。这位伟大的女性，为国际人道正义的事业献出了自己宝贵的生命，永远长眠在她曾经工作和生活过的地方。

为了纪念这些国际友人的无私奉献精神、纪念为中国民族独立事业而以身殉职的高田宜医生，1985年，在贵阳市人民政府及广大海内外侨胞、爱国人士的大力倡导和协助下，两块白色的大理石墓碑在绿树环抱的图云关旧址——今天的贵阳森林公园内竖起，即国际援华医疗队纪念碑和英国女医生高田宜墓碑。

高田宜女士之墓

高田宜墓碑与国际援华医疗队墓碑相距约 50 米，在一片松林、枫叶中显得庄严肃穆。墓碑上刻着"英国女医生高田宜之墓"。墓的两侧有中英文对照的碑文，中文是："英国女医生高田宜，1941 年来华支援我国抗战。翌年，侵华日军投掷细菌弹，她为防治菌疫，不幸以身殉职。兹刻碑以志不忘。"石碑上还刻有橄榄枝和花卉。墓碑之后，是一只用大理石精雕细琢而成的巨大和平鸽，它象征着人类需要和平、需要友爱的美好愿望。

军医的摇篮：战时卫生人员训练所

池子庆　王　云　池子华

　　中国红十字会救护总队载入史籍的是其与军队同履战场的惊险经历和被人们认同的红十字人道主义精神。相比之下，救护总队的军医教育系统似乎应是副产品，然而却有着特殊的影响。

　　近代中国军医制度素不健全，军医缺乏，无法适应大规模军事冲突对军医的渴求。救护总队长林可胜在筹组救护总队时，由于他在国外及协和医院多年的学者经历，很快注意到这个问题，设想在中国发展军医教育。1938 年 6 月，中国红十字会救护总队与卫生署在长沙合办战时卫生人员训练所，对军医官兵进行分期分批的培训。不久，更名为军政部内政部战时卫生人员训练所。"卫训所"培养了很多军队医护人员。

冯玉祥视察图云关

　　1939 年春，"卫训所"随总队部迁贵阳图云关，定名为军政部战时卫生人员训练所，主任林可胜。"卫训所"在培训计划和管理等方面由中国红十字会救护总队和贵阳陆军总医院负责。经林可胜等人的励精图治，形成了以卫训所为中心的军医训练体系。

图云关卫训总所中专科专设，门类分明，体现出一个庞大的医疗技术组合。总所下设若干学组：组织学组（主任汪凯熙医师）、内科学组（主任周寿恺医师）、外科学组（主任张先林医师）、防疫学组（主任先后：启荣、施正信、薛荫）、X 线物理学组（主任荣独山）、微生物学组、生物学组、生化学组、环境卫生工程学组、护理学组、理疗科、复健学组等。门类齐全，技术力量比较雄厚。担任各学组、科主任、教官的都是国内外知名的医界人士。除以上所提医师外，还有如陈文贵、柳安昌、周美玉等医界名流。各科都由该科专家或医师对口指导。

卫训所内分学员大队和学生大队。前者来自战区兵站或后方医院的医护人员，一般培训 1~3 个月，再回原单位。后者属养成教育，分军医、军护、检验等班，受教育时间也较长。

中国红十字会救护总队部工作人员在图云关合影

最初，可用作课本的中文教材很少，卫训所专家们便自己编写或翻译，为统一教学和作业，林可胜制定了各科作业规程，各科专家据此撰写教材，最后由林可胜审定并转香港付印，出版后运回，分发给总所、分所的各学组和科室以及有关军医机构、救护队。各规程列举必要的诊视规定及处理程序与方法，其中内容都与战地实际对照后，几经修改，实用性强，对战地救护具有指导性作用。卫训所先后"为部队培训各级医护人员数万人"，是战时全国最大的救护人员培训基地。

抗日战争进入相持阶段后，卫训总所将军医教育向更大范围拓展，以培养军队急需的医护人才。1941 年，在林可胜主持下，在陕西、江西、湖北、四川、湖南建立了 5 个卫生训练分所。第一分所在陕西褒城，陈韬医师为主任；第二、三、四、五分所分别在江西上饶、湖北老河口、四川黔江、湖南东安，负责人分别为刘经邦、马家骥、彭达谋、林竟成医师。每个分所驻地同时驻有红十字医疗大队，大队长即为分所主任。各分所利用健全完善的设备和教育系统为所在战区不断培训医护人才，并对各战区医护工作给予就近指导。卫训总所与分所，构成了一个网络式的教育体系，成为抗战时期军医的摇篮。

图云关军医教育系统中，另一个有机部分便是成立于1943年6月的卫训所实习医院。这是林可胜亲手创办的一所综合性教学医院，主要是配合卫训所教学、供受训军医、军护人员临床实习。在林可胜苦心经营下，该院形成一套严格的规章制度、严谨的工作作风和浓厚的学术氛围。专家们时常组织学生进行病案研讨会、读书报告会。学员们通过这些途径逐步加深医学理论修养并积累了诊断经验。由于实习医院负责解决战时后方医院无法诊疗的疑难病症以及开设一般门诊服务，所以院中也有病房等设施。贯穿于教学中的"查房"制度培养了学生们尽职敬业、一丝不苟的工作作风。在这里接受培训的年轻人在优良教育思想的影响下，积极进取，业务上精益求精。据记载，从这一"摇篮"中走出的人才：结业的军医、军护人员四五千人，各种技术人员如检验员、X射线技术员、环境卫生工程技术员、卫生员等四五百人。他们不仅在当时发挥了重要作用，而且为以后新中国医疗卫生事业积累了有生力量。

第九大队与四次长沙会战

池子华

　　1938 年 10 月，广州、武汉失守，抗日战争进入相持阶段。为争取战略主动权，日军不断发起新的攻势。1939 年 3 月 27 日攻下南昌后不久，制定"湘赣作战"计划：进攻湘赣北部，歼灭第九战区主力，打通粤汉路，呼应鄂中日军西进。9 月 14 日，第一次长沙会战开始，湘北是日军的主攻方向。中国红十字会救护总队第九大队"好几个医疗队、医防队和卫生队，初次推进湘北最前方部队工作"。救护队员立下誓言——"中国部队所能到的地方，我们中国红十字会救护人员也应该能到"，随军进退。湘北许多公路被破坏，只好安步当车，这对救护人员是一个"严峻的考验"。在大队长林竞成的带领下，第 49 医防队等支队，历尽艰辛，随军徒步十多天，行程近千里，救护因战受伤的伤兵。

中国军队与日军在长沙展开激烈巷战

　　救护固然重要，防疫尤不可缓。斑疹伤寒、回归热，在军中肆虐，以致病兵多于伤兵，影响军队战斗力。有鉴于此，救护总队将防疫纳入 1939 年救护工作的重点，

"展开集体灭虱、抗疟、防疫及改善环境卫生等运动"。这种救护、防疫并重的救护理念，在第一次长沙会战中得到贯彻，据大队长林竞成说，第九大队将"灭虱站设立在距敌人五里地，在战壕里治疗"。第49医防队首创酒灶式灭虱站及灭虱器，简便易行，受到救护总队的赞许，迅速加以推广。在会战间隙，第九大队医护人员广泛宣传环境卫生工作的重要性，力图加以改进。总队部也派技术专家，到前线指导。通过灭虱、治疗、饮水消毒、清洁厕所等一系列措施的推行，天花、斑疹伤寒、回归热、痢疾、下腿溃疡等发病率显著减少。

10月初第一次长沙会战结束，日军无功而返。第九大队各队"赶回长沙，做民众炸伤救护、预防霍乱注射、伤病兵灭虱及重伤员的医疗手术工作"。

1941年9月6日，日军集中10万兵力，由湘北二次进攻长沙，双方在新墙河以北之港口、甘田、草鞋岭、白羊田一带展开激战。17日，日军突破新墙河，28日一度攻占长沙。中国军队组织反击。10月1日日军撤退。会战中，救护总队所属第三、六、九大队均开往战地，实施救护，其中分布在衡阳、衡山、湘潭、长沙、益阳等地的第九大队所属各队"最先推进前方部队工作"。日机沿要道低飞狂轰，给救护工作带来极大的困难，险象环生，但救护队员不稍退却。"这时出了一位女英雄畅革新小姐，一个人于敌机狂炸中俘了两匹日本马和救了一位同志，冲出重围"，一时传为佳话。

第二次长沙会战结束不到三个月，日军集中12万兵力，发动了第三次长沙战役。12月22日进攻新墙河，24日、27日先后突破新墙河、汨罗江，进抵永安，1942年1月2日进攻长沙，受到中国军队的顽强抵抗，4日后撤，遭到中国军队的围追堵截，伤亡5万余人，付出惨重代价。在这次"空前的大捷"中，第九大队工作人员"随军进退，配合作战，没有一个人落伍，没有一队不照命令动作；而且知道什么地方为伤兵必经之路，而设裹伤站于该地。这一次工作最有效，最痛快"。日军退出长沙，第49、33医疗队不顾湘江布有水雷的危险，乘汽船赶回长沙，开展伤兵医疗手术及民众防疫工作，动作之神速，连湖南卫生处处长张维也由衷叹服，钦佩不已。

第九大队出色的救护行动，受到救护总队的通令嘉奖，被誉为"红会模范大队"。这是全队（共辖四、五两个中队10多个区队）医护人员"通过长期锻炼，团结合作，共同努力，不断克服困难，发扬救死扶伤创造性劳动的结果"。同时，与救护总队部的鼎力支持密不可分，总队部不仅源源供给救护物资，而且派出周寿恺、周美玉、戴根法等精干技术人员到湘北指导工作，总队长林可胜也多次前往视察，给予鼓励。

第三次长沙会战结束后，第九大队除在野战医院协助工作外，着重于部队环境卫生的改善，颇见成效。1943年7月间，美国医药援华会主席柯尔波先生到湘北视察部队卫生工作，赞叹不止："愈到前线，部队环境卫生愈优良，印象之佳，是出乎意料的。"

1944年4月至12月，日军发动旨在打通中国大陆南北交通并与南洋连接的"一号作战"，即豫湘桂战役，作困兽之斗。湖南作战始于5月26日。日军兵分三路，麾师南进，中路军以长沙为正面主攻方向。受河南战场惨败的影响，湖南守军军无斗志，连战皆败，6月18日长沙失守。

中国军队屡战屡败，第九大队不得不随军撤退。经过前三次长沙会战的磨砺，医护人员已练就"饿得、冻得、晒得和走得"四大"看家的本领"。面对恶劣形势，他们镇定自若，将价值一万万元的存放在衡阳、邵阳两个材料库中的医疗卫生器材抢运出来。在衡阳，第九大队还专门组织了手术组和换药组，一直工作到衡阳沦陷。在第四次长沙会战的整个过程中，第九大队"各队都是自动地热情紧张地工作着，有的是在到处找重伤将士施行手术；有的在卫生列车上工作随车奔驰，日夜不息，雨淋日晒是够辛苦的了，他们除了本身工作外，还附带协助运输本会器材公物及通讯的使命；有的在医院内为千百万受伤将士忙着裹伤，并且还开设诊所，忙着为军人、难民治疗和预防注射；有的在负责保管及供应药品公物和照料职员眷属；有的在前方随军工作，和部队同进退，作七百里长途的跋涉"。总而言之，"他们都遵守一个原则就是：各尽所能，随战局发展，随时随地工作"。中国红十字会博爱恤兵、救死扶伤的信条，在这里得到了充分的体现。

湖南民众赠送锦旗

四次长沙会战，是抗日战争正面战场重大战役。大战中，中国红十字会救护总队第九大队全力投入救护，创造出辉煌业绩。在抗战救护中，他们创下多个之"最"或"首先"："湘北各队是救护总队部中最先推进前方部队工作的，军邮局和红十字会救护队在前方是最受部队们欢迎的。他们首先将环境卫生介绍到前方部队每一个连部去，他们首先将灭虱站设立在最前方和游击区里……他们首先将特别营养工作实施到野战医院去。他们是参加了最多次数的会战之救护工作。"第九大队全体队员表现出的高昂的工作热情和可贵的牺牲精神，的确可歌可颂。第九大队不愧为"红会模范大队"。

"迎来绝域异闻多"

——中国红十字会救护总队的域外救护

◇

池子华　　郝如一　　王　云

> 欢跃声中发浩歌，迎来绝域异闻多。
> 林林壮志怀诸葛，总总雄心迈伏波。
> 队伍伤残蜀道苦，长官慈爱醉颜酡。
> 回春妙手膏肓起，国才无双一笑呵。

这是 1943 年中国红十字会救护总队长林可胜率部分医疗队员由缅北战场归来后中文秘书詹汝嘉所作的一首诗。诗的首字组成"欢迎林总队长回国"。它表达的不仅是对林可胜孜孜奉献于人道事业的崇敬，而且是对救护医疗队远征域外、跋山涉水历尽艰辛后的深深敬意。

中国远征军入缅作战

太平洋战争爆发后，日本急欲切断中国与盟国在海上的联系。此举威胁到英国在印支的殖民利益。1942 年，26 国联合宣言，标志着与轴心国对抗的盟国的建立。为保卫滇缅公路，并援助盟国作战，1942 年 1 月下旬开始，中国派军队陆续入缅作战。

国民党第 6、第 9、第 66 军在史迪威将军的指挥下进入缅甸。不久，中国红十字会救护总队部即抽调人员组成 3 个医疗队，由林可胜以军医视察总监名义亲自率领，于1942 年 3 月 20 日由贵阳出发赴缅。3 月 17—29 日，历时 12 天的同古之战，中国军队与四倍于己的日军激战。之后又在平满纳、仁安羌等地交锋。战事激烈，救护总队部又增派 3 支医疗队和一个救护车队支援缅甸战场救护工作。

先期由林可胜率领下的医务队兼程而至腊戍，受到中国红十字会腊戍办事处主任曾大钧的接待。随后，林可胜按中国战区统帅部参谋长兼总指挥史迪威的指示，安排了工作：将医疗队推进至西保，设临时收容医院。当林可胜与红十字会仰光办事处取得联系后准备启动各项工作时，军情突变，一些计划只得搁浅。

林可胜前往缅甸参与救护工作

原来，盟军指挥乖方，各行其是，因而屡失战机。中国远征军虽取得一些战果，但无力扭转被动的局面。日军利用盟军孤立作战之机，迅速增派机械化快速部队，4 月末从缅东部绕道北进腊戍畹町，以切断中国远征军的退路。战事日非，5 月中国远征军一部由缅退回滇西，另一部分进入印度。已深入前线的 3 支医疗队准备返国，后派的 3 支医疗队无法前进，暂留滇边工作。

准备回国的中国红十字会医疗队，由眉苗取道密支那到云南腾冲。途中渡伊洛瓦底江，过那巴，一路险象环生。将到密支那时又因日军堵截而"上野人山，去印度"，然后转道回国。经过 26 天的艰难跋涉、风餐露宿，林可胜率医疗队穿越了被日军封锁、无路可循的缅甸丛林，到达印度阿萨姆省的利多火车站。这次出色的转移，完好保存了入缅的 3 支医疗队，使之继续为战场服务，林可胜也因此获得了美军高级勋章。

中国远征军在缅作战失利后，一部分由司令官罗卓英与史迪威带领退往印度，

1942 年 5 月 20 日到达英帕尔。根据史迪威与印度当局达成的协议，在加尔各答的蓝珈（莱姆加）建立中国军队训练营，提高中国在印军队素质。蓝珈中美新兵训练中心一直是中国驻印军训练基地。林可胜到达那里，主持军医训练。此刻，林可胜已辞去救护总队长职务，但他无怨无悔地为军医救护事业奉献一己之力。林可胜调图云关卫训总所的马安权和戴根法工程师率医疗环境卫生工程队 20 多人去蓝珈，提高教学质量和效率。同时，留在滇西的中国军队，由陈诚任司令长官，组成滇西远征军。林可胜又派杨文达、汪凯熙和虞颂庭等 20 多人组成医疗队到昆明黑林铺，协助军医军护的培训。1943 年夏，林可胜以卫训总所主任身份调防疫学组代理主任薛庆煜去印度阿萨姆的雷多，任驻印新 38 军军医处长。红十字会医疗队的军医训练和战场救护为中国远征军官兵的健康作出了贡献。

第一次缅甸作战，中国远征军遇挫而返，滇缅公路交通中断。为了改善中国战区军需运输状况，罗斯福与丘吉尔于 1943 年 8 月举行"魁北克会谈"，决定 1943 年冬发动缅北攻势。中国驻印军和滇西远征军承担主要军事任务。1943 年 10 月下旬，中国远征军联合英、美盟军一部开始了缅北攻势。

战事又起，中国红十字会救护总队部调第十大队赴滇缅远征军中服务。1944 年 4、5 两个月，第十大队下辖的 011、012、021、022、031、032、041、042、051 九个支队及附属英国公谊三队、新运会四队到达前线。未及喘息，便被平均分配到各野战医院，担负起繁重的救伤任务。

前线战斗激烈，伤亡较多，医务队所需药品往往超过预算应用量。第十大队所属的第六分库尽量供给，"有十日九空之慨"。再加上运输困难，接济不及，常有捉襟见肘之感。幸得美国红十字会及美军供应局拨助，救护工作得以顺利展开。

第十大队所属医疗队、手术队分别配置到滇缅各战线，他们深入前方军队，协助军师部推进医疗、防疫卫生工作。军队环境卫生差，营养不良者特多，疥疮、溃疡时有发生。红十字会昆明办事处在楚雄、下关、昆明、曲靖等处设灭虱站，凡经过的军队、一般民众一律给以免费灭虱。但由于经费所限，一切工作只能"尽所有经费而已"，楚雄灭虱站每日治疗数百人。到战区的几个月中，"公谊四队之试验斑疹伤寒苗经注射一万余人"。他们还计划在 1945 年春接种天花、伤寒、霍乱疫苗。

1944 年 8 月，救护总队部成立 052 队并派往前线，11 月第 1 到第 6 手术队报道。第十大队救护力量逐渐充实。

野战救护对于红十字会医疗队不仅意味着面临枪弹之险，而且还得经历辛苦备尝的行军。陡转的山岳地势与多雨的气候，使他们经常限于窘境。深入前线而又没有便捷的运输条件，补给异常困难，红十字医护人员往往不能及时得到给养而挨饿受冻。但千辛万苦在伤病员的哀叹声中变得微不足道。每有伤兵出现，他们便不顾一切地为之医治。第 051 医疗队队长甘理安在黎贡山施行急救手术时，对面突然有排炮飞来，而他仍镇定自若地将手术做完。红十字医疗队临危不惧的事例在战地上指不胜屈。至于在医治疾疫过程中被传染者更是屡见不鲜，"本部人员中在职时得斑疹伤寒者九人，得疟疾者超过百分之五十"。所有这些，没有使红十字医务人员有丝毫动摇。

1945 年初，缅北密支那仍激烈作战时，中国远征军开始渡过怒江，发起滇西反击战。保山是怒江东岸的"伤运集转地"，滇西反攻以此为基点，因此保山在卫生勤务上占有重要地位。011 医疗队驻保山某预备医院，第 7 手术队驻保以西的瓦房街，担任怒江西岸的野战救护。滇西缅北反攻同时进行，中国远征军渡怒江，长驱直入滇西。原驻保山的 011、012、022 等医疗队及第 1、第 4、第 9 手术队和受红十字会昆明办事处指挥的公谊第三、四、五等救护队随军渡江，继续野战救护。其他各队留守怒江东岸，待机而发。战场救护力量按战势需要统筹安排，救护工作有条不紊。在队员坚持不懈努力下，战场救护成绩斐然且多有信誉。1944 年 5 月以后的几个月中，第十大队有这样的工作统计：内科住院 52058 人，外科住院 86936 人，门诊 106266 人，手术 1140 人，化验 13544 例，特别营养 44414 例，预防接种 18300 人，X 光检查 176 人次。"具博爱襟怀"，"抱牺牲精神"，救护总队人道主义信条在域外得到发扬光大。

中国红会史上的红十字周

吕志茹　马红英

在中国红会史上，中国红会共举办过七届红十字周，第一届红十字周始于 1941 年，以后每年举办一次，1945 年停办一届，1946 年恢复，延续到 1948 年。建国后不再举行红十字周，而是按照 1948 年举行的国际红十字会第 20 届理事会上通过的决议，改为纪念"5·8 世界红十字日"——即红十字会创始人亨利·杜南的生日。

中国红十字会北平市分会征求会员运动庆成大会队长队员合影

举办红十字周的目的在于"宣传该会的工作，并扩大征求会员和进行募捐"。红十字会作为人道主义社会救助团体，"其人力物力来自社会，用之社会"。在红会的运行机制中，民众的支持和参与是红十字事业的基础和生命线。抗日战争爆发后，中国红十字会担负了战场救护和难民救济等工作，任务繁重，所费甚巨。为使工作顺利开展，急需号召民众广泛参与，出钱出力。因此，中国红十字会借鉴了国外红十字会的经验，于 1941 年开始举办红十字周。

第一届中国红十字周于 1941 年 1 月 1 日至 1 月 10 日举行，以后几届，则分别改在 10 月 1 日至 10 日，只有 1944 年延续了一个月。所以"周"并非传统意义上的七天，而是一个时间段的意思。

1941 年元旦，中国红十字会在重庆民权路新运总会礼堂召开了第一届红十字周开幕式，参加者百余人。开幕式后举行了展览，展出了救护工作照片、模型、图表等。红十字周期间，红十字会利用广播、报纸等媒体进行宣传。1月3日，许世英理事到当时的中央广播电台以《为什么举行红十字周》为题进行广播，刘鸿生副会长在国际电台用英语进行广播。红十字会还邀请了《大公报》等14个报社的记者30余人，向他们汇报红会的工作情况及红十字周的意义。各大报纸如《昆明朝报》、成都《华西日报》、《成都快报》、《新中国日报》、固始《三民日报》及四川《万县日报》等于1月10日发行红十字周特刊。《大公报》于1月13日随报附发红十字周特刊五万份，大量刊载介绍红会工作的文章以及各界名人的题词等。贵阳方面于1月30日在《中央日报》发行宣传红十字周的特刊。另外，红十字会还举行了游园会、进行健康检查等。

第二届红十字周除延续前届的方法外，还增加了篮球表演赛，特制红十字银杯发给优胜者，以引起民众的关注。第三、四届基本延续了这些做法。

抗战胜利后进入"复员"时期，为使红十字周正规化，在1946年8月召开的复员时期总会第一次常务理事会上，关颂声理事提出"请明定十月一日至十日为中国红十字宣传周案"。经与会者讨论，提案获得通过，红十字周遂成为"复员"期间中国红十字会的法定宣传周、征募周。

第五届红十字周是抗战胜利后举办的第一届，宣传方式更加活泼多样。以南京分会为例，该会于10月1日至10日的红十字周期间举行了丰富多彩的活动，广为宣传。"十日"活动分别为：第一天为新闻日，由总会在《和平日报》发行特刊，并在《中央日报》《大公报》发表专稿，进行宣传；第二天为广播日，由总会蒋梦麟会长和分会沈慧莲会长分别在中央和益世两大电台进行广播；第三天为教师联谊日，分会在南京玄武湖服务站招待各中小学校长，宣传红十字会的事业，以广泛征求学生会员；第四天为康乐活动日，组织红十字青年会员到玄武湖服务站举办露营活动，第五天为征募日，宣布各队的征募成绩；第六天为音乐日，晚上在公余联欢社中正堂举行郎毓英独唱音乐会；第七天为妇婴运动日，在中华路儿童营养站举办母亲会和儿童会，邀请曾在该站领奶的母亲和儿童进行联谊活动，并分发童衣；第八天为体格检查日，为儿童进行体格检查，举办健康竞赛；第九天是慰劳日，分会派人携带食品和衣物分赴中山陵和孤儿院慰问军人和孤儿；第十天为国庆日，分会派救护车跟随游行队伍，以应急需。1947年10月1日至10日的第六届红十字周期间，南京分会继续举办"十日"活动，分别开展了发展业务、慰劳过境军人、防疫运动、健康检查、康乐活动、营养补助、母婴保健、广播宣传、会员联谊和国庆日等活动，加强宣传。

总结七届红十字周活动，虽具体开展的活动各有特色，但也有诸多共性。

首先，报告会务开展状况，是历届红十字周在开幕时的重要事项。每届红十字周开幕时，一般都由红会主要负责人报告红会的工作，使民众加强对红十字事业的了解。

其次，宣传方式基本采用了广播、报纸、展览、宣传小册子、标语等方式。历届红十字周，红会特别注重与媒体合作扩大宣传力度，通过举办记者会、广播等方式展开，以丰富多彩的内容吸引公众的视线。

最后，聘请各界名人参加，提高红会知名度。每届红十字周期间，红十字会都聘请名人担任征募队长，以加大宣传力度，扩大影响。

七届红十字周都营造了一定的声势，其宣传方式灵活多样，通过这一平台，广大民众对红十字会这一组织及其从事的人道救助事业增强了了解。红十字会最初举办红十字周的目的均已得到不同程度的实现。

第一届红十字周期间，除总会的积极宣传外，昆明、成都、重庆等分会都响应举行。首届红十字周共征得会员16707人，会费及捐款收入167731元。

第二届红十字周中，响应开展活动的有昆明、贵阳、安康等分会，共征得纪念会员14165人，其他各级会员387人，会费收入107052元。

第三届添图书义卖，展出国画名家许士骐、张聿光等人捐赠的名画169件，"展览五日，参观者甚多"。

第四届红十字周中，红十字会救护总队部在贵阳科学馆举行了救护活动展览，并为普通民众进行健康检查。为吸引民众入会，还试行健康保险制度，为每一个新入会的会员赠送一张健康福利券，在一年内可享受健康检查或疾病诊治。"前往科学馆参观救护展者每日达二千人，自动加入为会员者极多，成绩颇佳。"

第五届红十字周期间征募成绩更为显著。尤其是南京分会的"十日"活动，盛况空前。10月份征得会员人数48804人，远远高于其他月份，占到当年征求总数的69.8%。截至12月底，已征得会员69959人，合计会费82282400元，捐款1941741880元，均超出预定目标。南京分会1946年度预定征求目标为5万名会员，募款亿元，从上面的数字看，仅10月红十字周期间征求会员数量即将达到预定目标。

1947年南京分会借助第六届红十字周的宣传活动，在筹募事业基金中共收捐款国币302409500元，超出预定目标3亿元，再次超额完成任务。

1948年，中国红十字会总会为第七届红十字周期间规定的募款目标为筹募金圆券10万元。鉴于当时经济状况不佳，开展了一人一元运动，总会认为"一人一元运动的意义，是为顾虑目前一般人的收入减少，出钱的能力降低"，但由于战事扩大、政局不稳定，已无法顺利贯彻执行。

为了忘却的纪念

——记献身中国红十字会救护事业的英烈

阎智海

　　1937年7月7日，卢沟桥事变爆发，中国开始了全面抗战的进程，其中，中国红十字会职司战事救护，医护人员以救死扶伤为己任，恪尽职守，无私奉献，有的甚至献出自己宝贵的生命。

　　全面抗战开始后，社会各界纷纷响应救亡善举，以人力、物力支援红十字会。其时，中国红十字会致力于兵灾救护，积极筹组救护总队部，以应战时救护之需，枪林弹雨间成为红十字救护员经常出入的地方。

　　灾难中并没有宁静的港湾，由于日军完全无视国际红十字公约的相关规定，"红十字"不仅没有成为"保护"的标志，反而成为日军容易辨认袭击的目标，红十字会医护人员承担着救死扶伤重要使命的同时，也面临着失去生命的风险。八载救护，红十字会相关人员有因日机轰炸直接致死者，有因日机轰炸间接致死者，有因参与救护感染病毒致死者，有因积劳成疾而死者，史籍《中国红十字会抗战期间遭受日军危害行为调查表》中记录了这一份沉重。

　　1937年8月18日，设于上海真茹东南医院内的第二救护队遭日机轰炸，该院实习馆、大礼堂、图书室均被炸毁，卫生器材全失，担架队长张松林被炸死，另有多人被炸伤；8月23日，设于上海罗店惠生助产学校的第一救护队遭日军袭击，苏克己医师，陈秀芳、谢惠贤、刘中武三护士，皆惨死战火；8月至10月间，第四救护队为救护兵灾奔波于上海、大场、真茹，甚至分派队员至苏州、嘉兴、木渎一带从事战地救护，因遭日机轰炸而不幸罹难队员达十余人，更惨的是有的队员尸骨无存；9月13日，红十字会司机杜运生在真北路真大桥附近遇飞机掷弹殒命；10月28日，司机曹惠丰、翁福根、王元发一同驾车至昆山，行至洛阳桥附近，因遭日机轰炸牺牲。

　　1938年8月23日，第53救护队副队长胡学瀛正在江西马回岭救护伤兵，突然遭到日机轰炸，当即殒命，这是中国红十字会救护总队部成立以来因救护而殉职的第一人；9月间，救护总队部救护车两辆驰往前线救护之际，行经江西虬津，遭日机炸毁；10月间，驻湖北崇阳从事救护的第57医疗队遭日机轰炸，队部房屋被炸全毁；11月7日，第80医疗队医助徐锡汉于湖南零陵进行救护工作之际，遭日机轰炸，英勇殉职，队部房屋亦被炸毁；11 月 10 日，日机对长沙狂轰滥炸，第 59 医疗队医助刘万春亦丧生于日机轰炸之下，另有司机及医护人员多人被炸伤。

1939 年 3 月 7 日，驻扎于陕西西安的第 7 医护队、第 10 医疗队、第 6 运输队同时遭到日机轰炸，各队部房屋均被炸毁，第 6 运输队工友张海霖、第 7 医护队工友毛熙臣殉职；5 月 13 日，第 33 医疗队护士王孝义正在湖南祁阳参加防疫工作，因在重病室照料斑疹伤寒患者，不幸感染身亡；7 月 15 日，第 43 医防队护士古少真在广西柳州进行救护之际，遭日机轰炸而死，另有该队医助多人被炸伤，队部房屋被炸毁；11 月 7 日，第 76 救护队医助薛士汉在湖南零陵担任空袭急救工作时，亦遭日机轰炸而死；12 月 2 日，第 7 医疗队医助李树藩自河南渑池出发前线救护，途中遭日军枪杀身亡。

1940 年 6 月 15 日，第 142 医疗队杨全兴、宋国清，由江西修水担运材料至湖南长沙，遭日机轰炸而死；7 月 14 日，救护总队部司机秦昌明，运输卫生材料行经四川綦江，因躲避日机轰炸而不幸堕河而死；10 月至 11 月间，日机在浙江衢县、湖南常德、浙江金华先后散布鼠疫杆菌，致使各地发生鼠疫，流行颇剧，时在浙江衢县疫区任防疫医院主治医师工作的第 312 医防队长刘宗歆协助卫生当局赴浙江义乌一带调查防治，致染鼠疫，于 1940 年 12 月 13 日在衢县防疫医院不治而亡。

1941 年 2 月 5 日，第 33 医疗队工友唐寿生在隔离病室工作时致染天花而死；5 月 3 日，第 011 医疗区队工友邹学树、王家和，在缅甸八莫突围时，因担运卫生器材被俘枪杀；10 月 18 日，第一大队副大队长墨树屏医师，从河南林县出发救护途中，因越山绕径，不幸坠崖而死。

1943 年 4 月 27 日，第 012 医疗队医助陈乃宽在云南大理从事防疫工作，致染斑疹伤寒而死。

1944 年 3 月 14 日，第 031 医疗队罗马尼亚籍医护员柯兰芝在云南昆明参加防疫工作，致染回归热而死；12 月 4 日，第 432 医疗区队医护员戴慕庄在贵州独山四方井遭日军枪杀，甚至连尸首都未找到。

1945 年 2 月，第 711 医疗区队护士梅碧芳在广东仁化楼下镇因遭日军包围，吞药自尽而死；3 月 8 日，第 411 医疗区队护士何克潜在贵阳贵定参加难民防疫工作，致染回归热而死；5 月 14 日，第 922 医疗区队护士苏多加在湖南晃县参加防疫工作，致染斑疹伤寒而死。

以上沉重的事实，仅择其要者列举

柯芝兰

了一部分，翻检中国红十字会总会的"追思录"，重温那些彪炳史册的名字，正是他们成就了红十字"人道主义"的辉煌和伟大。在黑暗如夜笼罩的年代，"红十字"成为一道独特的风景线：那里有救死扶伤的善举，更有牺牲成仁的悲壮。他们平凡，但是，人类文明进步的历程因此而更加光亮，作为红十字会人道救护事业的积极参与者，其奉献精神也正是红十字博爱事业绵延百年的根基所在。

"复员"时期中国红十字会的社会服务

吕志茹

中国红十字会历史上的"复员"时期是指 1946 年至 1949 年，即抗日战争结束后至新中国成立前。之所以采用"复员"一词，意为结束了抗战时期的战场救护，回归和平时期。为迎接新时期的到来，中国红十字会制订了新的工作计划，以"服务社会、博爱人群"为宗旨，"从事积极性、保育性、集体性之社会服务工作"。但遗憾的是，这一时期的和平并未持续多久，红会也没有获得真正安定的发展环境，中国红十字会的工作一直是围绕社会服务展开的。

永嘉县分会工作情形：上：公井消毒（左），卫生药室（右）；
下：茶水供应（左），公厕消毒（右）

"复员"时期开始后，为指导新时期工作，总会制定了《初步工作实施计划纲要》，其中第二条规定：复员期间红十字会初步工作须能适应社会福利之需要，免人群生活之匮乏，从事积极性、保育性、集体性之服务工作，以期奠立永久事业之基础。工作范围大规模扩展，凡有利于社会安全，有利于民生者，均属红会的工作范围。"所定之服务对象，广及于儿童、青年、妇女、荣军与平民；所定之服务范围，广及于灾难、伤害、贫困、疾病与愚弱；所定之服务目的，广及于保健、乐育、安全、助人与益世。"可见红会的工作涉及社会生活的方方面面。具体从事什么？红会领导人给出指导性意见，多次强调，红十字会要避免与政府的工作发生重叠，要弥补政府工作的不足，而不是与政府争工作。以美国红十字会为例，"一战"期间，

蒋梦麟

军医已足以胜任战地救护，红十字会转而倡导输血运动，使全国义务捐献之血仍能造福于战士。至于平时工作，例如政府负责公共卫生，红十字会则设计家庭卫生等。因此，红会人要尽其才智，勇于创新，"随时有尽善之变"。

社会服务工作范围广，按蒋梦麟会长在抗战后期的设想："当前中国的根本问题，推厥根本，还是'贫''病''愚'三者，所以只有从事工业建设以救贫，推行医疗事业以救病，发展教育工作以救愚。"但"复员"时期社会依然动荡，依红会的力量，工业建设方面自然无能力改变，但医疗和文化教育方面，红会的工作还是有一定成就的，除扩大医疗服务外，还开办了儿童营养站、儿童同乐会、失学儿童补习班、母亲会、会员业余补习班、妇女职业训练班、乡村服务站、沙眼防治所、图书阅览室等一系列积极性的、服务于普通大众的工作，其中多项工作尚属首次开展，不乏实验性质。具体而言，主要有以下几方面工作。

儿童福利工作。1946年1月，总会设立社会服务处，其工作包括儿童福利。部分分会如武进分会、重庆分会等正式建立了儿童福利机构，专收贫苦儿童，供给衣食，施以教育。鉴于当时失学现象较多的情况，上海分会、南京分会等都开展了爱心助学活动，为失学儿童开办业余补习班或为贫困但品学兼优的学生发放奖学金等。此外，各分会还加强儿童联谊。1947年"四四儿童节"期间，全国有15个分会举办了儿童同乐会。不少分会开展了对儿童的健康检查、防疫注射，加强儿童保健工作。有的分会还开展儿童教育工作，设立图书阅览室及失学儿童训练班等。儿童福利工作中办得最

有声色的当属儿童营养站。抗战结束后，联合国善后救济总署（简称"联总"）与行政院善后救济总署（简称"行总"）对战后难民实施救济，在联总与行总的救济物资中有部分牛奶、奶粉等营养品。鉴于物资有限，无法普遍救济，只能重点发放。从1946年7月起，红十字会开始与行总各地分署合作，开办儿童营养站，"站内所需的牛奶、奶粉、代汤粉、鱼肝油、面包等营养品的来源，概由行总所在地的各分署负责供给，经费则由所在地的分署及承办分会各负其半"。具体发放工作由红十字会组织。供给的对象，主要为刚出生的婴儿至12岁的儿童。至1947年3月，有南京、上海、广州、武进、郾城、安阳、江都七个分会共建儿童营养站12所。

图书阅览工作。时局动荡、民生凋敝，文化工作大受影响。"兵荒马乱，物价加速度地往上涨，订一份报，买几本新书，在贫困阶级的公教人员，是一种奢侈的开支。"为了满足大众求知的需要，也为了使更多的人了解红会、支持红会，在1946年8月13日召开的"复员"期间第一次常务理事会上，副秘书长汤蠡舟提出了设立书报阅览室的建议，总会图书阅览室率先开办，定时向民众开放。之后，部分分会也开办了此项业务，如北平、章丘、丰顺、邻水等分会。上海、南京、郾城等分会虽没有专设图书阅览室，但在他们开办的会员交谊室内都有书报供应，以供会内外人士阅览。为推动教育的发展，临汝、泸县、灌县等分会则特设了儿童阅览室，专供儿童免费阅览。图书阅览室的开办，得到了社会各界人士的支持，总会与各地分会的图书阅览室经常收到热心人士的捐赠。即使在物资匮乏的时代，精神食粮依然不可或缺，图书阅览工作应时代需要而产生，成为中国红十字会重要的社会服务工作之一。

平民诊疗也是这一时期红十字会社会服务的重点工作。由于红会的医疗工作有较深厚的基础，再加上这一时期经济困顿，贫民诊病不易，医疗工作依然最受欢迎。红十字会各大医院与诊疗所的门诊除酌收挂号费外，以免费为原则，其他如有必需收费者须呈报总会核定，但均低于当地公共卫生机关。这种惠民措施充分体现了红十字会为贫民谋福利的一贯原则。除治病救人外，红十字会各医疗机构还承担起预防接种和家庭访视等工作。各地红十字医院、诊疗所以及后来设立的乡村服务站、巡回医疗队都为平民医疗和保健工作作出重要贡献。因此，红十字会的医疗机构是"复员"期间"民众迫切需要且受益人数众多的仁爱设施"。

"复员"期间的平民诊疗

吕志茹

抗战胜利后，中国红十字会进入"复员"时期。新时期的目标是开展广泛的社会服务，而医疗工作仍然是民众最需要的，也是当时中国社会最感缺乏的。这一时期，中国红十字会大力开展平民诊疗，嘉惠贫病，延及乡村，成为红十字会工作的特色。平民诊疗主要是通过红十字医院、红十字诊疗所、红十字乡村服务站以及流动诊疗车等形式展开的。

上海市分会流动诊疗车

红十字医院的设置由来已久，一直是红会为民众提供医疗服务的依托。较之其他医疗设施，医院规模大、设备全，是红会医疗工作的重心。"复员"时期的红十字医院新设者不多，主要是在原有基础上扩充实力。

1946年初，中国红十字会总会制定了《复员期间中华民国红十字会医院诊疗所调整管理办法》，规定"各院所以分会设立为原则"，总会已设立的医院视情况与分会合办，或移交分会主管，其经费、药品、器械等均由总会适当给予补助。仅 1946 年，总会就给南京、长春、北平、汉口、上海、广州、重庆等地分会补助经费 17294 万元。另外，总会还制定《中华民国红十字会分会医院诊疗所编制表》，将医院与诊疗所分为甲乙两级，对各级人员的编制、病床数目进行了详细的规定。各地医院均按章程纷纷进行改组。至 1947 年底，各地分会共有医院 45 处，经总会整顿的分会医院达 34 处，至 1948 年底全国共有红十字医院 46 个，诊疗所 89 个。

红十字会各大医院针对贫苦民众采取了相关的优惠政策，如施诊方面，"除酌收挂号费外，医药以免费为原则，其他如有必须收费者须呈报总会核定之，但均以低于当地公共卫生机关者为原则"。该优惠措施备受民众欢迎，求诊者络绎不绝。医院除治疗病患外，还要进行一些积极的防护工作，如防疫运动、家庭访问、健康咨询、健康检查、家庭环境卫生指导、急救训练、救护车服务以及妇婴卫生等。虽然各医院诊疗所由于人员紧缺，所有工作不一定全面兼顾，但都力所能及的进行。

除红十字医院外，新型诊疗所成为红十字会服务平民的主要医疗机构。多数诊疗所规模不大，因此比红十字医院的设置更为普遍。部分诊疗所为抗战期间救护总队各救护区队裁并而成，具有优良的医疗传统。

从 1946 年开始，各地分会改编或新设的诊疗所纷纷开业。这些诊疗所本着"服务社会，博爱人群"的宗旨，开展了广泛的医疗保健及社会服务工作。各地诊疗所都采取了对民众的优惠措施，如较早成立的上海分会诊疗所，起初"挂号费初诊 100 元，复诊 50 元，医药费全免"。结合当时通货膨胀的状况，收费是相当低的，特别贫困者还可免去挂号费。后来因物价上涨，除挂号费有所增加外，医药一直免费，所以开业不久便享有很高的声誉，来看病者逐渐增多。北平分会诊疗所设有内科、外科和产科，只收少许挂号费，药费免收。南京分会设有 5 处诊疗所，1947 年诊疗人数统计为：内科 31099 人，外科 66617 人，妇产科 8835 人，儿科 8984 人，X 光检查 6584 人，X 光拍片 722 人，检验 4298 人，接生婴儿 699 人，种痘 4476 人。病人 85% 是平民和公教人员，此外对流浪街头的难民均免费施诊，完全免费者有 853 人。

总体来看，红会这些诊疗所的规模虽小，但在当时缺医少药的条件下，却成为为民众解除病痛的重要力量，受到普遍欢迎。

在城市医疗工作顺利开展以后，红十字会又把人道关怀延伸到乡村，倡导医疗下乡。乡村的医疗工作主要设于乡村服务站内。

开展乡镇医疗工作，源于总会的倡导。1947 年初，总会决定在分会之下设立乡村服务站，使之成为"复员期间本会最新措施"。总会为此特订立服务站暂行规则下发到各地分会，要求酌情举办。从乡村服务站的规则来看，服务站成为红十字会在乡村的辐射点，其工作范围是全方位的，并不仅仅限于医疗，但医疗工作一直列在首位。

在当时的情况下，由于受到人力物力的制约，能积极响应并迅速举办该项事业的分会为数不多，其中江苏武进分会的工作最为出色，不仅在时间上走在了其他分会的前面，而且乡村服务站数量也是最多的，自 1947 年 2 月至 11 月，武进分会共设立了 9 个乡村服务站。其中前黄镇的服务站规模最大，从 1947 年 2 月成立至 1948 年 11 月不到两年时间，前黄服务站共接诊病人 19125 人，防疫种痘 50305 人次。在这 19125 人的接诊病人当中，免费人数就达到 8554 人，占到总数的 45%。

除武进分会外，1947 年 3 月至 5 月期间，泸县分会成立了蓝田服务站，大竹分会成立了高穴、新店两个服务站，砀山分会成立了崇教乡服务站，莆田分会也成立临时服务站 4 处。乡村服务站一般规模较小，但它确是乡民所需要的，尤其是医疗工作，最受民众欢迎。

"复员"时期的平民诊疗工作中最具特色的是上海分会流动诊疗车。

流动诊疗所的创意来自一次偶然的参观。1947 年 6 月，亚美电台的陈子桢先生到上海分会的诊疗所参观，认为红会诊疗所只收挂号费免收医药费的做法，对于平民医疗工作是极可推崇的。但他看到，很多患者是远道而来，仅路费一项便高出挂号费数倍，所以还不能彻底减轻民众负担。于是他便提议设立流动诊疗，得到红会的赞同。后经联络，决定由红十字会与上海 18 家民营广播电台联合举办流动诊疗车，"送诊给药，不取分文，作为彻底救济贫病的一件事业"。

经精心筹备，流动诊疗车于 10 月 10 日正式开出。诊疗车按固定的站点应诊，分沪南、沪西、沪东、沪北四个站点。每周一、三、五上午去沪南站，地址在文厂路民众教育馆，这里人口密集，每次看病的病人都很多；下午去沪西站，设在愚园路、江苏路口的念主布道所，病人以公馆住宅的仆人和附近的棚户人家为主。每周二、四、六上午到杨树浦桥沪东公社沪东站，病人以工人和家属为多；下午去沪北站，设在闸北的共和新路三德小学，病人主要是平民大众和苦力。为使更多的民众受惠于这种免费的送诊给药，流动诊疗车还利用假期开到乡村，为那些无法享受到先进医疗设备的民众提供免费服务。他们曾应邀去过青浦县的陈坊镇、余山和青浦县城以及嘉定县城，求治者非常多。流动诊疗车还在冬令救济期间开往庇寒所，为那些无家可归的难民服务。流动诊疗车的运行不但为民众减轻了病痛，同时也宣传了红十字事业。

红十字的新兴力量

—— 中国红十字青少年组织的建立

◇

吕志茹

　　"复员"时期，中国红十字会的工作重心由战场救护转变为社会服务，在编织红会"服务社会"的多彩画卷中，涌现出一支新生力量——红十字青少年组织，从而揭开了中国红十字青少年运动的初页。

　　红十字青少年组织（西方国家称之为 Junior Red Cross），最早出现于第一次世界大战期间。加拿大和澳大利亚曾发动儿童协助红十字会员，到伤兵医院服务，协助包扎、慰劳伤员，并从事缝纫、编织、制作绷带等，取得了很好的成效。随后美国大力发展了红十字青少年组织，动员少年儿童制作物品供给武装部队和海外儿童，并为救济工作征募基金。一战结束后，美国的红十字青少年组织利用征募的百万美金对欧洲儿童进行了大量的战后救济工作，派遣许多青少年会员亲赴欧洲各国分发救济物资。美国红会的举动赢得了民众的好感，战争结束后，各国遂争相仿效举办红十字青少年组织。我国于 1920 年宣布征求学生会员，但正式举办红十字青少年组织则是在"复员"时期。红十字青少年组织在这一时期出现，主要是由于国际社会的推动和中国红十字会壮大组织的需要。

　　1946 年，中国红十字会根据《复员期间总会组织规程》重新调整的四处二室中，特设第三处，分管青年、妇女事务，加以推进。在 1946 年的征募运动中，中国红十字会非常重视青年会员的征求。因为青年会员多以在校青少年为主，红会遂与教育行政当局联络，聘请各学校校长为征募队长，收到良好效果。据《红十字月刊》第 22 期统计，1946 年全国各地征得会员 197371 人中，青年会员为 121139 人，占 2/3。

　　红会在注重青年会员征求的同时也开始了青年会员的组织建设，"复员"时期中国红十字会所办的两大青少年组织为红十字青年服务团与红十字少年会。

　　红十字青年服务团是在总会的支持下，由南京市分会发起创办的。1946 年 5 月，南京分会复员重建，红十字青年服务团的筹组被列为重点工作之一。经多次酝酿研讨，第五届红十字周期间，正式发出了组织红十字青年服务团的呼声。10 月 31 日，红十字青年服务团正式成立，由 42 名青年会员组成，分松、竹、兰、菊 4 队。其中男 23 人，女 19 人，为初中二、三年级及高中一年级学生，年龄在 15 ~18 岁。他们在各自学校都是学习优异的学生，经学校推荐及家长同意，自愿参加红十字学习与服务。该团成立后，开展了多种多样的学习与服务活动，至1947年10月的一年中，服务团集会不下30余次。其活动可归纳如下：

（一）康乐活动。服务团成立后，多次进行旅行、野餐、划船、赏梅等野外活动，还举办室内娱乐、同乐会等，以增进青年的身心健康与体格素质。同时，服务团以服务社会为目的，为养成必要的技能，加强了团员卫生、救护知识的传授与训练。红会专门聘请专家为青年团员讲解公共卫生知识，领导团员进行救护实习等。此类活动在服务团的活动中占首要位置，目的是为开展社会服务活动做准备。

（二）社会服务。社会服务是红十字会的宗旨所在，红十字青年服务团成立也以此为目标。在该团第一年的集体活动中，参加母婴保健会慈善游园会服务、划船比赛服务、为过境军人服务等。青年会中学、市立一中的同学还利用所学技能，在校内担起急救的任务，为教师、学生处置意外伤害等。

（三）国际友谊工作。服务团成立后，组织团员制作国际交谊纪念册，参加国际交谊纪念册展览，与美国童军做联谊游湖野餐活动。服务团制作的纪念册同其他青少年制作的纪念册一同参加了展览，最后选定226册寄赠美国红十字会。

南京市分会新成立之红十字青年服务队

此外，青年修养讲座、团务总结与红十字会务知识的讲座是青年服务团活动中不可或缺的内容。

南京分会的红十字青年服务团试办一年后，中国红十字会又迈出了新的一步——试办红十字少年会，并作为1948年的主要工作之一。

1946 年"红十字周"期间南京红十字青少年在野外露营时情形

红十字青年与红十字少年组织,其组织单位、对象是不同的。按照总会视导吴耀麟先生的解释,小学生称为红十字儿童,初中生称为红十字少年,高中生称红十字青年。但在红十字青少年组织出现早期,在年龄阶段上并没有太严格的区分。

1948 年 1 月,总会成立红十字少年委员会,指导分会组织红十字少年工作。委员会成立后,先后制定《红十字少年委员会组织暂行简则》《各地分会推行红十字少年工作办法》等,对组织红十字少年会的目的、任务、组织程序作了详细的规定。红十字少年委员会的目的为:辅助少年公民教育,增进其身心健康,培养其服务能力,发扬其博爱精神。

2 月 4 日,总会分别向南京、上海、江都、武进四分会下发通知,指定四处先行试办,此项工作在南京分会首先展开。因为红十字少年会的工作属首次举办,南京分会对参加的人数进行了限制,规定会员数目在 20 至 40 人,但学生报名极为踊跃,最终仍有 4 所学校突破了此项限制。从 3 月下旬至 6 月,南京市共有 14 所学校建立了红十字少年会,会员 565 人,其中男生 331 人,女生 234 人。各校依章程规定,在会员中选拔品学能力兼优的 5 至 9 名少年担任干事,分别负责事务、文书、会计、康乐、服务、卫生各项工作,再在其中选拔一人为干事会主席。

对于红十字少年的培养,首先要求他们努力学习,在不妨碍教育当局教学计划施行的基础上,使他们明了红十字博爱人道事业的宗旨及历史,增加卫生健康及急救知识,学习社会服务知识,培养国际情谊及合作精神等。对少年会成员的训练,尽量利用课余时间实习与活动,培养实际工作技能,在服务活动中陶冶其精神。归纳少年会的活动,大体分为三种:

(一)健康卫生宣传与服务。会员们根据所学知识,积极宣传夏令卫生知识,预防传染病发生，协助学校搞好环境卫生，监督学校厨房卫生清洁，参加卫生室服务，包括协助制棉球、协助防疫注射、种痘及协助全校体格检查以及帮助贫苦平民处置损伤等。

（二）手工劳作实践活动。分会发借劳作器材，由会员制作蝇拍、毛巾、围嘴、童衣等，锻炼会员动手能力，培养参加社会服务的技能，以制成品交还分会，作慰劳或救济之用。

（三）红十字少年知识的宣传。各少年会利用出版壁报、讲演等方式，发布红十字少年会消息，宣传红十字少年应参加的活动与应掌握的知识，讲解国家间学校通信办法等。

除南京外，上海分会也积极创办了红十字少年会组织。6月份，私立麦伦中学、市立戏剧学校、私立储能中学先后成立了红十字少年会，共有会员245人。由于时局原因，江都、武进两分会未能开展。

1948年下半年，正当中国红十字会准备大力推行红十字少年工作之际，国内局势发生了重大变化，战事激烈，局势动荡，国民党统治处于风雨飘摇之中。红十字少年会工作不能正常进行，被迫陷于停顿。

我国红十字青少年组织，以"复员"时期为嚆矢，虽然此项工作为期短暂，工作尚未充分展开，但为以后红十字青少年工作的推行提供了有益的经验。"复员"时期在我国红十字青少年运动史上，是至为重要的开创时期。

台湾"赤十字"改组回归

◇

傅　亮

　　甲午战争之后，中国台湾被割让给日本，成为日本的殖民地。不久，日本赤十字社就在台北设立台湾支部，由台湾总督府总务部长负责指导，在台北市内设立支部事务所。支部下辖台南、台北、台中、高雄、新竹五个州部。其他各县市，则在地方行政机关内附设事务所，以推进会务。台湾支部在台北市内经营一所大规模医院，并在台南和高雄市内各有诊疗所一处。赤十字社台湾支部总计约有会员 50 万人，其中纳满30 元赞助费的约有 10 万人。抗战胜利前，赤十字社台湾支部部长是成田一郎。

　　抗战胜利后，中国红十字会在完成战地救护的历史任务后，逐渐开始了"复员"时期的各项工作。其中，恢复和重建基层分会的工作至为重要。而光复后的台湾，赤十字社台湾支部也面临着改组回归的问题，亟待成为红会基层组织的新成员。但是由于台湾情况特殊，重建基层分会的工作颇为复杂。

1945 年 10 月 25 日，中国战区台湾省受降仪式在台北公会堂举行

1946 年 8 月 13 日，在"复员"期间中国红十字会首届常务理事会上，专门讨论了"东北及台湾红十字会应如何处理"问题，决议：在长春及台湾分设区办事处，负责整理东北及台湾境内所有红十字会资产；医药事业由区办事处协同当地分会接收，按照红会《医药事业资产管理办法》，商请当地有关机关合作协理；呈请政府申明红会具有国际性之立场，所有敌伪红十字会事业，亦应归红会接管，并请予以维护。9 月，中国红十字会总会奉行政院命令，接管台湾赤十字社事业及资产。总会遂请台湾大学校长罗宗洛先生会同当地人士进行接收改组。由于赤十字社经营的医院规模庞大，其设施及资产特别重要，属于重点接收范围。因此，接收委员杜聪明特别发布命令，让接收委员"通饬所属一切机关人员立即开始迅速准备，随时候令"，对于有"报告不实""倒卖隐匿"行为的人，一经发现，"决予究办治罪"。

1947 年 4 月 14 日，总会电至台湾，希望台湾以三项整理办法为原则遵照办理整理会务事宜。由于情况特殊，接收委员杜聪明特别呈电总会称："虽欲遵命照办，因台湾有特殊事情，似难实行，兹拟因地制宜。"遂提出两条意见：一是日本赤十字社台湾支部的财产及事业不能分割；二是成立台湾分会，继承日本赤十字社台湾支部的事业，合法合理，有利于工作的开展。此建议在以后的改组中得到实施。

7 月，总会派于恩德前往台北组织"接管台湾敌赤十字社资产事业委员会"，负责办理接管该社资产手续，并筹组台湾分会。经过多方的努力，1947 年 11 月 28 日，筹备分会人员在郑州街会址召开了第一届理事会会议，各理事讨论了会务进展办法，并正式宣告台湾分会成立，会长为蔡培火先生。第二天，即发电总会请求备案。

考虑到"过去台湾各地赤十字社，系由台北支部一个单位领导，故台湾全境仍拟统设一个分会，各县市分设支会，以求会务之整个发展"，而且，各县市下面的乡镇亦设有机构，辅助所属分会推行征募工作，深入民间，成绩卓著，非常值得仿行。为此，总会特别制定了《复员期间中华民国红十字会台湾分会所属支会暂行组织规程》，以便进行规范化管理。《组织规程》规定："支会以台湾分会为主管机关，其设立范围限于各县市或县与市"；"支会以所在地名称定名为中华民国红十字会台湾分会市、县支会，但县与市合办创设者在县名下附加县市两字定名之。"这与在大陆的情况，确实有一定区别。

台湾及东北红十字基层组织的改组回归，令人欢欣鼓舞，不仅结束了中国红十字会不统一的局面，而且增强了红会的实力，为红会在以后的社会服务中发挥力量，奠定了基础。

解放战争时期的战地救护

吕志茹

　　抗战时期，中国红十字会在战地救护方面作出巨大贡献，得到社会的普遍赞誉。抗战胜利后，总会制定规划，中国红十字会将以"服务社会、博爱人群"为宗旨，拓展工作范围，积极开展社会服务工作。但和平曙光一闪即逝，战争阴霾又重新密布。面对新的战争考验，中国红十字会将如何面对？

上海红十字分会在市内向难民施粥

　　1946年6月底，救护总队被裁撤，总会"将此八年配合抗战神圣工作之救护总队部，于胜利后第一个'七七'纪念之前夕，宣告结束。直与抗战相共终始。虽目前到处灾黎，兵祸未绝，但本会工作，已因复员而变更组织，尚未忘其责任"。总会已决意推行新的社会服务工作。虽然此时战事再起，但中国红十字会并未打算继续开展战场救护工作。被裁撤的医疗区队多与地方分会合作，开办新型诊疗所，实施平民诊疗。

　　总体而言，整个解放战争时期，总会一直致力于"复员"，把主要精力用在调整壮大组织和拓展社会服务方面，对于日渐激烈的战争没有制定具体的救护方案。所以在解放战争期间战地救护方面，缺乏总会的统一领导，这一时期的战地救护工作是少数分会自行组织的。

烽火连天，遮天蔽日，伴随战争而来的是血腥和苦难。面对遍野的尸骨，呻吟的伤兵，流离失所的难民，红会工作者实难坐视，救伤瘗亡原本是他们的责任。尤其濒临战场的分会，自发组织救护队，开展战地救护工作。

自战争爆发起，就有章丘、亳县、即墨、宣化、武清、固始、平度、砀山、郾城、洛阳、潢川、凤台、绥中、长春等分会参加了战争救护工作。各地分会多就已有医疗机构设立救护队，救护受伤兵民，设立掩埋队埋葬战殁遗尸。

这里列举部分分会，以了解当时战地救护的基本状况。

山东章丘县分会自 1946 年 7 月复会，由于附近战事时起，特组织救护队。救护队备有担架 50 副，队员们冒着生命危险，出入枪林弹雨，抢救负伤兵民。11 月份，分会又设立临时收容所 5 所，收容伤兵难民，三个月内共救治兵民 281 人。

平度位于青岛西部。1947 年 6 月，青岛外围战事不断发生，平度县分会特组织救护队，由分会队长徐墨林、吴德宽率领，深入战地，救治负伤军民。6 月份，共救治负伤患病军民 228 名，注射防疫针 1625 人。对于前线伤兵，一般予以敷药绷扎后，再输送安全地点治疗。

1947 年 2 月，安徽省亳县发生战事，亳县红十字分会立即行动，迅速组织起救护队、担架队和掩埋队，设立难民收容所 3 处，疗伤葬亡，救助难胞。总共收容难民3000 余名，收容伤兵 210 名，掩埋尸体 1050 具。

天津分会为适应战争救护的需要，于 1948 年 5 月 1 日起组织巡回医疗队 3 队，奔赴天津以西三十里的杨村前线，救护国共双方受伤士兵共 163 人。

砀山县位于苏、鲁、豫、皖 4 省 7 县交界处，解放战争爆发后，此地因是华东、华北的主要联系通道，又靠近国民党统治中心，所以成为国民党的战略要地。也正因为如此，国共双方在砀山进行了多次拉锯战，军民伤亡惨重。砀山分会本着人道博爱精神对伤兵难民进行救护。1946 年 8 月 9 日，砀山时局紧张，剑拔弩张，战争一触即发。砀山分会会长汪湘立即组织卫生院全体职员、各诊所卫生人员及地方的一些热心人士共 45 人组成志愿救护队。救护队分三组，即医务组、总务组和掩埋组。医务组负责医疗救护；总务组负责后勤保障；掩埋组主管掩埋尸骨。10 日，战争正式爆发，救护队队员不顾个人安危，冒着枪林弹雨从事救护工作。此次战役共"救护负伤官兵 150人，负伤平民 120 人，救济难民 500 人，掩埋死尸 150 具，马尸 2 具"。之后，砀山多次发生战役，分会积极开展了救济救护工作。12 月，分会发动救护 12 次，救护伤兵 45人。在救护过程中，分会秉承红会"中立"之精神，对国共两方伤兵都实施了人道救护。1947 年 2 月，分会对从山东巨野运来的 200 名国共伤兵一视同仁地实施救治。

除上述各分会外，长春分会成立救护队 8 队，凤台分会成立救护队 4 队。潢川分会组织的伤兵救护站，特聘请 14 名义务医师，为伤兵实施医药救护，仅 1947 年 9 月，就收治国共双方伤兵 200 余人。

由于分会的救护工作是自发的，在救护过程中所需药品也多是自行筹募。但战事频发，旷日持久，酿成灾黎遍地，"仅能救助于一时，实难维护于普及"。物资的缺乏使分会的救护工作力不从心。1949年1月14日，蚌埠市分会为救护淮海战役伤兵向各界发出"呼救书"，便表达了此种无奈。

总之，解放战争时期各地分会的救护虽然是自发的、小规模的，但对伤兵难民的救护均尽其所能。红会工作者的忘我工作，再次发扬光大了红十字的"人道、博爱"精神。

"提灯女神"与近代中国

——解密中国红十字会史上的南丁格尔传播活动

◇

郭进萍

19 世纪末，西学东传，南丁格尔事迹传入中国，通过报刊、灯会、广播、电影的广泛宣传，影响了一批又一批中国女性，成为新女性运动的标杆，有效促进了红十字精神在中国的传播。今天，我们回顾南丁格尔在近代中国的传播活动，既为先辈极具创新性、前瞻性的宣传意识深感震动，又为吾国吾民对于人道主义、红十字运动的崇尚和向往备受鼓舞。人道思想随着人类进入文明时期而萌发，红十字运动是人道思想在人类社会活动中的具现，时代越是向前，这种思想的重要性就愈发突出，这项运动的地位和作用就愈发凸显。在此形势下，红十字人道宣传需要在实践中找到方法论，要更有创新性、开拓性和前瞻性，方能不辱历史使命、不负人民重托。

南丁格尔在近代中国的地位

弗洛伦斯·南丁格尔（1820 年 5 月 12 日—1910 年 8 月 13 日），英国护士，现代护理事业创始人和现代护理教育奠基人，国际红十字运动先驱，被誉为"克里米亚的天使""提灯女神"。

19 世纪末，在晚清民族国家建构和女性解放的话语体系下，南丁格尔事迹传入中国，并通过报刊、灯会、广播、电影等渠道发扬光大，一度成为新女性标杆，深受社会各界喜爱，有效促进了国际红十字运动在中国的传播。

南丁格尔在 20 世纪初的中国是颇有声誉的西方女英雄，受到各大报刊的青睐。耐人寻味的是，在这些连

南丁格尔

篇累牍的报道中，南丁格尔一度经历了三种身份的演变，甚至成为国际红十字运动的"代言人"。

一是作为红十字运动引线和嚆矢的南丁格尔。据现有资料，提及南丁格尔和红十字会关系的论说至迟可追溯至 1898 年。该年 5 月，《申报》登载日本寓沪医学士原口谦尔所作《红十字会历史》一文，称红十字会起自克里米亚战争，英国女子弗洛伦斯·南丁格尔组织同志奔赴战场，亲为受伤战士疗伤，"是为救护被疮兵士之鼻祖而各国红十字会之滥觞"。11 月，《申报》连载旅日侨商孙淦对红十字会的介绍文章。孙淦热情讴歌了南丁格尔在克里米亚战争中"逢伤必救，不嫌秽污，遇疫必疗，不惧传染"的义举及创设南丁格尔病院的事迹，并感慨道："红十字会之引线，遂伏于此矣！"孙淦此说被各大报刊纷纷转载，红十字会系统在宣传中也多次照搬和引用，视南丁格尔在克里米亚的义举为红十字运动之"引线"或"嚆矢"。这种说法一直延续到 20 年代初期。

二是被视为红十字运动"创始人"的南丁格尔。一个引人注目的现象是，在 20 世纪二三十年代，中国红十字会系统尤其是各地分会常常在不经意间将南丁格尔视为红十字运动创始人，这方面的资料在 1924 年出版的《中国红十字会二十周年纪念册》中俯拾即是。沘源分会颂词开篇即称："红会创始，英女格兰。"涟水分会颂词也明确称："南丁格尔女英奇，红会由来创自伊。"安徽省太和分会所作《红十字会白话浅说》也持相同看法，"红十字会是英国女子萧鼎盖儿（即南丁格尔）创起的"，甚至有专门以之命名的《创始红十字会南丁女士传》。

三是作为红十字运动起源动机的南丁格尔。考察中国红十字会史，在 20 世纪 30 年代中期，红十字刊物在宣传中已对南丁格尔在国际红十字运动史上的地位作了修正，不再提及南丁格尔是红十字运动的"创始人"，而将她视为红十字运动起源的动机。如报道称克里米亚战争爆发之时，南丁格尔亲临战地，"实施博爱恤兵宗旨，由此发起战地救护以后，因之成立红十字会"。其后，大众媒介在宣扬南丁格尔时，开始有意识地将焦点集中于南丁格尔在开创护士教育方面的功绩，以及对红十字会成立的推动作用，这与此前的宣传形成了强烈反差。

揆诸史实，南丁格尔的形象由红十字运动创设的引线、嚆矢到红十字运动创始人，再到红十字运动创设的动机，经历了一个嬗变过程，也从侧面印证了红十字运动在中国从鲜为人知到普遍知晓的传播进程。

多彩纷呈的传播方式

南丁格尔作为承载红十字文化的一个符号、一面旗帜，被大众媒介作为"样板"反复宣传，成为中国老百姓心中像花木兰、穆桂英一样的女英雄，深受男女老少喜爱。

刊物宣介。1904 年，中国红十字会成立后，逐渐将文化宣传提上议事日程。红十字刊物多次刊载专文介绍南丁格尔，如《人道指南》1913 年第 2 号刊载《女慈善家（红十字会之功臣）》。1921 年、1936 年、1939 年，《中国红十字会月刊》分别刊载

《蒱鼎盖儿女士传》《蒱鼎盖儿女士遗像》《南丁格兰传》等文章。1946 年,《红十字月刊》刊载《护士之祖：南丁格尔生平》。凡此种种,无一不是透过南丁格尔这一红十字运动的标杆人物,来宣扬人道、博爱的红十字文化,加深民众对红十字会的认识,进而激发民众的参与热情。

灯会展示。1917 年,京兆、直隶地区连日大雨,酿成特大水灾。中国红十字会于 9 月 8 日至 12 日在上海大世界举办京直水灾救护灯会,展出欧战中红十字会救护器械、武装汽车、救护汽车等新奇照片,还有南丁格尔肖像、看护妇、红十字会各医院模型灯彩,"均极光怪陆离之致",通过这种民众喜闻乐见的形式,介绍灾情及国际红十字运动知识,受到上海市民的普遍关注。

演讲广播。1935 年,中国红十字会开展会员征募运动,佛音电台播送的演讲中,即对南丁格尔的事迹作了一次普遍的宣传,"讲到红十字会的起源,是动机于一位英国小姐,名叫蒱鼎盖儿,自幼即具慈善心肠……后来克里米亚战争发生,她竟率领同志,亲往战地,救护伤兵难民"。

电影放映。电影作为一种新兴媒介,也常被用来宣传红十字文化。1936 年,以南丁格尔为原型的电影《白衣观音》在上海放映。《申报》多次刊登广告,称其"为女性争光,为人群造福""抱着自我牺牲的精神,救护效命沙场的爱国男儿",赞誉该片为"轰轰烈烈宣扬人道主义的历史战事悲壮热烈巨片"。不少人士纷纷撰写影评,发表感受,赞扬南丁格尔"脱离家庭为人类而服务的精神,可作为中国女性的模范"。

此外,中国红十字会及护理界还在每年 5 月 12 日举办丰富多彩的南丁格尔诞辰纪念活动,集中宣传南丁格尔事迹。

振奋人心的传播内容

纵览各大媒介对南丁格尔的宣传报道,关注点主要集中在两个方面。

介绍南丁格尔的事迹,强化其作为国际红十字运动先驱的形象。通过多样化的传播方式,介绍南丁格尔的生平事迹,尤其是对南丁格尔奔赴战场救护克里米亚战争伤病兵的人道义举,进行不厌其详的铺陈和渲染,称颂其积极投身社会事业、奉献自我的精神。

号召学习南丁格尔精神,为国家民族服务。在近代中国救亡图存的时代主旋律下,南丁格尔抛弃自己的幸福享受,奔赴前线忠诚为国服务的精神,尤其值得国人"效法而加以追思"。宣传指出,"蒱女士是我们崇高的典型"。当时中国正弥漫着抗日硝烟,这样的宣传提醒着国人"我们国家正缺少了像在克里米亚战中的蒱鼎盖儿女士",号召国人学习南丁格尔服务精神,"忠诚坦白态度,有伟大牺牲精神替国家民族服务"。

显而易见,大众媒介颂扬作为现代西方女性模范的南丁格尔,是"立足于民族的、全球的层面",旨在使国人"获得直接通往公众和政治领域的通道",反映了民族精神在红十字运动领域的投射。

积极热烈的传播反响

随着各类媒介对南丁格尔事迹铺天盖地的宣传，南丁格尔一度成为红十字会在近代中国的"代名词"，被誉为"红十字之母""伤兵之母"，成为新女性的标杆。在南丁格尔事迹的感召下，中国社会"英雄辈出"，一些在红十字事业中作出突出贡献的女性也往往被冠以"南丁格尔"的美誉。

1911 年，张竹君发起赤十字会，赴战地救死扶伤，被誉为"南丁格耳（尔）之再见"。抗战时期，中国大地涌现出了许多"南丁格尔"式的人物。护士小姐陈骊珠，助人、爱人、扶人、救人，被称为"华西坝的南丁格尔"。蒋鉴在抗战爆发后，创办民众诊所，并进入第五陆军医院做义务护士，情系伤兵，赤诚服务于战地伤病兵护理工作，后积劳成疾不幸逝世，被誉为"伤兵之母"和"中国的南丁格尔"。

整整一个时代，南丁格尔作为来自西方世界的女英雄形象被引进中国，以鼓励中国女性担任与政治相关的护士工作，并对她们进行红十字运动知识启蒙，培育全球性的人道主义视野。在此期间，南丁格尔的媒介形象经历了一个被重塑和修正的过程，其间说法多元混杂，但无一不折射出南丁格尔在国际红十字运动史上的崇高地位。某种意义上讲，南

辛亥革命中的张竹君

丁格尔也成为民族精神和现代性的表征，吸引广大女性走出家门，投身战地救护工作，在为红十字事业作出积极贡献的同时，也促进了自身解放和国家民族的解放。

伟大的历史性转变

——回望新中国红十字会"一大"

徐国普

1949 年 4 月 23 日，南京解放。中国红十字会总会少数上层人士赴台，秘书长胡兰生留在上海。留在南京的总会职工成立职工会，以中国红十字会职工会的名义对外联络。上海解放后，5 月 28 日总会人员全部由南京迁往上海，与设在上海的办事处合并。8 月，总会也由南京迁往上海办公。10 月 1 日中华人民共和国成立，中国历史揭开了新的篇章，有着 45 年历史的中国红十字会面临着新的抉择。

1950 年 3 月，中国红十字会总会在其驻地上海新闸路 856 号召开红十字工作检讨会，来自全国各地分会的 40 余名代表及上海市军管会外事处和卫生处各派的代表，欢聚一堂，共商红十字会的前途命运。会议决定派代表赴京汇报工作。这次工作检讨会，"可以说是改组工作的发动点"。

会后不久，在征得中央卫生部的同意后，以胡兰生为团长、职工会主席朱子会为秘书的中国红十字会 7 人代表团赴京。卫生部部长李德全、副部长苏井观接见了代表团，并听取胡兰生和朱子会关于红十字会历史、现状的汇报以及红十字会同仁要求人民政府接管红十字会的意见。卫生部党组书记、副部长贺诚在接见代表团时表示，将"要求接管"的意见转报政务院周恩来总理。随后，代表团成员返回原处，等候消息。

4 月初，总会接到上海军管会卫

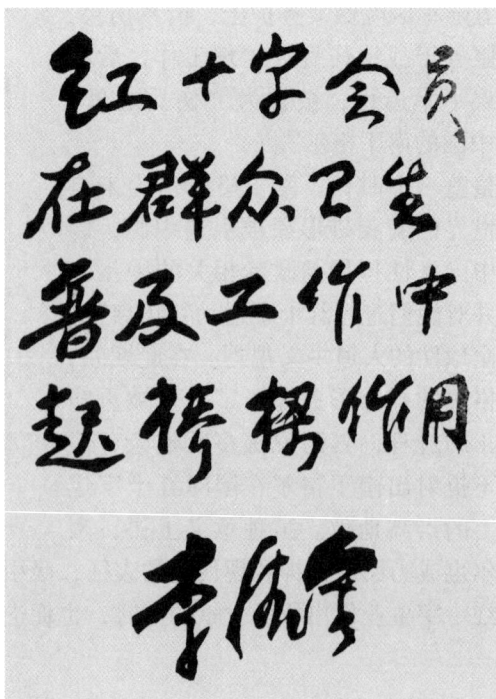

李德全会长题词

生处转达的卫生部通知：周总理指示，中国红十字会总会迁址北京改组，由卫生部和中国人民救济总会领导负责，具体筹备工作由救济总会负责。5月初，胡兰生和朱子会再次进京，商谈总会迁址和改组事宜。中国人民救济总会秘书长伍云甫接见了他们并告知，根据周总理的指示，经与外交部、卫生部等有关部门商议，提出四点意见：第一，鉴于红十字会的特点及历史状况，采取改组而不是接管的方式，将旧中国红十字会改组为新中国红十字会；第二，总会搬迁北京，现有职工除不愿意赴京者外，全部留用；第三，总会所有资产要妥善保管，不得随意处理；第四，将北京东城干面胡同22号房屋腾让出来，作为总会迁京后的会址。7月，总会工作人员陆续由上海抵达北京，"迈出了改组的第一步"。

中国红十字会总会会址——北京干面胡同

1950年8月2日至3日，中国红十字会协商改组会议在北京召开，这也是新中国成立后中国红十字会第一次全国代表大会，即新中国红十字会"一大"。协商会议的组成人员是全国性的和多方面的：政府方面有中央人民政府卫生部、外交部、内务部、民族事务委员会、华侨事务委员会，军委卫生部和北京市人民政府等机关的代表；群众团体方面有中国人民救济总会、中华全国总工会、中华全国民主妇女联合会、中华全国民主青年联合会、中华全国文学艺术工作者联合会的代表；还有原中国红十字会理事和职工会的代表。

在大会上，胡兰生作了《中国红十字会总会会务报告》，他在总结中国红十字会过去46年的历史及各个时期的工作后，指出："我们庆祝着这个团体的新生，我们企望着这个团体的发展。"李德全、伍云甫分别作了《中国红十字会今后工作的任务》和《对调整中国红十字会有关问题的报告》。其中李德全的报告指明了中国红十字事业发展的方向："要建立起新的革命的人道主义思想，全心全意地为广大工农兵群众服务。"

经过充分讨论和酝酿，会议通过了周恩来总理拨冗修改的《中国红十字会会章》。新会章规定：中国红十字会为中央人民政府领导下的人民卫生救护团体。根据"预防为主"的卫生工作总方针及"动员和组织人民实行自救助人"的救助福利方针，以协助各级人民政府，面向人民大众，宣传并推广防疫、卫生、医药及救济福利事业为宗旨。

会议选举产生了新中国红十字会第一届理事会。

会　　长：李德全（中央人民政府卫生部部长）

副 会 长：彭泽民（华侨事务委员会委员）

　　　　　刘鸿生（工商界事务委员会委员）

　　　　　熊谨玎（中国人民救济总会监察委员会副主任）

　　　　　胡兰生（原中国红十字会总会秘书长）

常务理事：金宝善（中央卫生部技术室主任）

　　　　　苏井观（中央卫生部副部长）

　　　　　陈其瑗（内务部副部长）

　　　　　龚普生（外交部国际司司长）

　　　　　伍云甫（救济总会秘书长）

　　　　　林　仲（救济总会副秘书长）

理　　事：吴有训（华东教育部长、交通大学校长）

　　　　　徐国懋（金城银行总经理）

　　　　　王晓籁（工商界人士）

　　　　　朱子会（红十字会总会组织组主任）

　　　　　傅况鳞（红十字会总会宣传组主任）

　　　　　徐寄庼（浙江兴业银行董事长）

　　　　　杨静仁（民族事务委员会办公厅主任）

　　　　　朱学范（总工会副主席）

　　　　　曹孟君（全国妇联女部部长）

　　　　　吴　晗（全国青联秘书长、北京市人民政府副市长）

　　　　　梅兰芳（文艺界人士）

　　　　　康克清（全国妇联儿童福利部部长）

　　　　　周鲠生（外交部顾问）

　　　　　谢雪红（台湾自治同盟会主席）

　　　　　邓裕志（女青年会全国协会总干事）

秘 书 长：胡兰生（兼）

副秘书长：林士笑（卫生部办公厅副主任）

　　　　　倪斐君（救济总会副秘书长）

理事会成员具有广泛的代表性和很高的权威性。

同年9月6日，政务院批准中国红十字会会章和领导人名单。中国红十字会实现了"新的转变，新的开始"。

李德全出任新中国红十字会首任会长

傅 亮

李德全，1896 年出生于北京通县，从小信仰基督教，并在教会的支持下上完大学。1924 年，她与冯玉祥将军结婚，此后成为冯玉祥生活和政治上的贤内助。婚后，她随冯玉祥将军"辗转军旅，传播科学知识，破除封建习俗"，并为妇女解放和社会进步奔走呐喊。

1937 年 7 月 7 日，全面抗战开始。为了救助抗战中的难童，李德全积极组织成立中国战时儿童保育会，展开救助战时难童的工作。她亲自担任战时儿童保育会的副理事长，为救助幼童事业作出巨大贡献。

1948 年，李德全和冯玉祥响应中共召开新的政治协商会议的号召，从美国取道苏联回国，途中轮船不幸失火，冯玉祥将军和他们的爱女冯晓达遇难。李德全虽然悲痛万分，但仍毅然回国，"继续为民主而奋斗"。

1949 年 10 月 1 日，中华人民共和国宣告成立，李德全与其他民主人士一起参加了开国大典。不久，她被任命为中央人民政府卫生部部长，与史良一起成为建国初仅有的两位女部长。

新中国首任红十字会会长李德全

新中国建立后，中国红十字会也面临着新的抉择，需要进行"脱胎换骨"的改变。1950 年 3 月间，总会代表在上海召集各地分会代表 40 余人，举行工作检讨会，最后决定推举代表团赴北京向政府提出改组的要求。在北京，李德全亲自接见了红会代表团，并听取了胡兰生秘书长关于中国红十字会的历史、现状的汇报以及红会同仁要求人民政府接管红会的意见。不久，周总理根据红会具体情况指示：红会迁往北京改组，由

卫生部和中国人民救济总会负责领导改组工作，具体筹备工作由救济总会负责。于是，作为卫生部长的李德全，与红十字会结下了不解之缘。

1950年8月2日至3日，中国红十字会协商改组会议在北京召开，会议由中国人民救济总会和中央人民政府卫生部主持召开。会上，李德全当选中国红十字会会长，成为新中国首任红十字会会长。

在会议上，李德全作了关于《中国红十字会今后工作的任务》的报告，指出："中国红十字会，就其历来所做的工作来看，对于战争救护和救灾赈济曾经做了不少的工作，获得了相当的成绩……为了使新型的红十字会能发挥其应有的极大的作用，应该改变旧的一套，要建立起新的革命的人道主义思想，全心全意为广大工农兵群众服务。"新中国红十字会的方针应该是在人民政府领导下，根据"预防为主"的卫生工作总方针及"动员和组织人民实行自救助人"的救济福利方针，协助各级人民政府面向工农兵群众，推广宣传、防疫、卫生及救济福利事业。新中国红十字会工作方针的精神是为广大工农兵群众服务，为新中国的社会建设服务。

中国红十字会协商改组会议取得圆满成功，红会今后的工作方针也已经确立，但是红会工作到底该如何开展呢？1951年初，李德全在《新中国红十字会的工作方向与发展步骤》一文中明确地对中国红十字会今后的具体工作和发展步骤作了说明。文章指出，按照我国当前的社会状况，中国红十字会应该站在人民的立场，围绕人民，尤其是工农群众及少数民族的现实需要，参照苏联红十字及红新月联合会的发展道路，配合政府推行卫生工作及救济福利工作，逐步实现《共同纲领》第四十八条——"提倡国民体育，推广卫生医药事业，并注意保护母亲婴儿和儿童的健康"的任务。李德全关于中国红十字会的工作任务和工作步骤的看法，具有针对性，为以后红会事业的健康发展打下了坚实基础。

改组之后，中国红十字会在李德全会长的领导下，进行思想建设和组织建设，积极整顿和发展组织。1950年10月16日，内务部、卫生部发出通令要求各省市政府对红十字会的整理工作予以协助。在各地政府的协助下，到1952年底先后完成改组的分会有北京、天津、上海、武汉、广州、重庆、西安等51个。到1964年，除西藏、青海、宁夏、甘肃、新疆、贵州六省（区）外，普遍建立了省级红十字会，市、县级红十字会达300多个，会员人数达500多万。

为了贯彻为工农兵服务的工作方针，中国红十字会总会在改组会议后不久制定了《一九五〇年九月至十二月工作计划大纲》，提出组织"农村巡回医防服务队"，到缺医少药、疾病流行、卫生状况差的农村地区开展巡回医疗服务。中国红十字会医防队活跃在最需要医疗防治服务的乡村，为农民送医送药，真正实践着为人民服务的宗旨。

除了深入乡村之外，中国红十字会医防队还在治淮工程中发挥了重要作用。为了配合治淮工程，做好民工防疫保健工作，1950年12月18日，总会在南京开办"中国红十字会医防服务干部训练班"。训练班结束后成立"中国红十字会第一医防服务大队"，接受总会的直接领导。这支队伍在治淮工地上，为民工种痘、防疫注射、工伤治疗，改善工地的卫生环境等等，为治淮工程作出了巨大贡献。

朝鲜战争爆发后，中国红十字会组织国际医防服务队，奔赴朝鲜战场进行战争救援。在 1951 年 3 月 10 日下午举行的欢送会上，会长李德全亲自将队旗授给各队长，并致辞说："这个组织的成立，不但使医务工作者能够发挥出伟大的团结力量，而且也标记出新生的人民的中国红十字会，在改组不久的时间内，已经迈上了一个新的阶段，能够依靠群众，组织群众的力量，来担负新中国红十字会的中心任务，来实现祖国的建设方针，来为人民的崇高的理想而斗争。"在朝鲜战场上，国际医防服务队出生入死，为抗美援朝战争作出了巨大贡献，队员们被朝鲜人民视为"高贵的生命之恩人"。

外交上，在李德全会长的领导下也取得了重大的成就。特别是在 1952 年的第 18 届国际红十字大会上，承认中国红十字会是中国唯一合法的全国性红十字会组织。这是新中国在国际组织中恢复的第一个合法席位。

中国红十字会还大力协助大批日侨归国，为中日睦邻友好关系写下了光辉的一笔。1952 年 7 月，由中国红十字会、外交部、公安部、总理办公室等部门成立了中央日侨事务委员会，拟定出协助日侨归国的计划。通过中国红十字会的协助，到 1953 年 10 月 10 日，共有 26026 名日侨返回日本。为了感谢中国红十字会对日侨归国的协助，日方代表郑重邀请中国红十字会代表访问日本。1954 年 10 月 30 日，中国红十字会代表团一行 10 人在团长李德全的率领下，开始了对日本为期 13 天的友好访问。中国红十字会代表团是作为新中国第一个民间使节访问日本的，是战后对日进行友好访问的新中国第一个代表团。这次访问，揭开了中日关系史上新的一页。

李德全担任中国红十字会首任会长，为红会事业发展作出了巨大贡献，厥功至伟。

周恩来总理修改会章

傅 亮

新中国成立后，中国红十字会面临着历史抉择，何去何从成为困扰红会人员的一个重大问题。周恩来总理对中国红十字会一直非常关心，中国红十字会从改组的酝酿，到总会迁京、协商改组会议的召开，每一个环节，都得到了周总理的特别关照。日理万机中，他还为中国红十字会亲笔修改会章，这在中外红十字与红新月运动史上是罕见的。

1950年3月间，中国红十字会总会代表在上海召集各地分会代表40余人，举行工作检讨会，决定派代表团赴京向政府表达改组的愿望。代表团到京后，卫生部长李德全亲自接见。卫生部党组书记、副部长贺诚也专门接见了胡兰生秘书长，并应允将代表团的意见转报周恩来总理。周总理根据红会的具体情况做出指示：红会迁往北京改组，由卫生部和中国人民救济总会负责领导改组工作，具体筹备工作由救济总会负责。周总理的指示是红会改组工作迅速展开的重要原因。

1950年5月初，胡兰生秘书长再次进京商谈总会迁京和改组事宜，中国人民救济总会秘书长伍云甫接见胡兰生并告知，根据周总理的指示，经过卫生部、外交部商议，提出四点意见：

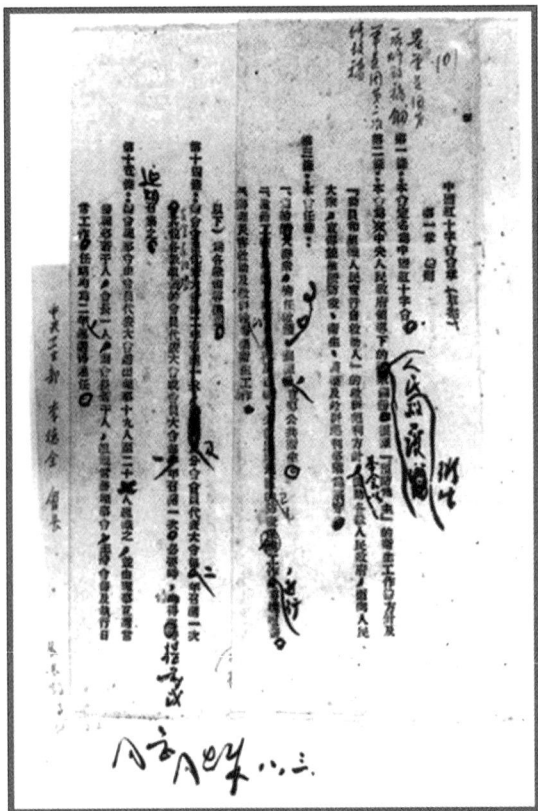

周恩来总理亲自修改的
《中国红十字会会章》

（一）鉴于红十字会的特点及历史现状，采取改组方式而不是接管方式，将旧中国红十字会改组为中国红十字会；（二）总会搬迁北京，现有职工除不愿赴北京者外，全部留用；（三）总会所有资产妥善保管，不得随意处理；（四）将北京东城干面胡同 22 号房屋腾出来作为总会迁京后的会址。

1950 年 8 月 2 日至 3 日，中国红十字会协商改组会议在北京召开，这也是新中国成立后中国红十字会第一次全国代表大会。在会议上，各位代表对会章进行了充分的讨论，翻来覆去修改了好几遍，最后通过一个会章草案。8 月 3 日会议闭幕，会议主席团将改组经过、新会章草案、新会长、理事名单呈报政务院周总理处。总理对中国红十字会的改组工作非常重视，亲自对《中国红十字会会章》进行修改，认定中国红十字会的性质是中央人民政府领导下的人民卫生救护团体，明确了红十字会的性质和工作方针。

8 月 21 日，周恩来亲笔致信毛泽东、刘少奇等，称："送上伍云甫同志关于中国红十字会改组的报告，拟予以批准。中国红十字会尚有些社会基础，特别是医院及卫生人员，我们必须予以接管和维持，而国际红十字会的组织，苏联及东欧国家也都在内，他们需要我们加入进去，故我们在开全国人民救济代表会议时，即决定改组该会，胡兰生当表示接受。先改组完成，拟推李德全、伍云甫二人前往出席日内瓦国际红十字大会。特报。"

9 月 6 日，中央人民政府政务院批准公布了新的经过周恩来总理修改的《中国红十字会会章》，共六章 25 条，对中国红十字会的名称、性质、宗旨、任务、标志、会址、职权、责任、分会设置都做了明确规定。《会章》规定中国红十字会为"中央人民政府领导下的人民卫生救护团体。根据'预防为主'的卫生工作总方针及'动员和组织人民实行自救助人'的救济福利方针，以协助各级人民政府，面向人民大众，宣传并推广防疫、卫生、医药及救济福利事业为宗旨"。其任务是：团结群众，担任救护训练及宣传公共卫生；推广卫生防疫工作，进行医疗服务；办理灾害救助及救济性医药卫生工作；在必要情形下，经中央人民政府政务院批准，担负国际性救助及医疗服务。

周恩来总理在中国红十字会的改组上倾注了大量心血。时任外交部国际司副司长、参与红会改组工作并被选为中国红十字会副会长的龚普生在回忆这段历史时满怀深情地说："新中国的红十字会可以说是在周总理亲自关怀下成立起来的。"

大爱无疆

——国际医防服务队第一大队救援行动记略

◇

徐国普　郝如一

1950 年 6 月朝鲜战争爆发后，一场轰轰烈烈的抗美援朝运动迅速在全国范围内开展起来。翌年 1 月 22 日，中国红十字会总会发出《为组织救济朝鲜难民医疗队给各地分会的通知》，"拟在 3 月 15 日以前，组织一个医疗大队"，以加强抗美援朝和保卫世界和平的力量。号召一经发出，很快得到了全国各地红十字会会员、医务工作者的热烈响应。

李德全会长在车站送行国际医防服务队赴朝时讲话

截至 3 月 5 日，向中国红十字会总会报名的单位有南京分会（19 人）、广州分会（28 人）、汉口分会（24 人）、重庆分会（12 人）、万县分会（12 人）……共 53 个分会 833 人。经中国红十字会初步审核批准，先后赴北京报到的有常州分会 3 人、洛阳分会 5 人、济宁分会 3 人、青岛分会 10 人……共计 283 人。为加强医疗队的思想和技术准备，自 2 月 26 日起总会对在北京集中改编的各地医疗队队员进行了短期的补充教育，涉及政治学习和业务学习两方面，其中业务学习以防疫和救护为中心，以战伤的急救为重点。学习结束后，总会挑选出 224 位队员整编为两个国际医防服务队大队。第一大队担任一般的医疗和防疫工作，下分 11 个队，第二大队担任手术工作。

在北京前门车站送行仪式中，"中国人民保卫世界和平委员会"副主席陈叔通致词

爱心无国界。1951 年 3 月 17 日，携带大批药品和医疗器械的国际医防服务队满载中国人民的深情厚谊走出国门。19 日，服务队抵达朝鲜。26 日，朝鲜新义州举行盛会，欢迎他们的到来。

国际医防服务队第一大队到达朝鲜战地后，立即与朝鲜军医局、保健部门配合开展工作。6 个队赴前线，配合军医局，担任战伤外科和一般传染科病的治疗工作；大队部卫生组与留在后方的 5 个队共同配合保健部门，担任地方防疫和一般性治疗工作，重点是防治斑疹伤寒和回归热。

前线队员们的工作异常艰苦。4 月 17 日队员何漱文自平壤发出题为《我们在平壤外科医院》的通讯稿，可以帮助我们穿越历史时空，重睹当年第一大队在前线工作的情形：每个病室都住了三五个伤病员，他们静静地卧躺着，脸上流露出永恒的刚毅与民族的自尊感。手术室里大夫、护士一天到晚忙着做手术，没有一刻停止过——消毒、麻醉、开刀。敌机有时在上空盘旋，进行侦察、扫射和轰炸，队员们却一如既往地镇静工作。

4 月 20 日至 5 月 17 日，第一大队长周立新和朝鲜中央防疫所副所长李汉雨在大队卫生组秋萍、何漱文等陪同下前往平安北道检查 5 个队的工作时了解到：队员们在最前哨工作热情饱满，刻苦耐劳。事实上，恶劣的工作环境更能激发队员们顽强的斗志。他们按照毛泽东主席"贯彻救死扶伤，发扬革命的人道主义"的指示，学习白求恩大夫的国际主义精神，实践曾向祖国人民所作出的"一切为了伤病员"的庄严承诺。他们在极端艰苦的环境中坚持工作长达12小时，护士时常自己抬担架。特别是开展防疫工作的队员，外出时经常翻山越岭步行百余里，到达工作地点后，顾不上休息即投入工作。他们和蔼可亲，细心诊断，耐心检查。每当离开工作过的地方时，群众都依依不舍地含泪送别。

队员中涌现出不少感人事例。如：第10队的化验员孙宗贻亲自背着显微镜上门为病人服务，甚至到老百姓家里去找病人，一周内做了近90次的检验，打破了第一大队化验工作的记录；40多岁的张宇和队长不怕脏，经常给伤病员洗头，有些需要维生素C的病人因药品缺乏而无法服药，他便亲自上山找到了一种含有维生素C的植物，病人服用后效果良好，他还把这种植物介绍给当地的医务工作者和其他群众；8月13日和14日，约400架敌机轰炸平壤城郊的居民区，李伟英冒着生命危险将重患者背到安全地点进行救护，后来几次夜间轰炸时，她都以同样的方式抢救了许多伤病员；一次，韩文娟负责护理一位名叫崔春圭的朝鲜女游击队战士，崔春圭患上急性肝脏周围炎，病势严重，昏迷不醒，经韩文娟连续两整夜的精心抢救和护理，终于脱离生命危险，并很快得到了康复，崔春圭除欢欣感谢之外，保证到前线杀死更多的敌人。

第一大队队员热爱伤病员，热爱朝鲜人民，热爱工作，他们在朝鲜前后方的忘我工作深受朝鲜军民的爱戴和赞扬，仅两个多月，他们就收到了锦旗50多面，感谢信200多封。在1951年8、9月间大队评功选模的活动中，薛炳坤、张书绅等17位成绩最优者被选出，中国红十字会总会特以"京（51）宣字第400号文"通报各单位，号召向他们学习。第一大队和第七大队的模范工作者薛炳坤、张兴樵等30人于1952年12月荣获了具有伟大国际意义的特殊荣誉——朝鲜最高人民会议功劳章。

1951年10月24日，国际医防服务队第一大队139名队员由朝鲜前方载誉凯旋（30余人经批准后仍留在朝鲜继续工作），受到各界及总会的热烈欢迎。

国际医防队队员载誉凯旋

　　值得一提的是，抗美援朝期间，中国红十字会总会先后共组织七个国际医防服务大队赴朝工作，第一大队是首批跨过鸭绿江，并最早胜利归国的，通过他们英勇的救援行动，我们可以领略到当年国际医防服务队（红十字志愿者）绚丽的人道主义风采和伟大的国际主义精神。

治淮工地上飘扬红十字旗

徐国普

淮河"冠带中土，流贯百川"，是我国第三大河，历史上淮河流域曾孕育着璀璨的文明。12世纪黄河夺淮后，淮河流域灾害肆虐，"十年倒有九年荒"，"大雨大灾，小雨小灾，无雨旱灾"，淮河人民饱尝灾难之苦，淮河也成为"最难治理的河流"。

新中国成立后，治淮问题引起党中央的高度关注。1950年7月至9月的短短两个月，毛泽东主席就治淮问题连续四次作出批示，提出要根治淮河。同年10月，中央人民政府政务院发布了具有重大历史意义的《关于治理淮河的决定》，并成立了治淮专职机构——治淮委员会，新中国大规模治理淮河的序幕由此拉开。

第七队正在进行防疫注射

旨在造福子孙的淮河治理，是在党和政府的领导下，社会广泛参与的一项巨大系统工程，仅参加这一工程的民工就达220多万。改变淮河工地以及周边农村的环境卫生，保障民工的身体健康，实际上成为治理淮河过程中不可忽视的重要任务。

1950年秋后阴雨，皖北凤台一带，淮水泛滥成灾。当地政府根据互助互济，生产自救的方针，发动当地人民，以工代赈，做好导淮工作。为配合这一工作，1950 年 11 月 11 日，中国红十字会总会通知总会驻常州的第一农村医防队，调赴皖北凤台灾区。11 月 23 日，在苏南农村巡回医防三个月的服务队离开了武进，11 月 30 日到达凤台。随之与皖北行署接洽，并与导淮工程局卫生处取得联系，12 月 2 日服务队便开始治疗工作。红十字会旗第一次飘扬在治淮工地上。

为配合治淮，做好民工的防疫保健工作，1950 年 12 月 18 日，中国红十字会总会在南京举办中国红十字会医防服务干部训练班，西安、济南、汉口、上海、南京等分会抽调或介绍的医师、医士、助产士、药剂员、护士、护理员和检验员参加了训练班，接受思想教育和急救、传染病、环境卫生等业务学习。1951 年 1 月 13 日训练班结业，成立中国红十字会第一医防服务大队，共 175 人，大队长由王昌来担任，下设大队部和 5 个队，其中 1 队由原来的农村巡回医防服务队扩充组成，其余四队由这次参训学员编成。医防服务队与中央卫生部、中央救灾委员会、中央水利部以及华东军政委员会卫生部、治淮委员会等有关机关取得联系，对各队

第八队巡回组在堤上

的工作地段进行了分配，第 1 队驻颍上，第 2 队驻临淮关，第 3、4 两队驻正阳关，第 5 队随大队部驻凤台。1 月 19 日从南京出发，分赴指定地段，进行治淮工程卫生和灾区农村卫生工作。同年 4 月，从朝鲜归来的 63 名医护人员加入第一医防服务大队，大队也由原来的 5 个队扩大为 8 个队，人数增至 298 人。除第 2 队驻蒙城做农村卫生工作外，其余 7 队都住在工地，开展民工卫生工作。

医防队员在工地上发扬吃苦耐劳的精神，表现出高度负责的态度。他们深入工棚，和民工打成一片，并团结当地中西医所组成的卫生队，共同工作。他们除给民工进行一般门诊和巡回医疗外，还经常地开展防疫保健和环境卫生工作，如改善工棚、修建厕所、饮水消毒、打井灭虱和防疫注射等，并发动广大民工，组织基层卫生小组，开展卫生比赛等，将环境卫生工作持久化。如医防队的第 4 队在霍邱与当地行政紧密联系，成立一所 25 张病床的临时病房，约 20 天内有 22 位病人住入病房，第 2 队在蒙城接种牛痘，8 天就完成 21 万人次，同时在驻地附近的农村和城市积极开展妇幼保健工作，大规模地培训保育员和接生员，重点医治儿童蛔虫、癣疥、砂眼等疾病，为皖北妇幼保健工作打下基础。此外，配合当地防疫委员会训练大批防疫员，将防疫工作深

入到农村。

在长达千里的淮河中游的干支堤上，无论是在晴和的日子或是风雪交加的大冷天，中国红十字会医防队队员总是在河堤上、在工棚里，聚精会神地为生病的民工治疗，不厌其烦地进行卫生预防宣传教育。他们深受民众的欢迎，也做出了辉煌的成绩。据统计，1951 年上半年总会医防队共防疫注射 160001 人次，种痘 613542 人次，灭虱 136851 人次，门诊 113229 人次，改良与新建厕所 12198 个，改良与新建水井 4070 个。对中国红十字会第一医防服务大队在治理淮河工作中所创佳绩，中央水利部给予了高度评价和称赞："承蒙中国红十字会组织医防服务大队，开赴淮河担任民工医防工作，给我们以极大的支援，保障了民工的健康，使胜利地完成治淮工作，我们是非常感激的。此外参加治淮医防工作的还有中央卫生部的中央防疫队、华东防疫队等单位，同样给我们以很大的支持，在此并致谢意。"

治淮第一期工程结束后，医防队全体队员调回北京总会休整。在第二期工程开始之前，除批准部分队员参加抗美援朝的国际医防队外，其余队员加以整编，并吸收来自昆明、河北参加抗美援朝的两个队和北宁产校、济南分会产校的实习生、毕业生 30 余人，组成新的包括大队部和 4 个队的医防服务队，合计 166 人，大队长由洪伟英担任。1951 年 10 月 8 日，服务队从天津出发前往治淮前线。10 月 11 日，红十字旗又插遍了治淮工地。在工地上，哪里有民工，哪里就有医防队队员忙碌的身影。

1950 年至 1954 年，中国红十字会医防服务队为根治淮河作出了应有的贡献，队员们在服务民众的实践中也得到了很好的锻炼。

"第一个合法席位"

——中国红会代表团在第18届国际红十字大会上的外交折冲

吴佩华　池子庆

1952年第18届国际红十字大会承认中国红十字会为唯一的全国性红十字会，这是新中国在国际组织中第一个恢复的合法席位。这一胜利果实，来之不易。

中华人民共和国成立之后，立即开始争取恢复在联合国及其他国际组织的合法席位工作，以维护国家主权与独立。1949年11月15日，政务院总理兼外交部长周恩来分别致电联合国秘书长和联大主席，代表中国政府郑重声明：国民党残余政府业已基本灭亡，丧失了代表中国人民的任何法律的与事实的根据，绝对没有代表中国人民的任何资格；只有中华人民共和国中央人民政府才是代表全中国人民的唯一合法政府。

国际红十字组织因其在人道领域的贡献，经过多年的发展，已成为世界上具有广泛影响力与约束力的非政府组织。加入该组织与否，既关系到国家的形象，又与国家主权独立息息相关。新中国成立后，为争取恢复在国际红十字组织的合法席位，周恩来总理兼外长于1950年4月28日分别致电国际红十字会秘书长和红十字国际委员会秘书长，正式否认并要求废止国民党政府的代表资格。1950年8月，国际红十字委员会正式承认了中国红十字会。1950年9月，中国红十字会改组后，立即派员参加了10月在摩纳哥召开的第21届国际红十字协会理事会，并当选为协会执委。

第18届国际红十字大会于1952年7月26日至8月7日在加拿大召开，败退到台湾岛的国民党政府在美国的怂恿下，积极谋求国际社会的支持，欲以正式代表的身份参会，这显然有悖日内瓦公约的原则和红十字运动的基本精神，在事实上给人造成两个中国的印象，影响恶劣。

得知此情况后，中国政府制订了参加这次大会的对策。6月22日，外交部就我国政府出席国际红十字大会问题向周总理呈递报告，对会前斗争策略、我政府出席大会的作用及赴会后将面临的问题提出意见。报告建议，"可由我政府及红会发电至国际红十字大会常设委员会及加拿大红会（我红会尚可拍电至红十字协会），声明我为唯一合法代表，邀台匪完全非法等"；我政府出席大会可以"打击美帝抬出台匪的阴谋活动，争取我合法地位"，在战俘和细菌战问题上"增加兄弟国家的斗争声势和力量"。周总

1952 年 7 月 26 日在加拿大多伦多举行的第 18 届国际红十字大会会场全景

理逐字逐句地审阅了报告，并亲笔批示"可发电但不必提及邀台匪事而只提台匪无权参加"，这样既可阐明我国政府的原则立场，又保留了今后应对不同情况的灵活性和主动性。根据以上情况，我国政府制定了中国红十字会代表团与会方案：如台湾当局以红十字会名义而不使用"中华民国"名义出席会议，我方只略予斥责；如用"中华民国"名义参会，我方则动议驱逐。该方案得到周总理和毛主席的批示同意，周总理还批示：如此提案不能通过，我代表应当场声明表示遗憾，但不退席。

中国红十字会代表在第 18 届
红十字与红新月国际大会上

根据斗争方略，1952 年 6 月 28 日，中国红十字会李德全会长致电加拿大红十字会中央理事会主席麦考雷，并转国际红十字会常设委员会主席庞赛，严正声明："唯有中华人民共和国中央人民政府和中国红十字会的代表，才有资格代表中国和中国红十字会出席国际红十字大会。因此，邀请中华人民共和国中央人民政府和中国红十字会的代表以外的任何人员代表中国和中国红十字会出席国际红十字大会，将违反国际红十字章程和大会细则，以及第十七届国际红十字大会所通过的承认各国红十字会之条件决议，因而是完全非法的。"

7月24日，中国代表团抵达多伦多后即获悉，大会常设委员会决定给予台湾当局代表与中国政府代表"平等"的地位出席大会。7月25日，中国政府代表团团长苏井观和中国红十字会代表团团长李德全联名发表书面抗议，指出，容许台湾当局代表参与国际红十字大会，"不但违反了国际红十字会的规章和国际惯例，而且是对大会的一个合法成员——中华人民共和国——和对中国人民的一种不友好的表示"，"强烈抗议国际红十字常设委员会的不公正而且非法的决定，并坚决主张常设委员会立刻取消上述决定"。在7月26日下午大会开幕式上，中国政府代表苏井观发言并提出临时动议，要求大会驱逐非法的台湾当局代表。

中国代表的书面抗议和发言得到了许多国家代表的支持。在随后两天的大会上，苏联、捷克斯洛伐克和罗马尼亚等国的代表纷纷发言，支持中国代表的动议，指出大会常设委员会的做法不仅破坏了大会的组织原则，也是对中华人民共和国国家权益的侵害，要求大会立即驱逐台湾当局的代表。7月28日，大会进行表决，虽然表决结果维持了常设委员会的决定，但在中国等主持正义的国家的据理力争下，大会再次承认中华人民共和国政府和中国红十字会为唯一代表中国的全国性的政府和红十字组织，而台湾当局代表团只代表台湾岛的"政府"和红十字会，大会还选举中国红十字会为国际红十字会执行委员会委员。面对这种结果，台湾当局的代表不得不于7月31日退出大会。

中国红十字会恢复在国际红十字会中的合法席位，是党和国家组织实施的一次成功的重大外交行动。中国代表团经过激烈的斗争，使大会正式承认新中国红十字会是唯一能代表全中国的红十字会，挫败了极少数国家妄图使台湾的所谓红十字会代表参加大会合法化的图谋，"这是新中国在国际组织中恢复的第一个合法席位"，有力地维护了祖国的独立、领土主权的统一完整，也对国际红十字会运动作出了贡献。

揭开中日关系史上的新篇章

——中国红十字会首次访日纪实

◇

吴佩华　周小蓉

1953 年，日本三团体来华商洽在华日侨归国各项具体问题时，曾承诺作为友好回报，邀请中国红十字会代表团访日。当年 3 月，日本红十字会会长岛津忠承向中国红十字会正式发出邀请。但是，由于吉田政府的阻挠，中国红十字会的访日之行迟迟未能实现。在日本国内涌动着要求扩大同新中国交往潮流的背景下，最终，吉田政府不得不于 1954 年 8 月同意中国红十字会代表团访日。

1954 年 10 月 24 日，中国红十字会代表团由北京出发。行前，周恩来总理指示代表团："在今天复杂的情况下，只要能到达日本，便是胜利；在日本只谈友好不谈其他，要说明中国的和平政策和友好态度，表明中国人民不念旧恶，日本人民应该和中国人民一起来防止战争再起"，"对在日华侨要鼓励他们爱护祖国，团结互助；同时也要尊重居住国的风俗习惯和法令，不参与居住国的政治纠纷。"30 日代表团抵达东京。

中国红十字会代表团一行到达东京羽田机场时
李德全会长在机场发表谈话

日本各界人士对新中国第一个民间使团的到来，给予了极为热烈而盛大的欢迎。在李德全一行抵达东京的当天，日本三团体有关人员、各政党议员、日侨家属、旅日华侨、朝侨及新闻记者涌向羽田机场，一时间"人群杂沓，拥挤不堪"，日本舆论慨叹："这种热烈欢迎的情景说明：一般人士对新中国的关心是多么高涨。"11 月 12 日代表团离开日本，在日本作了 12 天的友好访问。

访日期间，中国红十字会代表团访问了东京、京都、大阪、名古屋和神户等大城市，参观了日本红十字会的设施、日本的陶瓷工厂、丝织工厂、电视设备以及日本的文化古迹，同时还欣赏了日本歌舞伎与"文乐"（木偶戏）的演出，所到之处受到日本人民的热烈欢迎。代表团共参加了 19 次各界、各团体和各地方代表的国民欢迎大会和各种座谈会、17 次宴会和茶会，并举行了 13 次记者招待会、播音和电视广播，转达了中国人民对日本人民的友好感情，表达了希望同日本人民和平共处、长期友好、共同防止战争再起的心愿。

代表团还与日本政府官员实现了首次接触。东京都、大阪府、京都府和爱知县等地的知事和议会议长以及京都、大阪、横滨、舞鹤、布施、神户、八尾、池田、藤泽、伊丹和堺等市市长及市议会议长都出面热烈欢迎中国红十字会代表团。日本参议院议长河井弥八说：从日本的立场说，必须尽早地建立中日两国的和平关系，加深人民的友好，开展文化与贸易交流，日本才能得到和平和繁荣。这次中国红十字会代表团的访问日本，给予中日两国友好往来以良好机会。日本内阁厚生相草叶隆园会见代表团时说"中日两国应该互相往来"，并希望中国方面同日本政府多打交道。国务大臣安腾正纯在众议院议长堤康次郎为中国代表团举行的招待会上说："我觉得只有中日两国之间的友好，才能保证亚洲的和平。"

日本各界在东京举行欢迎中国红十字会访日代表团大会

代表团还同日本各党派、团体领导人就国际形势和两国关系交换了看法，听到了日本各阶层热望中日友好、要求加强往来和恢复中日正常关系的呼声。日本的公众领袖大山郁夫说："日本必须同亚洲各国人民团结一起，尤其是同新中国的人民团结起来。"日本经济团体联合会副会长植村甲午郎说："我相信，由于李会长这回访日，一定会加深日中两国的相互了解，促进日中两国间的友好，并使经济交流向前发展。"日本国际贸易促进协会副会长田岛正雄在关西地区经济界 180 人的欢迎宴会上说："无论如何总要促进中日两国间的贸易关系，这已成为绝大多数经济界人士的公论。"大阪大学校长今村荒男说："相信中日两国人民即使有政治主义上的不同，也可以互相握手共存共处，这是无可置疑的。在这种意义上，我们希望中国红十字会代表团的访问日本能够成为中日两国友好合作的开端。"日本舆论界方面，"中部日本新闻"社社长与良说："中国红十字会代表团的访问日本……将使中日两国人民的友好合作日益加深。"日本工会总评议会主席藤田藤太郎说："日本人民殷切地希望中国红十字会代表团的访问，能成为将来中日友好的出发点。"全日本妇女团体联合会会长平冢雷鸟说："日本能初次邀请新中国的和平使节，这是爱好和平的日本妇女最喜欢的事情，因为这可以加强中日两国的了解和友好，促进亚洲和世界的和平。"日本的农民、渔业、宗教、医学等各界团体的代表都从各个角度谈出了热望日中友好的心情。

此外代表团访日期间，于 11 月 1 日参加日本各界人士筹备已久的为中国天才的人民音乐家聂耳建立的纪念碑的落成式。落成式开始时，日本著名音乐家关鉴子指挥由二三百人组成的歌唱团，歌唱聂耳的伟大作品《义勇军进行曲》——中华人民共和国国歌。代表团团长李德全会长在开幕式上致辞：聂耳是伟大的人民音乐家。他不仅活在中国人民的心里，也为日本人民所敬爱。在这里建立聂耳纪念碑，是中日友好进一步发展的标志，是和平愿望的象征。11 月 2 日，代表团参加了在东京浅草东本愿寺举行的追悼中国殉难俘虏全国联合大会，追悼战时在日本牺牲的中国抗日烈士，表达了对日本军国主义的谴责，倾注了对和平的期盼。

中国红十字会代表团首次访日，"是一次全方位、深层次的大交往"，"是新中国和平外交政策的成功范例"，"突出体现了中日两国人民要求友好相处的共同愿望，揭开了中日关系史上的重要一页"，"通过中国红十字会代表团访日，两国人民终于把'竹幕'拉开了"，"从此，中日民间关系的发展从经济交往扩大到政治交往，日本各党派和各界友好人士陆续来华访问"。

震惊世界的"退场风波"

吴佩华

　　在 1957 年第 19 届国际红十字大会上，美国不惜破坏国际红十字运动的基本原则，欲强行将台湾红十字组织塞进国际红十字组织，企图制造"两个中国"或"一中一台"，从而导致了许多国家红十字会代表及政府代表纷纷退席以示抗议。这就是国际红十字运动史上有名的"退场风波"。

　　新中国成立后，美国拒绝承认新中国，阻挠新中国恢复在联合国和包括国际红十字组织在内的其他国际组织中的合法席位。经过积极努力，在 1952 年举行的第 18 届国际红十字大会上，中国红十字会终于恢复了在国际红十字组织中的合法席位。但以美国为首的一些别有用心的国家和一些顽固分子，蓄谋邀请台湾当局出席第 19 届国际红十字大会，企图制造"两个中国"，因而导致第 19 届国际红十字大会"一时对垒交锋，惊心动魄"。

1957 年 10 月，中国红十字会代表团出席在印度新德里举行的
第 19 届国际红十字大会

　　为抗议国际红十字常设委员会邀请台湾红十字组织参加该次大会，中国政府曾多次提出抗议。1956 年 11 月 1 日，周恩来总理致电大会东道国印度红十字会主席考尔，表明坚决反对"两个中国"的严正立场。当得知 1957 年 8 月常设委员会又以"台湾政府"名义邀请台湾当局与会之后，10 月 14 日，周总理接见印度驻华使馆代办辛格，指出国际红十字常设委员会决定邀请台湾是在制造"两个中国"，如果不放弃这一错误决定，中国拒绝出席大会，并请辛格将谈话内容转告尼赫鲁总理。鉴于中国政府的强烈反对，台湾当局决定不参加该次大会。10 月 17 日印方告知，台湾当局未以"中华民国"名义被邀请，将不参加大会。

　　然而，会前美国获悉日本将在本次大会提出"停止核弹试验禁用核子试器案"，使得问题再起波澜。因为自二战以来，日本多次遭受到美国核武器试验或核辐射的伤害，因而引起了日本人民的愤怒。故在本次大会上，日本提出的该议案与中苏等和平民主国家提出的议案接近。美国获悉此事后，恐对其自身不利，遂决定改变原定方针，极力敦促台湾当局派代表参会。

　　以美国为首的一些国家，为使台湾有"合理"的名义参会，在大会的第二天，即 10 月 25 日下午，常设委员会美国代表突然提出改以"中华民国"名义邀请台湾当局，态度蛮横强硬，并以退会相要挟。苏联代表团坚决反对，同时提出不以任何名义邀请台湾当局的决议。双方僵持不下。26 日晚，美国指使国际红十字常设委员会法籍主席庞赛以个人名义致电台湾当局所谓的"外交部"，邀其参会。此外，美国还通过外交途径，欲强使 28、29 日大会通过"对一切被邀请参加大会的政府应用其各自的正式名称加以称呼"的提案，企图以所谓"中华民国"的名义达到邀请台湾当局正式与会的目的。对此，中国代表团表示强烈抗议，针锋相对地提出"中华人民共和国政府代表团和中国红十字会代表团是代表中国参加国际红十字大会的正式成员，考虑到《国际红十字章程》，要求大会决议蒋介石集团'不得以任何名义出席第十九届国际红十字大会'"的提案，获得会议的热烈支持。诚如苏联代表米捷列夫所说，美国的"唯一目的就是使一个台湾代表参加大会，而且把这个决定强加于大会"。他并指出：出席大会的已有"代表着六亿中国人民的中华人民共和国的中国合法代表，而台湾只是伟大的中华人民共和国的一部分"。印度政府代表团团长卡马卡尔也说，"美国提案的意图是要把请柬发给蒋介石集团"，但"我们认为，中华人民共和国是中国的唯一代表，我们不能同意直接或者间接向福摩萨（台湾的别称）发出邀请"，明确表示印度政府代表团将投票反对美国的提案，"我们完全反对福摩萨有代表参加这个会议或任何其他会议"。而代替印度的考尔女士担任主席的加拿大的马考莱曾经一再以"政治问题"为借口打断中国代表团的发言。美国的提案既不符大会议事规则，更有悖国际红十字运动的基本原则，使大会面临分裂的危险。

　　11 月 7 日，大会对美国提案进行秘密投票表决。在美国压力下，该提案获得通过。随即，中国政府代表团团长潘自立发言："刚才所通过的美国提案是违反国际红十字章程的。它是在美国的操纵下通过的，因此它是非法的、无效的。中华人民共和国政府代表团和中国红十字会代表团强烈抗议美国在这个庄严的人道主义的国际会议上进行这种制造'两个中国'的卑鄙活动",并且宣布退出第19届国际红十字大会。以潘自力为首的中国政府代表团和以李德全为首的中国红十字会代表团当即退出会场。印度的考尔女士以大会主席身份当即宣布:"美国政府代表团提出提案的方式对印度红十字会说来是严重的失礼行为。"为了表示抗议,考尔辞去主席职务,并且同印度红十字会代表团成员一起走出会场。随后苏联等10多个国家代表也在谴责美国破坏该次大会的抗议声中退席。东道主都退场了,大会实际只接着开了十几分钟,便草草结束,连原订的闭幕式也没有举行。虽然台湾当局在美国的要求与支持下以这种不光彩的方式参会,但是并没有恢复其"合法席位"。

在这次大会上,"中国代表团采取了积极斗争的正确方针和正义力量的支持,挫败了妄图制造'两个中国'的阴谋,在这场关系到国家主权尊严和国际红十字运动章程及原则严肃性的斗争中取得了重大胜利"。"退场"风波影响深远,原定四年一届的国际红十字大会被延迟到1965年才召开。

"拨乱反正" 与国内工作的恢复

◇

傅 亮

"文化大革命"期间，中国红十字会国内工作各部门和各级地方红十字会组织机构相继被撤销，红会国内工作陷于停顿。

"文革"结束后，各地纷纷恢复红十字会组织

1976年10月6日，党中央一举粉碎了"四人帮"，宣告十年"文化大革命"的结束。1978年12月18日至22日，党的十一届三中全会胜利召开，这次大会标志着伟大的历史转折，为国家各项事业的发展奠定了基础。邓小平同志复出后，全国各行各业的拨乱反正工作逐渐开展，中国红十字会也不例外，当然最紧迫的还是恢复国内工作。

1978 年 1 月 27 日，中国红十字会向卫生部党组提交了《关于国内工作和体制问题的决议》，提出在对外开放的一些重点城市先行恢复红十字会国内工作的建议。中国红十字会的报告引起了卫生部、外交部的重视。3 月 29 日，卫生部、外交部向国务院呈送了《关于恢复红十字会国内工作的报告》，国务院同意了这个报告，并在 4 月 10 日向全国各省市自治区革命委员会、国务院各部委批转该文件，要求贯彻执行。

中国红十字会总会迅速落实国务院文件精神，很快恢复了国内工作机构，调整了干部，派出人员分赴一些地区了解情况。此后红十字会组织的重建工作渐有起色。到 1978 年底，全国已有 11 个省会城市重建红十字会组织，中国红十字事业迈出了可喜的一步。

1979 年 2 月 20 日至 24 日，中国红十字会召开了第三次全国会员代表大会。这次大会是一次拨乱反正的大会。会上，钱信忠会长作了《为新时期的人民卫生救护事业努力奋斗》的工作报告，报告中批判了林彪、"四人帮"极"左"路线对红十字事业的干扰破坏，重新强调了新中国红十字会的历史贡献，并回忆了毛主席、周总理对红十字会事业的关心。这次大会，清除了旧思想的影响，起到了"拨乱反正、正本清源"的作用，为国内工作的全面恢复以及开创红会工作新局面创造了条件。

1979 年 12 月，中国红十字会在上海召开工作会议，北京、上海、天津、广西、福建 5 个省、市、自治区和南京、杭州、武汉、长沙、广州、南宁、西安、沈阳、昆明 9 个市的红十字会负责人参加了会议。会议强调红会的国内工作和国际活动都要围绕四个现代化这个中心展开。

通过"三大"以及红会工作人员的努力，中国红十字会的组织建设取得重大进展。到 1984 年底，全国已有 26 个省、市、自治区恢复和建立了红十字组织，市、县级红十字组织达到了 193 个，基层红十字组织达到了 25868 个。中国红十字会的会员人数达 187 万多人。

红会组织的恢复为国内各项事业的开展打下了坚实基础。首先是救护训练和输血工作。各地红会积极克服场地、人员和经费等困难，协同有关部门，大力开展救护训练工作。到 1984 年底，14 个省、市红会共有 37630 人次参加培训，全国接受各种救护训练的已达 658 万人次。除了救护培训之外，红会还积极开展国防救护训练，主要指防空、"三防"（防原子、化学和细菌武器）及战伤救护训练。救护训练是为了能够救治更多伤病员，但是救治伤员离不开输血工作的支持。输血工作是红会工作的重要内容，没有足够的血液，就难以满足对伤员的救治。实行公民义务献血制度是解决医疗用血紧张的根本办法。因此，各级红会组织积极开展义务献血的宣传、动员、组织工作。从 1979 年到 1984 年，总会多次举办技术训练班，派出了 12 批 36 名输血技术人员和管理干部到国外进修、考察和参加会议，同时邀请了 16 批 80 名外国输血专家来华讲学。为了进一步推进公民义务献血事业的发展，中国红十字会还与卫生部于 1984 年 6 月 10 日至 15 日在北京召开了输血工作座谈会，总结交流了输血工作的经验。

其次是积极开展红十字青少年工作。拨乱反正后，红会的青少年组织逐渐恢复和发展，到 1984 年底，全国已有 4965 所大中小学校恢复或建立了红十字会组织，红会的青少年会员也发展到 41 万人。广大红十字青少年积极热情地参加各项红十字活动，如宣传卫生知识、帮助孤寡老人等，涌现出许多感人的先进事迹。中国红十字会总会和各地红十字会也举办了多种形式的夏令营，受到学生们的欢迎，激发了学生们参加红十字活动的热情。中国红十字会于 1984 年 7 月 14 日在上海第一医学院举办夏令营活动，来自各地的近 200 名红十字青少年欢聚一堂，活动取得了圆满成功。

再次是积极参加"五讲四美"等社会主义精神文明建设活动。在"五讲四美"活动中，中国红十字会会员，尤其是广大青少年会员的表现非常活跃，给国人树立了"五讲四美"精神的榜样，值得赞扬。1982 年 9 月，党的"十二大"提出在建设社会主义物质文明的同时，要加强社会主义精神文明建设。中国红十字会积极响应党的号召，积极开展社会主义精神文明建设的活动，如北京红会积极为孤、寡、病、残老人服务，为老人送去温暖和关怀等。

到 1984 年底，中国红十字会的国内各项工作都逐渐得到恢复并取得初步发展，为中国红十字事业发展奠定了较为深厚的基础。

协助政府安置印支难民

吴佩华

20 世纪 70 年代，在中国政府的努力下，越南停战协定终于签署了。停战协定的签署本应给东南亚带来和平与稳定，然而，越南在苏联的支持下，竟肆意推行地区霸权主义，大举入侵柬埔寨，大力控制老挝，并威胁泰国的安全，妄图建立包括柬埔寨、老挝等国在内的所谓印支联邦。越南推行地区霸权主义给东南亚地区带来了灾难与动荡，遭到世界上大多数国家的批评与谴责，许多国家都要求越南停止其霸权主义行为，否则将予以经济制裁。但越南拒绝改弦更张，继续其穷兵黩武的政策，强迫驱赶并压榨其领土内的居民，以获取资金。不堪忍受的居民，只得大量出逃他国，流离失所，成为难民。这些难民大多涌向东南亚诸国和中国寻求庇护，给流入地带来了严重社会问题和经济负担，有些国家已到了不堪忍受的程度。越南难民在国际上引起了强烈的震动，美国《芝加哥论坛报》称之为"亚洲的浩劫"，是一个国际性的"灾难"。

当时，新加坡总理李光耀认为"难民（其中大部分是华裔）从越南外流正在自己等有大量华侨的东南亚非共产党国家造成极其棘手的、多变的局面"，苏联支持越南肆意妄为，"显然是想在东南亚引起反华的反应，从而为苏进入东南亚铺平道路"。

事实上，因地缘和历史的原因，自古以来就有大量的华人华侨居住在越南。这些华人华侨与越南当地人民同甘苦共患难，共同建设与维护美好的家园。然而，越南当局却无视历史，在侵略扩张的过程中，积极推行反华、排华政策，因而在这些难民中，有相当一部分是华人华侨。中国政府历来关心和爱护华人华侨，积极维护他们的合法权益。有鉴于此，为缓解从越南涌出的大量难民对本地区造成的混乱与压力，早日恢复东南亚地区的和平与稳定，并合理照顾这些华人华侨的利益，维护华人华侨的权益，中国政府不得不有所行动。

1979 年 7 月，联合国难民署在日内瓦就这些被驱赶的难民问题举行专门会议，在大会上，中国政府承诺安置 25 万印支难民。随即，国务院成立了由民政部部长程子华任组长、中国红十字会副会长杨纯任副组长及有关部委参加的安置难民领导小组，国务院指示中国红十字会协助政府做好接待难民的有关工作。

为协助做好难民的安置工作，中国红十字会积极协助有安置任务的中国地方政府

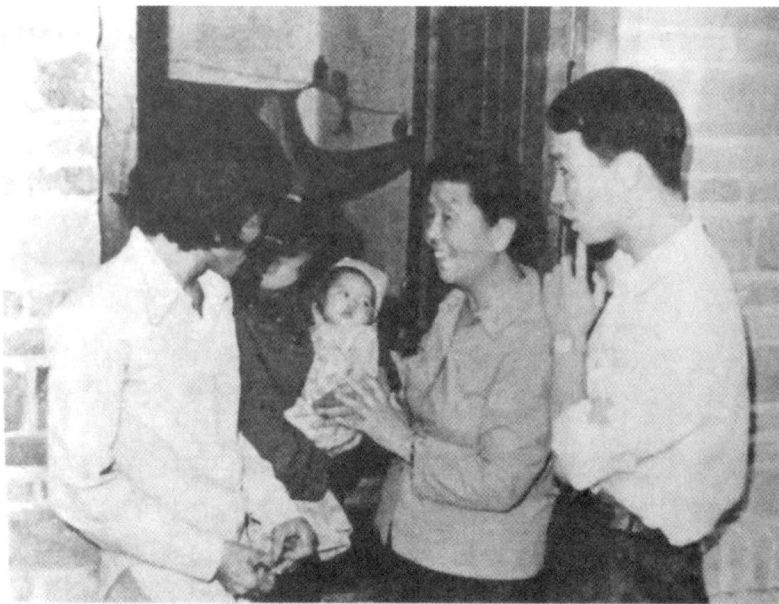

杨纯副会长访问安置在云南的印支难民

和有关部门到难民安置点了解情况，慰问难民，并做好相关的医疗、卫生、防疫及宣传等方面的工作，努力使这些被安置的难民安居乐业。中国红十字会在积极做好接待国际红十字组织视察和接受补充救济的准备工作的同时，还积极同国际红十字组织合作，共同探讨合理解决难民问题的途径，并呼吁越南停止其霸权主义政策，以从根源上解决难民问题。

鉴于东南亚诸国不堪难民的压力，一方面，在中国已安置24万多难民的情况下，中国红十字会还奔赴泰国、马来西亚、中国香港等国和地区进行调查，又陆续安置从这些地区转移过来的大约3万难民，大大缓解了这些国家和地区的困难与压力；另一方面，中国红十字会还通过向泰国等国红十字组织提供人道主义援助的方式，积极协助他们妥善、合理安置难民，以期共同做好难民安置工作，努力促进与维护东南亚地区的和平与稳定。

在1979年10月国际红十字会协会大会上，中国红十字会杨纯副会长介绍了中国红十字会安置印支难民情况，并就印支难民的救济问题发出呼吁。大会对中国红十字会"积极妥善安置难民的人道主义精神十分赞赏"。合众国际社评论说："然而与其他亚洲国家不同的是，中国的政策是向难民提供永久住所并享有当地居民享有的全部权利，而不是提供临时避难所，使难民能够逃避河内共产党政权。"1979年底，红十字会协会、红十字国际委员会难民考察团来中国进行为期十天的难民安置情况考察。在结束考察后，他们表示："迄今为止，中国是世界上安置印支难民最多的国家之一"；"安置难民是很复杂的工作，而中国也遇到不少困难，但中国政府和红十字会在这方面的组织工作是很成功的。"通过考察，他们"看到了中国红十字会在为印支难民勤奋地工作，中国是救济难民的模范"，并表示"搞救济愿意跟中国红十字会合作"。考察团在

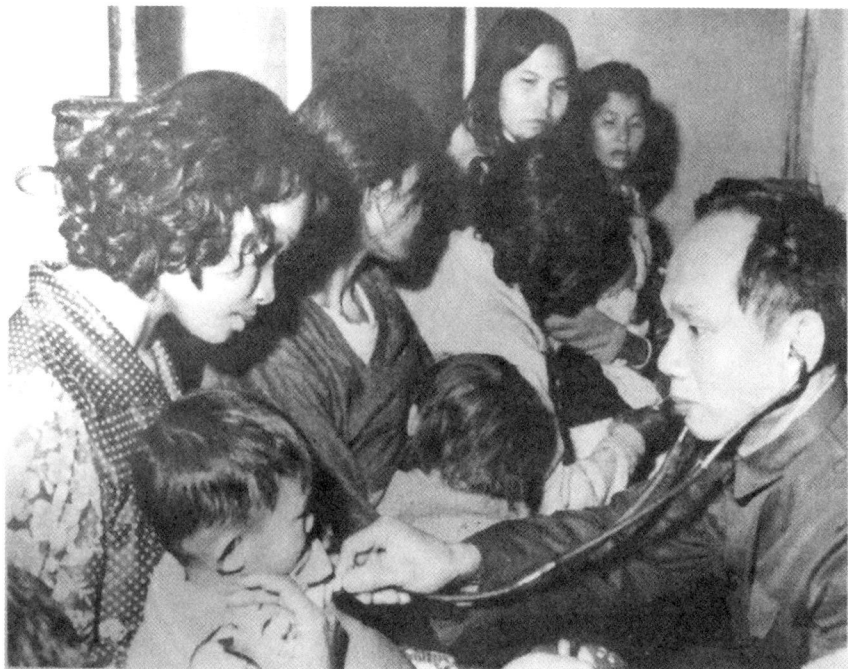

为印支难民治疗疾病

视察时，还拍摄了《中国红十字会与印支难民》和《中国红十字会的基层活动》两部录像片。考察结束后，国际红十字协会还拨款 300 万瑞士法郎给中国红十字会作为筹建 10 个医院的费用。

中国红十字会积极通过国际红十字组织切实合理解决印支难民，积极救助难民，并帮助安置难民等工作，向国际社会表明"反对霸权主义，维护世界和平"是中国政府对外的基本立场。中国是维护地区安全与稳定的力量，中国政府、中国红十字会愿为促进地区和平与安全，尽力作出自己的贡献。此举不仅有利于缓解他们所面临的困境，更有利于促进该地区的稳定和对中国和平外交政策的了解，为中国同东南亚诸国友好关系的进一步发展夯实了基础。中国红十字会协助安置印支难民，充分展示了中国在国际上负责任的形象，也加强了中国红十字会同国际红十字组织之间的合作，如随后联邦德国援建的海南兴隆红十字医院就是其中一例。中国红十字会积极通过同国际红十字组织之间的切实友好合作，扩大了国际影响，为同其他各国红十字会的友好交往敞开了大门。

归还"阿波丸"号沉船遗骨遗物

吴佩华

日本是中国的近邻，维护和发展同日本的和平友好关系，不仅有利于营造良好的周边环境，而且更有利于中日之间经济文化的交流。20世纪70年代末80年代初，中国红十字会受中国政府委托向日本政府归还"阿波丸"号沉船遗骨遗物，就是在新的国际形势下为促进中日友好关系的又一举措。

"阿波丸"号

"阿波丸"号是日本在二战期间为适应对外侵略扩张的需要而建造的巨型运输船之一。1943年，该船建成后不久被日本军部征用，成为日军陆军给养运输船，往来于日本和东南亚之间。1944年底，日本为挽救在东南亚战场的败势，遂将此船改为"绿十字船"，表面上是应国际红十字会的请求，用该船向囚禁在东南亚各地的盟军战俘和英美侨民运送救济品，实则暗中向东南亚各地日军运送军需品。1945 年 3 月 28 日，当该船从新加坡返回日本行至中国福建省牛山岛以东海域时，被正在该海域巡航的美军潜水艇"皇后鱼号"发现，"皇后鱼号"向其发射数枚鱼雷，3 分钟后，该船迅速沉没。除 1 人外，2009 名乘客、船员以及船上装载物全部沉入海底。

据报道，该船装载了日本从中国和东南亚各地掠夺的无数珍宝。1977 年一份内部油印的资料披露，"'阿波丸'号里面装有工艺品、艺术制品和贵重物品，这些都是在战争期间，日本占领中国之后，从中国偷运出去的"。1972 年，时任美国总统的尼克松首次访华，开启了中美关系史上新的一页。而尼克松此行还向中方提供了一份特殊的礼物："阿波丸"号沉没在中国海域的具体方位和装载货物清单。美方还表示，希望和中国政府合作打捞"阿波丸"号。1977 年 1 月 13 日，国务院和中央军委决定对"阿波丸"沉船进行打捞。此次打捞共捞获锡锭 2472 吨，售价 5000 余万美元，还有橡胶等货物数千吨。这些都是当年日本对中国和东南亚诸国进行疯狂掠夺的罪证。

1978 年 8 月《中日和平友好条约》的正式签署，开启了中日友好关系的新篇章。本着中日友好和人道主义精神，中国政府委托上海市红十字会以中国红十字会的名义，向日本方面移交捞起的死难者遗骨和遗物。

1979 年 7 月，中国方面向日本方面移交第一批沉船遗骨遗物。为接受这批遗骨遗物，7 月 2 日，日本厚生省大臣桥本龙太郎（1996 年起任日本首相）率领包括 8 名死难者家属代表在内的领取"阿波丸"沉没者遗骨访华团到达北京。陈慕华副总理会见桥本一行时表示，"这是中日两国人民友谊不断发展的又一体现"。会见时，桥本龙太郎对中国方面即将把"阿波丸"死难者的遗骨移交给日本表示感谢。2 日晚，在人民大会堂举行的欢迎宴会上，桥本龙太郎诚挚地说："贵国政府本着中日友好和人道主义精神，决定将'阿波丸'遗骨交给我们。我国政府对贵国政府非常感谢。日本全体国民、特别是'阿波丸'沉船死难者家属对贵国政府感激不尽。"7 月 4 日，上海市红十字会副会长白备伍代表中国红十字会，受中国政府委托，向日本政府代表桥本龙太郎移交了清单、遗骨和私人遗物。

此举对促进中日友好关系的发展起到了一定的促进作用。在这些遗骨遗物接运回日本的当天，日本举行了盛大的迎接仪式。在迎接仪式上，桥本厚生大臣再次对中国政府本着中日友好和人道主义精神，将死难者遗骨交给日本的举动，表示了衷心的感谢。"阿波丸"死难者家属会会长竹内淑子说，她代表死难者家属已写了感谢信托桥本转交中国方面。她表示，中日两国人民一定要世世代代友好下去。死难者家属、日本轻金属防止噪声设备公司社长元山清人表示，今后要为加强日中友好而工作。作为友好回报，日本决定援建北京中日友好医院，这就进一步加强与促进了中日友好关系的发展。

随后，1980 年 1 月和 4 月，中国将剩余的遗骨遗物分批转交给了日本方面。1980 年 1 月，以厚生省课长丸山一雄为团长的日本政府代表团前来中国领取"阿波丸"沉船死难者的第二批遗骨和私人遗物时，丸山一雄表示："我们将铭记中国政府的人道主义精神，这将成为日中两国友好的桥梁"。

　　"阿波丸"被炸沉，是当时日本对外侵略所带来的恶果。随着国际局势的转换，中日、中美之间终于分别于 1978 年、1979 年实现了关系正常化，这就为阿波丸遗骨遗物的归还创造了条件。70 年代末，越南在苏联的支持下在中南半岛积极推行地区霸权主义，给东南亚地区各国以及中国和世界都带来的灾难，严重威胁到世界的和平。中国不计前嫌，本着人道主义精神，以中日和平友好关系为重，将这些遗骨遗物归还日本，充分表明了中国在和平的基础上同日本、美国建立和发展友好关系的意愿，以便在更加坚实的基础上共同反对霸权主义，维护世界和平。事实证明，归还这批遗骨遗物确实促进了中日友好关系的发展。1983 年中日两国红十字会共同签订五年交流计划，使两国红十字会的互访和交流得以逐年推进，并进一步拓展了中日两国合作的领域，加深了中日两国之间的友谊，促进了中日、中美友好关系的发展。

凝聚国际友谊的大厦

——中国红十字会训练中心

◇

吴佩华

新中国成立后，中国红十字会迁到北京东城干面胡同 22 号（现 53 号）办公。改革开放之初，随着中国红十字会各项业务的恢复与发展，干面胡同 22 号就显得相对狭小，不能满足各项业务发展的需要，因而迫切需要建立培训红十字会干部和进行卫生救护训练的基地。20 世纪 70 年代末 80 年代初，国际风云激荡，局势变幻莫测，战争成为时时笼罩在人们头上的乌云，甚至有人推测 1982 年，最迟不过 1985 年将会爆发第三次世界大战。"中国最不希望发生战争，中国太穷，要发展自己，只有在和平的环境里才有可能。"为防患于未然，增强中国红十字会在维护和平中的作用，中国红十字会拟建立急救训练中心。1979 年 7 月，国际红十字协会秘书长毕尔来华访问期间，了解到中国红十字会的这一设想，认为十分必要。建立基地的设想遂正式提上议事日程。

改革开放之初，百业待举，对中国红十字会的这种发展需要，中国政府一时尚无法顾及；而中国红十字会亦无厚实的经济基础来完成此项任务，因而走开放合作之路以增强社会救助能力便成为必然的选择。鉴于当时中国红十字会在推动与促进东南亚地区和平与稳定中发挥的重要作用，越来越多国家的红十字会认识到，中国红十字会将会在维护与促进和平与稳定中发挥越来越大的作用，因而愿意同中国红十字会进行合作。

"要争取和平的环境，就必须同世界上一切和平的力量合作。"1982 年瑞典红十字会来华访问时，提议将急救训练中心改为训练中心，并表示愿意协助中国红十字会建设该中心。于是，国际红十字会协会、瑞典红十字会与中国红十字会达成协议，由瑞典红十字会提供 150 万瑞士法郎（合人民币 135 万元），中国提供 225 万元共同筹建中国红十字会训练中心。得知这一情况后，日本、澳大利亚等国红十字会纷纷表示愿意捐助。日本红十字会陆续提供了 5000 万日元（约合人民币 45 万元）的室内装备。中国红十字会第一个荣誉会员、突尼斯总统夫人也先后捐款资助。于是，这座"凝聚国际友谊的大厦"遂于 1984 年 6 月 13 日动工兴建。在奠基仪式上，钱信忠会长做了简短讲话，"在纪念中国红十字会成立八十周年之际，举行训练中心奠基仪式是十分有意义的。训练中心的建立既是我国红十字事业继往开来，蓬勃发展的标志，也是国际红十字友好合作的象征"，相信"训练中心建成后，将对中国红十字会的工作和各国红十字会组织之间的交流合作发挥积极的作用"。

"建设培训中心是全国红十字工作者的共同心愿。"所有参与设计与建设该中心的工作人员顶烈日，冒酷暑，不辞劳苦，精心设计与施工。经过两年多的辛勤建设，这座由瑞典、日本、联邦德国、澳大利亚等国红十字会捐助，由中国政府投资共同修建的训练中心终于建成。该中心总建筑面积达5250平方米，楼内装有先进的同声传译和电化教学设备。这是国内第一座培训红十字会干部、卫生救护、输血技术等专门人才的教学实体，是中国红十字会进行国际友好交流的重要场所。

1986年9月15日举行大厦落成典礼。中共中央政治局委员、中央顾问委员会副主任宋任穷，全国政协副主席、中国红十字会名誉会长赵朴初，中国红十字会名誉会长钱信忠，常务副会长谭云鹤，国际红十字会与红新月会协会亚太地区主任西瓦拉特南，瑞典克里斯蒂娜·马戈努森公主参加了典礼。应邀参加典礼的还有民政部副部长、中国红十字会副会长章明，卫生部副部长顾英奇，北京市政协主席、北京市红十字会会长白介夫，北京市副市长陈昊苏以及瑞典、芬兰、澳大利亚、联邦德国等国家的来宾和外交使节。国际红十字会与红新月会协会主席德拉玛塔在典礼上讲话，他说："训练中心的建成不仅是

1986年9月15日，中国红十字会总会
训练中心大楼在北京落成

对中国红十字工作的促进，同时对整个亚太地区和国际红十字运动都将产生深远影响。它将为世界和平和各国人民的友谊作出贡献。"谭云鹤副会长也发表了热情洋溢的讲话。

9月15日晚，全国人大常委会副委员长、中国红十字会名誉会长朱学范在人民大会堂会见并宴请前来参加中国红十字会训练中心落成典礼的国际红十字会组织代表和来自联邦德国、日本、芬兰等国家的红十字会代表团。16日，时任国务院总理的赵紫阳在中南海紫光阁会见了前来参加训练中心落成典礼的国际红十字会与红新月会协会主席德拉玛塔一行。德拉玛塔盛赞中国红十字会不仅在中国而且在国际上发挥着重要作用，高度评价了中国对和平与发展事业的贡献；他强调指出，1985年中国红十字会以最高票数当选为协会的执行理事，证明中国在世界上是值得重视的。

凝聚着各国友谊的训练中心的建成，不仅为中国红十字事业的发展提供了良好的条件，也"将进一步增进中国红十字会同各国红十字会之间的交流与友谊"，有利于增强中国红十字会在维护与促进和平事业中的地位与作用。

王琇瑛获中国首枚南丁格尔奖章

吕盼盼

南丁格尔奖是红十字国际委员会为表彰国际护理界人员而设的最高荣誉，1907 年第 8 届国际红十字大会上正式设立，1912 年第 9 届国际红十字大会颁发了首届南丁格尔奖章。南丁格尔奖每两年评选一次，国际红十字组织通过对医务界人员救死扶伤精神的奖励，来推动人道主义事业的蓬勃发展。

1983 年，中国首次参加南丁格尔奖章评选活动，王琇瑛当之无愧地获此殊荣。这是新中国护理工作者首次荣获的最高荣誉。

在中国医护界，王琇瑛的名字为人们所熟知，她是一位优秀的护理工作者，是推动生命工程建设的先驱，是众多"生命卫士"的杰出代表。王琇瑛祖籍河北定县，早年曾在北京贝满女子中学读书，后考入燕京大学和北京协和医学院护士学校。1931 年获理学学士学位和护士专业文凭。

护校毕业后，王琇瑛参加了医院工作。期间，她认识到，在贫困的中国，必须把预防工作做在治病之前才是最大的节约。因此，她申请到协和医学院公共卫生教学区第一卫生事务所去从事公共卫生护理和健康教育课程的

1983 年，全国政协主席邓颖超接见我国
第一位南丁格尔奖获得者王琇瑛

教学工作。1935 年至 1936 年，王琇瑛到美国哥伦比亚大学师范学院护理系进修，获理科硕士学位，回国后继续潜心于教学工作。

邓颖超为王琇瑛颁奖

1942 年，协和医学院出现前所未有的窘境，医学院停办后，王琇瑛被迫离开。在协和医学院工作期间，她编写了《公共卫生广播演讲集》，还编写了小学 1~4 年级卫生试验教学法及课本，曾在新鲜胡同小学试用。

1943 年，王琇瑛随护校部分教师从北平抵达成都，在华西医科大学医学院协助筹备护校复校事宜，被授予副教授职称。在四川期间，她曾利用暑假与华西大学社会系数人同往彝族地区考察，向彝胞传授卫生知识，帮助当地人搞好个人卫生。

1946 年，王琇瑛回到北平，直至解放初期，一直担任着协和医学院公共卫生护理主任。王琇瑛为医护事业的发展投入了极大的热情，从 1931 年至 1950 年，经其培养的公共卫生护士近 500 名，遍及全国各地，有的还在国外工作。新中国成立前夕，王琇瑛主动放弃了到英国留学的机会，把全部精力投入到新中国建设事业中。

1954 年，《护理杂志》创刊，王琇瑛担任主编，为数万护士开辟了一块耕耘的园地。同年，调至北京市卫生局教育科技部门工作，协助有关部门整顿了中等卫生专业教育，创办了北京市第三护士学校并兼任校长。1961 年，她调任北京市第二医学院护理系主任，这是新中国自己创办的第一个大学程度的护理系，从聘请老师、扩建教室到编写教材都倾注了她大量的心血，她发表了《护理新知识丛书》《家庭护理》《护理心理学概论》等 20 多篇关于护理工作的论文，探索、开创了我国高等教育护理的新途径。1973 年，王琇瑛任北京第二医学院图书馆顾问。在她的指导下，大批外文书刊得到整理。1979 年，王琇瑛任第二医学院附属同仁医院护理顾问。

作为一位优秀的护理工作者，在做好本职工作之余，王琇瑛还积极参与社会活动。1950 年 8 月，中华护士学会（1964 年改为中华护理学会）改组，王琇瑛当选为副理事长。抗美援朝期间，王琇瑛亲率第一个护士教学队奔赴沈阳后方医院培训护士长，并到鸭绿江边考察战场救护工作。1977 年，中华护理学会恢复活动后，她应邀赴各地参加学术会议，作学术报告，宣传护理工作的重要性、科学性和社会性。1978 年，她出席了全国医药卫生科学大会；1982 年，被选为北京市科协积极分子并出席了表彰大会，同年光荣地加入了中国共产党，实现了 30 年的夙愿；1983 年 9 月，王琇瑛当选中华全国妇女联合会第五届全国委员会副主席。

王琇瑛从事护理工作 50 余年，忠于职守，严于律己，正直诚恳，平易近人，处处以身作则，助人为乐，由此赢得了护士们的广泛尊敬。"病人无医，将陷于无望；病人无护，将陷于无助。"王琇瑛不仅自己身体力行，而且激励着医护人员勤奋工作，不让病人陷入无助的境地。

1983 年 7 月 11 日，中国红十字会和中华护理学会在北京人民大会堂召开第 29 届南丁格尔奖章颁奖大会，全国政协主席、中华护理学会名誉理事长邓颖超向王琇瑛颁发了国际护士最高荣誉奖——南丁格尔奖章。在颁奖大会上，75 岁的王琇瑛激动地说："我十分荣幸地接受红十字国际委员会通过中国红十字会授予我的南丁格尔奖章和奖状，我认为，这个荣誉不属于我个人，而是我国广大护理工作者夜以继日地辛勤劳动，刻苦工作共同获得的。我愿和为护理工作作出卓越贡献的优秀护士及来自全国各地的护理工作代表，共同分享这一国际荣誉。"

护理工作是医务工作中极为重要的部分，它直接关系到病人的生命安危和人民健康。护理工作者肩负着救死扶伤，保障人民健康的神圣职责。"国家不可一日无兵，亦不可一日无护士。护士的工作必须像田园中的水一样灌注到人们生活中的每个角落"。王琇瑛用一生的行动诠释了对护理工作的热爱，在人道事业发展的今天，人们不应忘记先驱者呕心沥血的开拓、奉献之功，这是一笔宝贵的精神财富，应在 21 世纪生命工程建设中继续发扬光大。

生命之河永不息

——积极推动无偿献血

李　慧

　　血液被称为"生命之河"，与生命息息相关，生命的延续离不开血液。意外事故、医疗急救等用血还是得依靠人类自身献出的血液。针对有偿献血行为带来的种种恶果，有识之士大声疾呼，在全社会积极提倡无偿献血。以"保护人的生命与健康"为己任的红十字会更是积极倡导血液的无偿捐献。早在1948年召开的第17届国际红十字大会上，就通过决议呼吁各国采取"无偿献血"和"免费输血"的原则。1973年在德黑兰召开的第22届国际红十字大会上又作出决议，肯定了出于人道主义动机和原则的自愿无偿献血是解决血液需求的最安全、最有效的途径，献血要建立在无报酬的基础上。1981年在马尼拉召开的第24届国际红十字大会上重申了国际红十字运动的义务——组织民众自愿参加无偿献血。1991年在布达佩斯召开的红十字会与红新月会国际联合会第8届大会上通过的第34号决议中再次重申了无偿献血的内涵：出于自愿提供自身的血液、血浆或其他血液成分而不收任何报酬的人称为自愿无偿献血者。无论是现金或礼品都可视为金钱的替代，包括休假和旅游等，而小型的纪念品和茶点，以及支付交通费用则是合理的。

　　无偿献血是人道主义精神的一种表现。无偿献血者将自己的血液捐献给需要的垂危病人，使其得以延续生命，获得新生。中国俗语：救人一命胜造七级浮屠，这也是真善美的一种表现。作为以"人道、博爱、奉献"为宗旨的中国红十字会秉承国际红十字组织的无偿献血原则，自1984年参与血液事业管理以来，就致力于积极配合卫生部门广泛宣传义务献血及无偿献血的意义，动员组织社会各界踊跃献血。

　　受中国传统思想的影响，以来中国人认为献血有害于健康，认为血液中有人的精气，献血会大伤元气。长期受这种错误思想的影响，中国人献血热情不高，更不用提无偿献血的开展。为了澄清人们的错误思想，扭转无偿献血工作的被动局面，中国红十字会配合有关卫生部门在社会上大力宣传血液捐献的知识以及无偿献血的意义，使广大人民群众逐渐接受无偿献血的理念，激发人们无偿献血的热情与促进人们无偿献血的行动。

　　1984年5月8日，北京市红十字会与北京市义务献血办公室首次开展无偿献血活动,第一批捐献者虽然只有 19 人,但是他们像星星之火,将无偿献血的理念播撒全国,引发了今天全国无偿献血的燎原之势。

1986 年 10 月,中国红十字会会同卫生部召开了"第一届全国输血工作会议",以推动我国血液事业由公民义务献血向无偿献血方向发展。1987 年,中国红十字会、卫生部设立了无偿献血金杯奖,以表彰无偿献血积极分子,这是我国目前对无偿献血者的最高荣誉奖。这项荣誉奖项,从 1989 年开始,每两年举行一次颁奖大会,由国家领导人为个人无偿献血达 3400 毫升者颁发无偿献血金杯奖。这项活动激发了人民群众无偿献血的热情,促进了无偿献血工作的开展,也促进了人道主义精神的传播。

1990 年,中国红十字会"五大"报告指出:"认真贯彻执行无偿献血奖励办法,争取二三十年实现全国无偿献血。总会将与卫生部协商,着手制订国家献血、输血条例,使我国输血事业向法制化方向发展。"1992 年 2 月 24 日在长春召开的中国红十字会五届三次理事扩大会议上,总会又一次强调:"努力推进公民献血向无偿的方向发展,逐步参与输血事业的管理。"1993 年 10 月颁布实施的《中华人民共和国红十字会法》第十二条中把"参与输血献血工作,推动无偿献血"规定为中国红十字会的重要职责之一。1994 年 1 月 6 日,全国首家冠以红十字会名称的本溪市血液中心正式命名,中国红十字会并且首次实现了与地方政府——本溪市签订协议,规定五年内在本溪市全面实现无偿献血的目标。在命名仪式上,孙柏秋副会长希望借"中国红十字会本溪血液中心"命名的东风,来推动全国无偿献血事业的发展。1994 年 5 月 17 日,中国红十字会首届无偿献血经验交流暨研讨会在无偿献血先进城市大连市召开。在这次会议上,北京、上海、天津、河北、江苏、河南等 11 个省市的代表作了典型发言,大家一致认为,无偿献血是血液事业发展的总方向,红十字会血站是无偿献血事业中的一支重要力量,红十字会办血站要坚持人道主义宗旨,以推动无偿献血为根本任务。孙柏秋副会长在会上作了发言,乐观地表示"只要我们不遗余力地启发人民的仁爱之心,逐步培养人民对无偿献血的参与意识,把献血的行动和个人的需要相结合,相信在不远的将来随着我国经济建设的不断发展,全民实现无偿献血的一天定会早日到来"!

1995 年,中国红十字会与卫生部又设立了无偿献血先进城市奖,表彰在无偿献血工作中表现突出的城市:无偿献血占临床用血量 50%、30%、10% 以上的城市,可分别获得金质、银质、铜质奖章,以此促进无偿献血事业的发展。

1997 年 12 月 29 日,第八届全国人大常委会第 29 次会议上通过了《中华人民共和国献血法》,规定:"国家实行无偿献血制度","各级红十字会依法参与、推动献血工作",以法律的形式正式确定了无偿献血制度,规定了各级红十字会的责任,并且要求"各级人民政府和红十字会对积极参与献血和献血工作中作出显著成绩的单位和个人,给予奖励"。以后每年红会都会召开相关会议,要求各级红会积极参与、推动无偿献血事业的发展。

经过 20 多年的努力,一次次会议的召开,一个个活动的开展,无不促进了无偿献血向着全民性的目标迈进,红十字会不遗余力促进无偿献血事业的发展,不仅体现了其博爱的人道主义精神，也改变着人们的传统思想，促进社会精神文明的发展，使博爱之风吹遍全国。

1996 年中国红十字会进行五城市无偿献血巡回宣传活动

忠实的信使

——红十字会为两岸同胞查人转信

◇

徐国普

台湾事务历来为党和政府所重视。改革开放后，两岸关系从隔绝状态逐步走向缓和。作为政府人道工作的助手，中国红十字会为促进两岸交往，融洽海峡关系做了大量工作，而这些是从充当忠实的信使，为两岸同胞查人转信开始的。

中国红十字会通过各种方式为台胞台属寻亲

查人转信，帮助因战争、自然灾害或其他因素而一时无法团聚的家人取得联系，是红十字会的一项常规性工作。"红十字通信"是为暂时失散的人员与亲人进行联系而架起的一座特殊的桥梁，它是红十字国际委员会根据国际人道主义精神中关于家庭成员有通信的权利以及家庭成员有了解其成员状况的权利而开展的一项人道主义服务。为使海峡两岸失散几十年的骨肉同胞能够早日取得联系，"红十字通信"成为中国红十字会的一种现实选择。

"亲莫过于骨肉，痛莫大于分离"。1979年7月20日，中国红十字会总会致电台湾红十字组织，表示查找亲朋下落是台湾和大陆骨肉同胞的共同愿望，建议双方就查人和家人团聚、探亲等问题进行商谈。第二年 10 月 4 日，中国红十字会会长钱信忠发表谈话，在表示愿意与台湾红十字组织携手为祖国和平统一大业出力时，提出四点建议，其中就包括中国红十字会愿意同台湾红十字组织就查人转信服务进行合作。然而，中国红十字会的合作诚意并没有很快得到台湾红十字组织的回应。

当查人转信工作处于艰难之时，中国红十字会积极寻求红十字国际委员会的协助。1985 年 7 月，红十字国际委员会驻亚太地区总代表德古登访问北京后，即去台北，转达了中国红十字会愿意与台湾红十字组织进行接触的信息，并将整理好的 20 份大陆同胞查询台湾亲人的查人表格转给台湾红十字组织。台湾红十字组织答应合作。通过红十字国际委员会中转，开展两岸的查人转信业务，为失散的亲人牵线搭桥终获成功！

中国红十字会总会海峡两岸查人转信办公现场

最早通过"红十字通信"寻找到亲人的是上海的张秋华。1986 年 2 月，中国红十字会总会收到台湾红十字组织关于 1985 年 7 月红十字国际委员会代表德古登转交的 20 份寻人表格的查寻结果，张秋华就是其中两位幸运者之一。随后，他用"红十字通信"传递一份家书，和失散近 40 年的父亲取得了联系。

不过，"红十字通信"之路并非一帆风顺，查人转信之人道服务一开始就受到某些不明真相的台湾同胞的怀疑，如 1986 年 8 月，台湾一被查寻人打电话给台湾红十字组织进行谩骂，并向台湾警备司令部、"国家"调查局检举，认为台湾红十字组织上了共产党的当，帮助他们搞统战。此事后经调查解释说明，才算不了了之。

好事多磨。1987 年 7 月 15 日，台湾宣布自 1949 年 5 月 14 日开始实行的已持续了 38 年之久的全省戒严解除。经过两岸红十字组织的不懈努力，1987 年 10 月 31 日，台湾当局公布台胞赴大陆探亲规定，台湾红十字组织开始受理台胞寻查大陆亲人的工作。10 月下旬，台湾红十字组织通过红十字国际委员会驻香港办事处代表奥列维尔，带来第一批查人表格 60 份交给中国红十字会。11 月 5 日，中国红十字会对台湾当局开放台胞来大陆探亲表示高兴，愿意提供必要的协助和给予可能的方便，并希望台湾当局能够解除在大陆的台胞回台探亲的限制。

40 年的蹉跎岁月，苦苦等待和默默期盼的失散的亲人们，终于迎来了坚冰融化的春天。为推动和规范查人转信、家人团聚等工作，1988 年 3 月 10 日经劳动人事部批准，中国红十字会总会正式成立台湾事务服务部（1990 年 10 月更名为台湾事务部），事业编制 10 人。1988 年 2 月 5 日和 5 月 19 日，中国红十字会先后两次向各省、自治区、直辖市及计划单列市红十字会发出《关于进一步做好查人转信工作的通知》和《关于进一步做好查人转信等工作的补充通知》，对查人表格的使用、红十字通信的使用、为台胞查找大陆亲人以及转信、查人中应注意的问题进行了详细的说明。

"烽火连三月，家书抵万金。"1988 年 5 月 5 日，台湾事务服务部负责人在接受新华社记者采访时指出："这半年内，中国红十字会总会收到台湾红十字组织转来的寻人表格即红十字通信有 3000 多宗，其中 1000 多宗有了结果，并已陆续回报台湾。""中国红十字会总会收到大陆查询台湾亲人的信件 13 万多封，整理为寻人案件有 5 万宗，其中 7200 多宗已交红十字会国际委员会香港办事处转送台湾，至今收到台湾红十字组织回报结果的有 1100 多宗。"为加速查人转信工作，台湾事务服务部专门设计了中文电脑处理查人表格，还将部分转入电脑的资料软盘交给红十字国际委员会相关办事处代转台湾红十字组织。

值得庆幸的是，1990 年 5、6 月间，台湾红十字组织会长徐亨应中国红十字会会长陈敏章的邀请，成功首访大陆，开了两岸红十字会直接接触的先河。此后，两岸间查人转信工作可以直接联络，不必再假道红十字国际委员会转送。

据不完全统计，至 1992 年底，中国红十字会共受理海峡两岸查人个案 12 万余宗，查到结果共 24281 宗，使 8 万名两岸同胞取得联系，被人称为"是一件功德无量的事"。实际上，查人转信不仅帮助众多失散的亲人取得了联系，实现了团圆之梦，而且加速了两岸红十字组织直接交往和双向交流的早日到来，毕竟长期隔绝的局面已经打开。

"为了非洲的旱灾灾民"

——中国红十字会援非募捐活动剪影

杨红星

　　红十字会是国际性的人道组织，参与国际救援是红十字会人道救助活动的重要内容。即便在"文革"十年间，与国内工作的悄无声息相对照，中国红十字会的援外活动依然在维持中艰难跋涉。20 世纪 80 年代以来，随着对外开放的逐步深入，中国红十字会的国际救援进入新的历史阶段。其中援非募捐活动就是一次典型的尝试。

各地红会积极开展援非募捐活动

　　1983 年是世界性干旱和沙漠化最严重的一年，其中非洲大陆就有 34 个国家、1.5 亿人深受其害。到 1984 年，连续三年的旱灾和世界性的经济衰退，已使诸多南部非洲国家的经济受到严重打击。1983 年，因旱灾有 1600 万人颠沛流离，饥饿致死。1984 年全非洲有 36 个国家严重缺粮，灾民人数高达 1.5 亿至 1.85 亿，且灾情不断扩大，一些国家土地荒芜，河流干涸，瘟疫流行，哀鸿遍野。亿万非洲老人、妇女、儿童在饥饿和死亡的困境中痛苦挣扎，他们发出求救的呼唤，期盼着全世界善良的人们

连云港市中心血站开展援非募捐活动

来拯救他们的生命。这次非洲旱灾持续时间之长，受灾面积之广，受灾居民之众，均属历史罕见。联合国称之为"非洲近代史上最大的人类灾难"。

非洲众多国家所遭受的深重灾难引起国际社会的深切关注。1984 年第 39 届联大通过《关于非洲紧急情况宣言》，要求国际社会增加对非洲的粮食和其他紧急用品援助。这一年，我国政府向非洲提供了 12 万吨救灾粮，并派遣了一支救灾医疗队。在灾难面前，红十字会更是不甘人后。中国红十字会向非洲受灾国捐赠了价值约 68 万元的食品、药品和现款。经过国际社会一年的紧急援助，部分非洲国家的灾情虽有所缓和，但就整个非洲而言，旱灾仍在发展，需要紧急援助的尚有 20 个非洲国家的 3000 多万灾民。联合国于 3 月中旬在日内瓦召开紧急会议，呼吁为非洲灾民再筹募 15 亿美元的捐款，用以采购 300 万吨救济粮。

中国政府和社会团体迅即对国际社会的呼吁做出反应。1985 年 3 月 5 日，国务院批转了外交部、外经贸部、财政部《关于 1985 年我对非洲提供救济援助的请示》的报告，建议红十字会等民间团体可在一定范围内，在群众自愿的基础上，适当开展救灾募捐活动。这样，可以对国内人民群众进行一次国际主义教育，并可扩大对外影响。根据国务院的批示，中国红十字会于 1985 年 3 月 28 日发出《关于为非洲灾民开展社会募捐的通知》，决定在 1985 年 4 至 5 月开展募捐活动，主题是"为了非洲的旱灾灾民"，并要求"已正式恢复组织的省、自治区、直辖市级红十字会，在 4 至 5 月内与有关单位合作，在有一定群众基础的大、中城市开展活动"。

由此，募捐行动在全国展开。由于得到了中央和地方各级政府部门和群众团体的积极支援和密切配合，红会募捐活动开展得轰轰烈烈，有声有色。文化部门组织义演、义卖；体育部门举办义赛；卫生医疗单位开展义诊。参加募捐活动的除机关团体、工矿企事业单位的广大干部、工人、知识分子外，还有各阶层人民群众，有退休工人、

埃塞俄比亚红十字会主席达韦特·扎乌德与参加义诊医生交谈

解放军战士、个体从业者、农民、寺院僧侣，更有大中小学校的学生、幼儿园的小朋友等，甚至连监狱的犯人也参加了捐助，他们把捐助活动当成净化心灵的行动，感人故事比比皆是。

第一个寄钱到中国红十字会的是武警黑龙江部队三支队的青年战士们，他们集体捐款两千元，托红十字会转寄非洲人民。北京旅店服务公司退休职工谢水顺把清晨修车积攒的40元钱捐给灾民，他说："钱虽不多，但买了大米能救活几个儿童。"北京国家体委幼儿园的小朋友写信给非洲小朋友说："我们把爸爸、妈妈给我们平时买冰棍、酸奶的钱节省下来，捐献给你们。"片片深情，谱写了一曲曲国际人道主义的赞歌。这次活动中，上海市每四个居民就有一人捐款；青岛市参加捐款的人数达75万人，占全市人口的60%；长春市中心血站为援非募捐特举办"义采"活动，站长宛绵强第三次义务献出了200毫升血，所得营养费全部捐给灾民；山东省红十字会经省政府批准于5、6月份在济南、青岛、淄博、烟台、潍坊、枣庄、济宁、东营8城市及胜利油田、济南铁路局、齐鲁石化公司开展了募捐活动，活动中全省人民发扬了中华民族扶危济困、助人为乐的传统美德和国际主义精神，踊跃捐款，总额共计370余万元，成为全国捐款最多的省份。

1985年9月25日，总会在京举行新闻发布会，宣布援非募捐圆满结束。这次活动共募集到捐款人民币13870146.33元（总会捐款12万元），这笔款项将全部用于救济非洲灾民。从全国来看，活动中募捐款最多的是山东省红十字会，其次是江苏、辽宁、四川、上海、北京等省（市）红十字会，均在百万元以上；10万元以上的依次是浙江、湖北、福建、安徽、广西、黑龙江、广东等省（自治区）。

援非募捐活动是中国红十字会自1950年改组以来首次开展的大规模的全国性社会

募捐活动。由于中国红十字会的宣传工作得力，思想工作深入，强调"不定指标，不搞摊派，不争名次，不作攀比，坚持自愿，量力而行"的原则，保证了募捐活动的健康进行，圆满的结束。与以前特别是"文革"时期的国际救援活动相比，援非募捐体现出鲜明的民间性和社会性，这得益于国家对外开放政策的逐步推进。随着改革开放的深入，中国融入世界，世界走近中国，日益开放的沟通与交流为红十字国际人道救援提供了更为广阔的舞台。

"四大"拉开建设有中国特色红十字事业的序幕

杨红星

1979 年召开的"三大"是新时期中国红十字会一次拨乱反正的大会，是一次开创红十字会工作新局面的大会。经过"三大"后六年的恢复与发展，中国红十字事业步入正轨并在各个领域成绩初显，呈现出欣欣向荣的景象。为巩固发展成果，适应新时期新形势下的新任务和新目标，中国红十字会第四次会员代表大会适时召开，由此拉开了建设有中国特色红十字事业的序幕。

中国红十字会"四大"会场

1985 年 5 月 31 日至 6 月 1 日，中国红十字会"四大"在北京召开。大会盛况空前，参会者有来自全国 26 个省、自治区、直辖市的红十字会和三个自治区卫生厅的 123 名代表。国务委员姬鹏飞、全国人大常委会副委员长朱学范、全国政协副主席赵朴初等国家领导人亲切会见了与会代表。杨纯副会长主持大会，钱信忠会长代表第三届理事会向大会做了工作报告。报告以雄辩的事实说明："六年来，各级红十字组织在当地党委和政府的领导下，遵循代表大会（三大）精神，克服种种困难，开展了许多有利于社会、有利于人民的工作，取得了显著的成绩。"在实事求是地指出红会工作存在的诸多困难和问题的基础上，钱会长在报告中着重提出："经过几年的努力，把中国的红十字会办成具有中国特色的社会主义的红十字会，为四化建设服务，为祖国统一大业服务，为世界和平和人类进步做出贡献。"这是中国红十字会首次正式提出创建具有中国特色的红十字会，意义重大，因此我们说"四大"拉开了建设有中国特色的红十字事业的序幕。

"四大"通过了《中国红十字会章程》，选出由 63 名理事组成的第四届理事会。在 6 月 2 日召开的四届一次理事会上，崔月犁当选为会长，谭云鹤、章明、沈辰、何理良、蔡壬癸等人当选为副会长，蔡壬癸当选为秘书长（兼）。由此，中国红十字会开始了新的征程。

"四大"是一次具有重要历史意义的大会，它在总结历史经验和新时期红十字实践的基础上，形成了一些具有里程碑意义的理论成果，丰富和完善了中国红十字事业的精神内涵。正因为如此，"四大"才能够聚合巨大的人道力量，开启具有中国特色的红十字事业的先河。

"四大"的理论成果首先体现在对中国红十字会性质的重新认定上。从"一大"到"三大"，中国红十字会的性质一直被界定为"人民卫生救护团体"。而"四大"新会章将其界定为："中国红十字会是中华人民共和国的全国性的人民卫生救护、社会福利团体。"这一新的界定扩展了红会性质的内涵，使红十字会从单纯的"人民卫生救护团体"发展到"人民卫生救护、社会福利团体"。别小看了这种改变，其背后凝结的是对新中国成立以来中国红十字运动曲折历程的深刻省思。这种性质的拓展，可以使红十字会在人道领域里做更多的工作。正是在此基础上，中国红十字会推动了全国各级红会兴办社会福利事业和经济性实体的潮流。武汉红十字会在全国首先涉足这一领域，之后全国许多地区如天津、沈阳、江阴、大同等兴办了残疾人福利厂、社会服务站、医疗卫生咨询站等各式各样的福利事业。各地红会所创办的企事业单位，不仅为社会所需要，扩大了红十字会影响，而且激发出各级红十字会的生机与活力。实践证明：红十字会办实体只要选准方向，符合宗旨，保证收入的人道支出，这条路会越走越宽广。

"四大"理论成果的又一体现是对红十字会宗旨的再认识。新中国成立后从第一届到第三届代表大会通过的章程，在规定中国红十字会的宗旨时，总是在"人道主义"前加上"无产阶级"或"革命"或"社会主义"的定语，唯恐不加这些定语而犯"右"的错误。"四大"毅然冲破"左"的束缚，恢复了红十字会宗旨的本来面目，这是对人道主义本身意义的承认，这在当时"左"的思想还没有完全肃清、人们对谈"人道主义"还心有余悸的时候在"人道主义"前取消定语，不能不说是突破性进展。这是红十字会宗旨的提法与国际"接轨"的体现。

其实，"作为伦理原则和道德规范的人道主义属于人类文明中共同的精神财富"。如果去除阶级的规定性和政治意蕴，"人道主义"一般可理解为"对人的价值的重视，对人的尊严的关注，对人的自由的追求，对人的命运的关怀，对人的幸福的向往，对人的解放的论证，对人的全面发展的憧憬，等等"。人道主义绝不是资产阶级的私有财产，而是人类精神文明的结晶。同时，红十字人道主义具有其独特的理论内涵，无论在国内还是在国外，红十字人道主义都是历史的和现实的存在，具有区别于其他各种人道主义的鲜明个性，这是提出"中国红十字会以实行人道主义为宗旨"的客观依据。红十字人道主义的内容非常明确：救护和救济在战争和自然灾害中被迫限于弱者境遇的人，改善最易受损害群体的境况。这种人道主义对于任何国家和社会都是现实所需。在新中国成立之初，我国思想界对人道主义就存在着误解，在"文革"中走向极端，把一切人道主义都视为洪水猛兽，必欲灭之而后快，由此使包括红十字事业在内的社会主义建设事业蒙受了巨大损失。这一教训是应该时刻铭记并深刻汲取的。总之，无论是从理论上还是实践上，都可以证明"四大"所确定的宗旨的正确性，它为中国红十字事业的发展开辟了广阔的道路和奠定了思想基础。

中国红十字会"四大"是一次具有重要历史意义的大会，它所开启的"特色"发展之路为中国红十字事业指明了方向并赋予了生生不息的前进力量。"四大"具有里程碑意义的一些重大决策，带来了中国红十字事业的兴旺发达。短短的五年间，全国红十字会组织和会员有了空前规模的发展和壮大，到1988年，大陆30个省、自治区和直辖市全部恢复和建立了红十字会。截至1989年9月底，地（市、州、盟）红十字会由1985年的109个发展到1484个；基层红十字会由1985年的25868个发展到87000个；会员由1985年的187万发展到850万人；同时，还涌现出一大批热心红十字事业的志愿者。实践证明，"四大"所拉开的建设有中国特色的红十字事业的序幕，使中国红十字运动跨入了崭新的历史征程。

中国红十字运动的喉舌

—— 《中国红十字报》创刊

吕盼盼

随着红十字人道主义思想日益深入人心，中国红十字运动也持续蓬勃发展。红十字运动从昨天走向今天，不仅有赖于不断开展的人道救援工作，舆论作用也不可小视。事实上，中国红十字会自成立以来，就一直比较重视宣传的社会效用，成立自己的舆论阵地来宣传展示自己的风采，发展红十字文化事业，弘扬红十字精神，使"人道、博爱、奉献"的理念社会化。创刊于1986年10月5日的《中国红十字报》，是中国红十字会面向国内外公开发行的报纸，是中国红十字运动的喉舌。

1986年10月5日《中国红十字报》第一期刊头

新中国成立以前，中国红十字会除了借助《申报》《大公报》等大众媒体进行宣传外，还曾出版一系列刊物为人道事业鼓吹呐喊。1913年3月，在上海创刊了《人道指南》，这是中国红十字会最早的机关刊物。之后又出版了《中国红十字会杂志》《中国红十字会月刊》《会务通讯》等，虽然这些刊物没有连续性，但是在那个战乱纷飞的年代，却是红十字走向社会，接近大众的重要媒介。

新中国成立后，中国红十字会经过改组，以全新的面貌出现在人们面前，1950年9月30日，在继承《中国红十字会杂志》的基础上，创刊发行了《新中国红十字》作为红十字会的机关刊物。遗憾的是，该刊命运多舛，一度被停刊，尤其是"文革"期间，"四人帮"横行一时，红十字文化事业遭到封杀，"红十字"在人们心目中变成了陌生的字眼。

改革开放以来，红十字事业迎来了新生。《中国红十字》杂志也于1980年7月复刊，1985年中国红十字会第四次全国代表大会以后，全国的红十字组织迅速发展，国际国内工作出现了新的局面。原有的《中国红十字》杂志由于篇幅所限和出版周期长，已经不能适应红十字会工作的需要。鉴于此，总会于1986年10月5日出版了《中国红十字报》试刊第1期，作为总会的机关报。赵朴初、钱信忠、黄树则、谭云鹤纷纷为创刊号题词。出版3期后，各地红十字会组织和会员普遍反映较好，1987年1月5日正式创刊，在国内外公开发行。该报的创刊生逢其时，在全国各级红十字会组织共同开创红十字工作新局面的进程中，在弘扬人道主义精神宣传中，充分发挥了其舆论工具的作用。

为宣传《中国红十字报》创刊以及"四大"以来的工作业绩，1987年1月26日，中国红十字会总会还在训练大楼举行记者招待会，《人民日报》及其《海外版》、新华社等20多家新闻单位的记者出席，招待会对《中国红十字报》创刊的经过及其方针、任务作了重点介绍，引起媒体的关注，扩大了报纸的影响面。

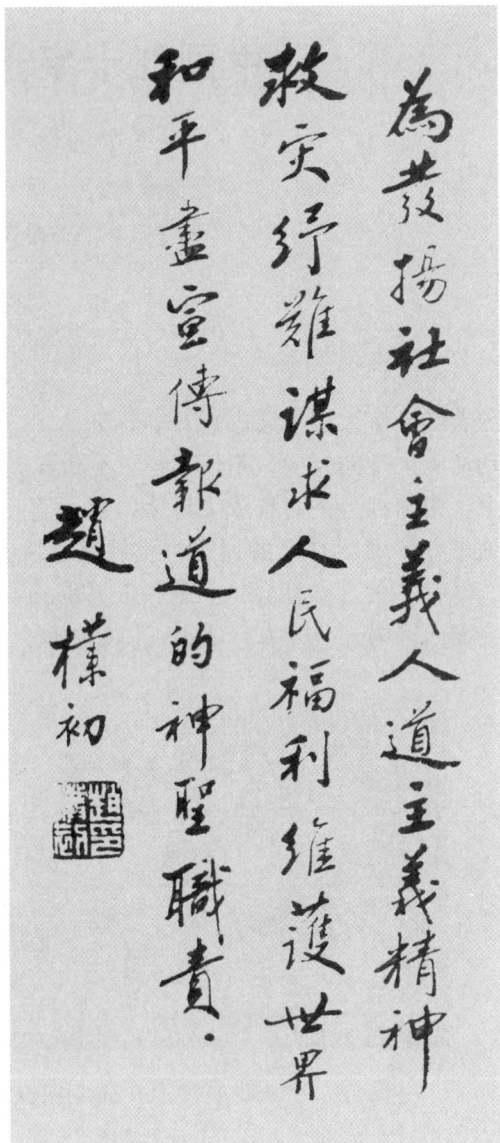

全国政协副主席、中国红十字
会名誉会长赵朴初为
《中国红十字报》题词
（刊载于该报第一期）

作为总会的机关刊物，《中国红十字报》的主要内容和基本任务是在"四大"会章和工作方针指导下，充分反映各地红十字会的活动和工作经验，及时报道国内国际红十字运动的动向、传递信息，为建设有中国特色的红十字会服务，为精神文明建设服务。紧紧围绕红十字"人道、博爱、奉献"之宗旨，为救助者与被救助者搭建联系的桥梁，为各地日益兴旺的红十字事业提供交流的平台。

随着红会事业的蓬勃发展，《中国红十字报》每月出一期，周期过长，与红十字会事业发展不相适应。1991年1月，缩短刊期，改为半月一期。到1992年1月，经国家新闻出版署批准，改为对开周报，逢周五出版（现每周两期，周二、周五出版）。扩版后的《中国红十字报》，立足红会，面向社会，以崭新的面貌走进读者。《中国红十字报》刊头由赵朴初亲笔题写，版面安排有要闻版及"传真""纪实""文萃"等，以人道主义为宗旨，涉及社会、生活等很多领域，宣传红十字会的重大方针政策，国内、国际的重大活动等。

同时，《中国红十字报》还与《中国红十字》（1993年起更名《博爱》）杂志相结合，一报一刊，犹如一鸟两翼，各有侧重，既是中国红十字传播人道主义的载体，也是红十字文化建设的窗口。为了办好这个机关报刊，多年来中国红十字会总会一直倡导"全会办报刊"，几乎每年都要召开报刊工作会议，还专门设立了全国报刊发行工作最佳奖、优秀奖等多个奖项，来促进报刊的发展。地方各级红十字会报刊工作也一直在建设加强中，自1990年以来，多次召开报刊工作会议，交流经验，探讨共同繁荣红十字文化的途径和办法，还评选出了许多办得较有特色的地方报刊。报刊征订工作也落实得很好，各级红十字会组织、会员及志愿者都积极订阅，及时掌握红十字事业发展动态，而且"多订阅一份《中国红十字报》和《博爱》杂志，就会多扩大一分红十字会的影响"。

传播是红十字会事业发展的基础，发展与传播密不可分。《中国红十字报》是由中国红十字会总会主管主办的一份有影响力的、具有权威性的人道主义大报。从诞生的第一天起，就肩负着中国红十字事业赋予它的光荣使命。她是宣传红十字精神的重要阵地；是传播中国红十字会声音、展示中国红十字会形象的重要渠道；是联系困难群体的重要桥梁和纽带；也是了解国际红十字运动的窗口。创刊以来，《中国红十字报》在宣传红十字精神，传播红十字理念，动员民众参与红十字事业方面发挥了无可替代的作用，也必将会绽放出更加鲜艳的人道主义之花。

中国红十字会救灾工作的转变

——大兴安岭火灾救助

邓　通

1987 年 5 月 6 日，发生了新中国成立以来燃烧面积最大、损失最严重、伤亡人数最多的一次森林大火——大兴安岭特大火灾，过火面积 101 万公顷，其中有林面积为 70 万公顷。大火不仅烧掉了许多森林资源，而且烧毁了城镇、民房、贮木场、仓库和火车站，造成了职工、居民死亡，使许多人丧失了家园。据统计，大火烧毁贮木场存木 85 万立方米；各种设备 2488 台，其中汽车、拖拉机等大型设备 617 台；桥涵 67 座，总长 1340 米；铁路专用线 9.2 公里，通信线路 483 公里；输变电线 284 公里；粮食 325 万公斤；烧毁房屋 61.4 万平方米，直接经济损失约 5 亿元。受灾群众 10807 户，达 56092 人，残废 13 人，死亡 213 人。火灾给周围环境带来严重危害。

红十字会医务人员积极投入灭火救灾行动

灾情发生后，中国红十字总会致电黑龙江省红十字会慰问灾区人民，并拨发紧急救灾款3万元，同时呼吁为大兴安岭灾民募捐，得到广泛响应。在灭火救灾期间，国内共募集到善款4016077元（其中黑龙江省内募集3703661元），257万斤粮票及大量的食物、药品。此外，中国红十字会首次向国际社会提出受援请求并得到积极回应，据统计，国际社会共援助大兴安岭生产工具7995台（件）、药品13630箱（盒）、食品584544件（箱）、生活用品59362箱（件）、现金702903.79美元。截至1987年年底，国际救灾援助总物资折合现金4134408美元（不包括援助在途物资）。

大火扑灭后，中国红十字会总会又根据恢复生产重建家园指挥部的要求，派出黑龙江省、吉林省、北京市红十字会组建的3支医疗队共计30名医护人员到灾区开展了为期两个月的防疫工作。此外，中国红十字会还积极参与了灾区13个救护站（黑龙江境内9个，内蒙古境内4个）的重建，提供了全部的医疗设备。这是中国红十字会参与灾后重建的开始。

此次救灾，中国红十字会经受了考验，受到了各级党委、政府领导部门和广大人民群众的赞扬。这样的成绩来之不易。

众所周知，十年"文革"期间，中国红十字会国内工作陷于瘫痪，在震惊中外的唐山大地震中竟看不到红十字旗的飘扬。粉碎"四人帮"后，恢复国内工作成为红会系统的当务之急，但由于种种原因，从中国红十字会改组到1986年，可以说红十字会只是象征性地参与救灾。但经过对大兴安岭火灾的救助，中国红十字会的救灾工作进入了"自筹款物、自组队伍、独立工作"的新阶段。此外，值得一提的是中国红十字会主动向红十字会与红新月会协会（1991年改名为"红十字会与红新月会国际联合会"）提出援助请求，并得到国际社会的广泛响应，从而打通了与国际红十字会的交往渠道，为争取更多的援助，提升中国红十字会的救援能力起到了积极作用。

春天的圣典

——中山慈善万人行

李 慧

中山市是伟大的民主革命先行者孙中山先生的故里，更是博爱的精神家园。20 世纪初叶，孙中山先生高举"天下为公"的博爱大旗，引领中华民族从混沌走向觉醒。中山先生心怀天下苍生，关爱红十字会事业，并在 1921 年为广东番禺红十字会题词"博爱"。

改革开放以来，勤劳智慧的中山人民用 20 多年的慈善万人行活动实践着中山先生倡导的博爱精神，"慈善万人行"业已成为中山市最具特色的城市精神文化品牌，成为中山人民津津乐道的城市名片，也是"广东乃至全国红十字运动的一面旗帜"。

2000 年中山市慈善万人行

慈善万人行活动起源于 1988 年的"中山敬老万人行"。富裕起来的中山人，没有忘记"乐善好施"的祖训，在 1987 年底，市委、市政府发出了"娱乐升平迎新岁，太平盛世敬老人"的号召，由中山市文化局组织的艺术小分队先后到社会福利院、光荣院和颐老院等福利机关慰问革命老人和孤寡老人。面对老人们艰苦无依的生活，慰问团人员无不唏嘘不已。慰问结束后，他们提出借鉴香港"百万行"的民间慈善活动，在中山开展"万人行"的敬老活动，借助社会力量敬老爱老。这一设想的提出，得到了社会各方的支持。1988年春节前，活动迅速开展起来。2月15日晚8时，中山敬老万人行在石岐江桥头起行，15000多名市民参与了当晚的活动，孙文西路两旁围观的群众更是挤得水泄不通。这次活动为中山市社会福利院筹得善款72000多元。

　　1988年中山市红十字会成立后，民间慈善活动以及宣扬人道主义精神的工作逐步开展。但红十字会在开办之初，除了1万多元的开办经费外，没有专职工作人员和额外经费，处境十分尴尬。而此时的中山市政府认识到单纯的敬老行为远远不够，应该要充分发扬孙中山的"博爱"精神，不仅要敬老，还要扶危济困、救死扶伤。因此，受到首届敬老万人行的影响，市政府和红会做出富有远见卓识的决定：由红十字会牵头举办"慈善万人行"活动，于是在1989年正式将这一活动定名为"慈善万人行"，也由此开创了红十字人道救助事业的新路子。活动的目的，一是宣传红十字会的宗旨，弘扬人道主义和博爱精神，为促进社会主义精神文明建设服务；二是筹集善款，为兴建社会公益事业积累资金。每年春节过后，慈善万人行已成为全体中山市民心目中的盛事。

2006年中山市慈善万人行

　　"阳春布德泽，万物生光辉。"20多年来，中山人已形成了一个习惯和共识：春节前后的一件大事，就是全民共同筹备、参与一年一度的"慈善万人行"。每年的正月初七（后来随着时代的变化，时间改为正月十五"元宵节"），万余名群众扶老携幼，怀揣着对慈善的热情，涌上街头，将慈善、人道之心，化作慷慨解囊，捐助善款，奉献爱心的行动。各行各业也以各种形式开展慈善募捐活动，无论是富裕的企业家和个体户，还是一般的职工和职员，都以自己的一份行动表达着慈善之心。

每年慈善万人行活动中那令人欢欣鼓舞的热情，感人至深的宏大场面，都使参与者终生难忘。而且在一次次的活动中涌现出了一个个感人的故事：寒假返家的同学克服了胆小害羞的心理主动申请参加义卖筹款；一位患小儿麻痹症的青年专程从乡下来捐献 800 元，以表达一个残疾人的爱心；在外打工的中山人借回乡探亲机会，也投入到捐款的队伍中；一位市政府领导为筹集善款挨饿一天……这一件件感人至深的事迹只是"慈善万人行"活动中的缩影，却昭示着"人道、博爱、奉献"的宗旨，使人民感受到人道主义事业的真正内涵，召唤着更多的人投身到红十字事业中去。

"慈善万人行"每年都会选择一项具体的社会公益事业作为活动目标，然后发动社会力量参与募捐活动，筹集的善款也将用于此项公益事业。比如 1988 年的善款用于改善福利院孤寡老人生活条件；1989 年投资 80 万元，用于创办中山市启智学校，给那些因先天或后天因素造成智商低下的儿童带来了福音；1990 年、1991 年善款用于兴办为经济困难的孤寡老人服务的颐乐楼和为中山市的血液事业发展创办的红十字门诊部；1992 年善款用于创办中山急救中心，便于市民急救工作的及时进行；1993 年善款用于建设传播红十字培训中心；1994 年、1995 年善款用于筹建中山博爱医院；1996 年善款用于扩建中山一中高中部；1997 年直至最近几年的善款用于中山市及 24 个镇区公益服务和人道救助。

中山市红会每年还将善款总额中至少十分之一的款项纳入备灾赈灾基金及社会救济基金，做到未雨绸缪，以备不时之需。在历次的赈灾救灾中，中山市都能采取迅速行动，将储备的物资迅速运往灾区，可见此项基金设立的积极意义，也体现了中山市红会的高瞻远瞩。

"慈善岂止满中山，慈善何止万人行。"博爱精神不仅根植于中山这块热土，而且已经在华夏大地发扬光大。各地红十字会从当地实情出发，因地制宜，普遍开展了形式多样的"捐善款，献爱心"活动，筹集善款基金，开展各种社会公益事业，如天津、厦门、沈阳、济南等地红会也开展了类似的活动。

中山市这个只有 20 多万人口的城市，在这 20 多年间，累计共有超过 200 万人次参与"万人行"活动，超过 100 万人捐献善款，中山市红十字会先后发放社会救助金达 1.5 亿多元，使得无数处于困境者得到及时有效的救助，救助金最高的个案达到了 8 万多元。通过"慈善万人行"，红十字会帮助了更多需要帮助的人，调剂了贫富差距，促进了社会和谐发展，也促进了社会良好风气的形成，"博爱、创新、包容、和谐"的中山人精神，正润物细无声地滋润着这块热土，它所激发的人道主义精神之光也在迅速传遍神州大地，启迪、激励着每一个热心公益事业的心灵。

88 国际体育援助计划

张智清　池子华　杨国堂

　　"国际体育援助计划"是英国慈善团体于 1988 年发起的一项世界性的儿童福利活动。这项活动希望通过在世界范围内开展中长跑等体育活动的形式来发动募捐，旨在救济不发达国家的儿童，帮助不发达国家儿童健康成长，以促进全球儿童保健事业的发展。

广东省红十字会组织开展 "88 国际体育援助活动"

　　20 世纪 80 年代以来，虽然儿童的生活环境不断得到改善，其权益也日益受到有关方面的重视。但是在大多数国家，尤其是不发达国家，儿童的生存与健康成长仍然存在着很多不利因素。据调查显示，很多贫困国家儿童依然挣扎在死亡线上，这些国家在保障儿童饮用水、粮食安全、营养状况、疾病控制、受教育等方面面临着巨大困难，儿童的各项权益得不到有效保障，甚至存在着被拐卖的风险。对世界儿童，尤其是不发达国家儿童的救济亟待加强。

因此，“88 国际体育援助计划”一经宣布，立即得到了众多国家和地区的积极回应，仅到 1988 年 4 月，就已有近 100 个国家和地区准备参加这项活动，其中就包括拥有悠久慈善历史传统的中国。

1988 年 3 月 12 日，中国红十字会与外交部、国家教委、广电部、国家体委等五部委根据中国驻英大使的建议，经过多次磋商后达成了共识，认为“88 国际体育援助计划是一次大规模的儿童福利宣传活动。这项活动的开展有助于促进社会各界对儿童健康成长的重视，推动中、小学体育活动和儿童保健事业的开展，世界上大多数国家都积极参加这一活动，中国参加可以扩大我国作为和平、发展、发扬人道主义的大国在世界的影响”。

在达成共识之后，中国红十字会等五部委立即向国务院呈递了一份“关于参加一九八八年国际体育援助计划活动的请示”，这一请示得到了国务院的高度重视和大力支持，并很快于同年 4 月 5 日得到了批准。

4 月 22 日，“88 国际体育援助计划”中国组委会在北京召开了新闻发布会。在发布会上，组委会秘书长、时任中国红十字会副会长的蔡壬癸同志向新闻界宣布：“经过中国红十字会总会、外交部、国家教委、国家体委、广播电影电视部的酝酿和准备，国务院正式批准，中国参加 1988 年国际体育援助计划。”蔡壬癸同时还宣布我国将从 1988 年 4 月下旬开始在各大中城市开展 14 岁以下中小学生千米跑活动，并选出男女代表各一名，作为“世界儿童”参加 9 月份在纽约举行的“与时间赛跑”起跑仪式。

4 月 24 日，1300 多名青少年身披彩带，佩戴着红十字标志在北京市少年宫举行了长跑活动。这标志着由中国红十字会与外交部、国家教委、国家体委等联合发起的中国“88 国际体育援助计划”活动正式拉开了序幕。

“88 国际体育援助计划”的大幕在北京拉开以后，全国其他城市如哈尔滨、青岛、长春、天津、杭州、上海、衡阳、福州、成都等积极响应，在当地红十字会的领导参与下，围绕“为了儿童健康”这一主题，举办了形式多样的活动，发动群众踊跃募捐。

在上海，“88 年国际体育援助计划”在市红十字会等团体的参与和支持下，于 5 月 3 日拉开了活动序幕，活动当天有 500 多名青少年参加了千米跑。在随后的 9 月 11 日，1500 余人在人民广场参加了“与时间赛跑”主题活动，以响应“援助计划”。其中，上海嘉定区开展“88 国际体育援助计划”活动，共募得捐款 208366. 62 元，除按规定上缴市红十字会外，其余 171608. 38 元委托区教育局筹建嘉定区辅读学校。该校于 1991 年建成，当年便招收三个班级 38 名智障儿童入学。

在青岛，在市红十字会的参与与帮助下，由 1000 多名青少年参加的、以“为了孩子的健康”为主题的泅渡汇泉湾活动于 8 月 14 日举行。这是“88 国际体育援助计划”青岛地区募捐活动内容之一。9 月 11 日，为贯彻“88 国际体育援助计划”，青岛市又举行了隆重的万人万米接力跑活动。

在重庆，“88 国际体育援助计划”同样如火如荼地进行着，重庆市民积极响应市红十字会的号召，纷纷踊跃捐款，共募得善款近 13 万元。

在昆明，省红十字会根据《关于我国参加国际体育援助计划活动的通知》精神，于 9 月 10 日组织 14 岁以下儿童进行千米跑活动，为体育援助计划贡献出了一份力量。

"88 国际体育援助计划"不仅得到了机关组织的认同与支持，同样也得到了中国广大人民群众的赞同与积极响应。著名相声表演艺术家马三立在病体尚未康复的情况下，于 8 月 30 日晚参加在中国大剧院举行的为"88 国际体育援助计划"募捐义演，以独特的方式，表达对这一行动的支持。

1988 年 9 月 11 日，"88 国际体育援助计划"北京长跑仪式在天安门广场隆重开幕，近万名来自各基层组织的红十字会员、体育爱好者和热心儿童福利事业的人们参加了这一国际体育盛事。全国人大常委会委员长万里出席了开幕仪式并亲自点燃了火炬。熊熊燃烧的火炬汇聚了中华儿女支持儿童福利事业的决心，同样也汇聚了广大中国人民的爱心。据不完全统计，在这次活动中，中国各地红会共募得捐款高达 1200 多万元，这些善款全部用来开展儿童健康福利事业。

谭云鹤当选国际协会副主席

池子华　杨国堂　张智清

1989 年 10 月的日内瓦，金秋送爽，阳光明媚。绿地、蓝天、白云交相辉映，让人感觉无比的宁静、舒适与愉悦。在这个月的 15 日，以谭云鹤副会长为团长的中国红十字代表团一行 5 人到达了这座美丽的城市，怀着无比激动的心情前来这里出席有 140 多个国家和地区的红十字会和红新月会代表团参加的国际红十字会与红新月会协会（现改称国际联合会）第 7 届大会。除了例行事务外，这次大会的主要内容便是通过协会 90 年代发展战略和选举新的领导机构。

10 月 16 日至 20 日，大会开幕前，谭云鹤副会长和代表团成员分别参加了协会 90 年代发展战略委员会会议、协会第 24 届执行理事会和协会救灾委员会会议。

改革开放后的几年来，中国红十字会在协会各种会议上不断阐述自己关于开展协会工作的观点，强调协会应该把工作重点放在各国红十字事业发展上，引起各方面的重视，并指定谭云鹤副会长为"协会 90 年代战略委员会"成员之一。该委员会于 1988 年指定 9 个国家的 9 位代表组成，主要研究和探讨协会 90 年代的发展计划。为此谭云鹤副会长曾不辞辛苦数次抵日内瓦，为协会长远发展提出了诸多宝贵的建议，并与其他代表共同磋商，拟出了战略草案。这次战略委员会会议主要是将战略草案最后定稿，以便提交 24 届执委会和协会第 7 届大会通过，供协会和各国红会开展工作时参考。

协会大会 21 日开幕，23 日举行选举。在此之前，各国代表纷纷开展"走廊外交"，广泛"活动"。按照章程规定，协会主席只有一名候选人，即上届的主席兰德尔（委内瑞拉红会会长），而这次要竞选副主席的却有多位候选人。参加竞选的共 13 个国家的 13 位候选人，按协会章程规定，每个地区只能选出两位副主席。竞选活动变得异常活跃，除了频繁的双边接触外，各大地区如东欧、西欧、拉美、非洲、亚太地区等分别开会协调磋商，确定本地区的候选人，并决定对其他地区候选的支持与否。

中国红十字会代表团为了积极参与协会工作，为国际红十字运动贡献力量，早在 1989 年 4 月即向各国红十字会发函，提出推举谭云鹤副会长竞选国际协会副主席，希望各国红会支持。

关于谭副会长竞选协会副主席的问题，其实在开会前，中国红十字会已得到 80 多个国家支持竞选的肯定答复。另有 20 多个国家表示积极考虑支持，许多国家的代表说："中国改革开放以来，红十字会工作发展较快，在国际上积极发挥作用。中国是一个拥有 11 亿人口的国家，应积极参与协会工作，应该当选副主席。"正式选举投票前形势已经基本明朗，有许多国家的代表表示，中国的谭云鹤先生肯定当选。

10 月 23 日下午正式投票，当下午 5 时公布选举结果时，现场掌声雷动，因为当选的国家中只有中国突破了 100 票，可以说是以最高选票当选。散会后，许多国家红会代表向谭云鹤副主席热烈拥抱表示祝贺。不分民族、不分信仰、不分地区，相互友好、信任之情溢于言表。大家共同的心愿是希望中国能在协会不负众望，发挥更大作用。

谭云鹤、孙柏秋一行出席在布达佩斯举行的第 8 届国际联合会大会

谭云鹤副会长当选协会副主席，对于中国以及中国红十字会来说，是一件可喜可贺的事。这是新中国成立后中国红十字会第一次出任协会副主席（1992 年 4 月，鉴于谭云鹤已不再担任中国红十字会副会长，改由常务副会长顾英奇担任协会副主席），它充分显示了中国改革开放后国际地位的提高，同样也显示了中国红十字会威望的"步步高"！

探索中国特色的红十字事业

——继往开来的"五大"

杨红星

中国红十字会的"四大"，使建设具有中国特色红十字事业落地生根，而"五大"的召开，承前启后，继往开来，为"特色事业"的枝繁叶茂输送了丰厚的养料。

中国红十字会"五大"会场

"四大"以来，特别是历史进入 20 世纪 90 年代，中国进入了改革开放和现代化建设的快车道。改革开放的深入为发展红十字事业提供了新的机遇，也提出了新的要求。正是在这样的社会历史背景下，1990 年 2 月 15 日至 17 日，中国红十字会在北京召开第五次全国会员代表大会。与会代表 231 名，代表着 850 万会员。"五大"肯定了"四大"所开辟的"特色道路"的正确性和所取得的成效，谭云鹤副会长代表第四届理事会所做的工作报告中，总结了"四大"以来红会工作的经验，其中"最根本的一条就是认真贯彻党的十一届三中全会所重新确立的思想路线：实事求是，一切从实际出发，认真实行改革开放。从红会来说，就是要善于把国际红十字会的人道主义宗旨和七项基本原则同社会主义中国的实际情况结合起来，同中央、国务院的指示精神结合起来，同当前全国人民的中心任务结合起来，改革不适应中国国情的东西"。在此基础上，"五大"通过提出今后五年红会工作的目标和任务，进一步把"特色思想"融入红会发展的进程之中。

"五大"推举朱学范、赵朴初、钱信忠、崔月犁为名誉会长，聘请谭云鹤为顾问；选举陈敏章为会长，顾英奇为常务副会长，张德江、邹时炎、郝长元为副会长，孙柏秋为专职副会长；韩长林任秘书长，曲折为副秘书长。中国红十字会完成了又一次的新陈代谢。

对于中国红十字会"五大"的召开，中国政府给予了极大的关注。17 日上午，国家主席杨尚昆、国务委员李铁映等党和国家领导人接见了全体代表。李铁映代表党中央、国务院发表重要讲话。国务院总理李鹏为大会发来贺信，高度赞扬了红十字组织在奉行人道主义宗旨、维护世界和平和发展各国人民之间的友谊诸方面所做的贡献。国际红十字会与红新月会协会主席维拉罗尔·兰德尔和秘书长帕克·斯坦贝克联名发来贺电，向中国红十字会"五大"致以"最热烈的祝贺"。

建设具有中国特色的红十字事业是建设具有中国特色的社会主义的组成部分，是从我国正处于社会主义初级阶段的实际出发的，它服从和服务于建设有中国特色的社会主义。

在中国红十字会的发展历程中，在建设有中国特色红十字事业的"特色理论"的形成和发展过程中，"五大"都是一个具有标志意义的里程碑，而"五大"之后的五届理事会时期也是一个举足轻重的历史时期。从"四大"首次提出创建具有中国特色的红十字事业以来，红十字会就以此为奋斗目标。"五大"更是旗帜鲜明，谭云鹤副会长作《振奋精神，群策群力，把建设有中国特色的红十字事业继续推向前进》工作报告，报告中把"继续探索建设具有中国特色的红十字会"作为"今后我国红会工作的基本指导思想"。到1994 年"六大"召开时，经过"四大"的开拓，"五大"的继承和拓展，建设具有中国特色的红十字会已形成较为完整的理论体系，其要点可归纳为：

性质宗旨：中国红十字会是从事人道主义工作的社会救助团体，坚持发扬人道主义精神，保护人的生命和健康，促进和平进步事业。

发展道路：研究国际通行做法，紧密联系中国实际，沿着法制化轨道，建设有中国特色的红十字会。

与政府的关系：红十字会遵守国家的宪法和法律，发扬人道领域政府的助手作用，独立自主地开展工作，并接受政府的监督；政府对红十字会给予支持和资助，保障红十字会依法履行其职责。

主要任务：为改善最易受损害群体的境况，建立备灾救灾体系，参与自然灾害和突发事件救助，开展群众性卫生救护，减少各种因意外伤害造成的人员致残和死亡；参与血液事业的管理，推动无偿献血；开展与人道主义有关的工作，开拓新的服务领域。

组织模式：按行政区域和行业系统发展组织，县以上按行政区域建立地方各级红十字会；各级现职行政领导出任红十字会会长。红十字会开展活动以基层组织和会员为基础。在对外交往中坚持独立、平等、互相尊重的原则，积极发展与各国红十字会的友好合作关系，促进世界和平进步事业。

应该说，上述理论体系只是探索具有中国特色的红十字会所取得的阶段性成果，但这些理论成果的取得对中国红十字实践和中国红十字事业的未来发展的指导作用是不可低估的。从某种程度上说，《中华人民共和国红十字会法》的出台就是对这一理论成果的借鉴、吸收和完善。谭云鹤副会长在"五大"的工作报告中明确指出："必须用立法的形式对红十字在整个社会中的地位、作用，与有关部门的关系，以及开展群众性现场救护训练、兴办社会福利事业实体等，做出明确的规定，以保证红十字事业的健康发展和依法开展活动。"可以说，是"五大"正式把立法工作提到至关重要的议事日程。之后，随着五届理事会对中国红十字事业"特色之路"的探索，中国红十字会立法工作不断取得重大进展，《中华人民共和国红十字会法》的面庞渐趋清晰。1993年10月31日，江泽民主席签发了中华人民共和国第十四号主席令，《中华人民共和国红十字会法》正式施行。

"度尽劫波兄弟在，相逢一笑泯恩仇"

——两岸红十字会长历史性的会晤

杨红星

1949 年，由于众所周知的原因，海峡两岸遥相对峙，炮声时闻。但任何人为阻禁，都割不断骨肉之情。随着时光的流转，两岸同胞思乡、思亲情切。人们期盼着和平、统一。然而，"坚冰"依旧，相聚之难难于上青天。正是在这个特定的时空背景下，中国红十字会以其特殊的地位、特有的方式为打破海峡两岸长期对峙、隔膜状态，铺路架桥，用人道主义的暖流，逐步去融化40 年的"坚冰"。

在两岸红十字组织的不懈努力下，在两岸民众舆论的压力下，台湾当局终于宣布自 1987 年 11 月 2 日起，允许现役军人和公职人员以外的台湾民众，经第三地转赴大陆探亲。"两岸气氛缓和，亲情洋溢，来往沟通成为当时两岸关系的主流。"

为配合探亲工作，两岸红十字会在红十字国际委员会的帮助下间接联系，共同开展两岸同胞的查人转信工作。到1992 年底，据不完全统计，中国红十字会"共受理海峡两岸查人个案 12 万余宗，查到结果共24281 宗，使 8 万名两岸同胞取得联系"，红十字会可谓功德无量。至此，互相隔绝的局面已经打开，

中国红十字会陈敏章会长

两岸红十字组织通过进一步努力，直接接触的时刻已经为期不远了。

两岸红十字会会长的直接接触，缘于一次既偶然又必然的间接接触。1990 年 4 月 16 日，中国红十字会副秘书长曲折突然接到中国台湾红十字组织副秘书长常松茂先生的电话。这个不寻常的电话，是两岸红十字会组织负责人第一次直接通话。原来，常先生 68 岁的夫人刘凤子女士在大陆探亲途中突发急性肠梗阻，入住宜昌市第一人民医

院，远在海峡彼岸的常松茂先生情急之下拨通了曲折副秘书长的电话，请求予以关照。在中国红十字会的协调以及各方面的共同努力之下，刘凤子安然返台。这次突发事件接通了被禁锢40年的电话线，为实现两岸红十字会长历史性的会晤做了一个情感上的铺垫。

1990年，仿佛注定要成为两岸红十字会的"交流年"。年初，台湾红十字组织会长徐亨通过他上海的老朋友民革中央监委谭敬先生向中国红十字会总会传递了这样一条信息：若大陆红十字会会长以个人名义发出邀请，他愿意来访。总会对这一信息极其重视，4月6日陈敏章会长以个人名义向徐亨先生发出邀请："我以为海峡两岸红十字会同道同源，如能为中华民族振兴，为人民大众之幸福而通力合作，方可谓适乎世界潮流，合乎人群之需要。我以个人名义诚挚地欢迎您在方便的时候来大陆访问。"此后曲折与常松茂先生为落实徐亨会长的大陆之行进行了数次通话，终于在5月24日到6月10日，徐亨、常松茂一行三人顺利访问了中国红十字会。

"度尽劫波兄弟在，相逢一笑泯恩仇。"6月3日，中国红十字会会长陈敏章在总会训练中心会见了台湾红十字会会长徐亨先生和常松茂副秘书长，此次会见是海峡两岸红十字会首次直接接触，是两岸红十字组织交往中一个新的突破。

在这样不同寻常的历史时刻，空气中凝结着祥和与温馨的气氛。当徐亨先生一行走进会客室，陈会长迎上前去紧紧握住徐亨先生的手，连声说："幸会！幸会！一路辛苦！"对远道而来的徐先生表示热烈欢迎。

台湾红十字会会长徐亨

徐先生说，这次来北京非常高兴，这是我多年的愿望。陈会长说，这也是我们多年的希望，你们的到来对两岸红会的交流很有好处，你们在提高人民健康水平方面有不少经验。中国红十字会的工作都是为老百姓的，包括救死扶伤、扶危济困、尊老助残、助人为乐。陈会长说，正像常先生说的，见面谈一谈，很多隔阂就没有了。您是第一次来，再来就是老朋友了。

徐亨先生微笑着说，希望不久的将来我能邀请你们到台湾去。

陈会长愉快地说，非常高兴能在台湾拜访您。

宾主在亲切、友好、融洽的会见后，一同来到中国少年儿童活动中心，参加了中国红十字会举办的"保护儿童、妇女和老人"全国儿童画展开幕式，在这里徐亨先生与中国少年儿童基金会副主席荣高棠、中国红十字会名誉会长钱信忠、崔月犁等见了面。徐亨先生和大家一起饶有兴趣地参观了画展。几天中，徐亨先生一行在孙柏秋副

陈敏章与徐亨会晤

会长的陪同下，在北京、上海、杭州等地进行了参观访问。

在徐亨会长的这次访问中，经过双方热情、诚恳而富有成效的会谈，就有关海峡两岸红十字组织今后工作协作达成了五项口头协议，包括查人转信问题、台胞台属探亲中衍生的问题、渔船海难事件的处理和遇难船员的遣返问题、台属的遗产继承问题以及海峡两岸的双向交流问题。

6月19日，徐亨先生在台北向新闻界表示："日后海峡两岸举凡寻人、认证、渔船纠纷以及紧急事项处理等，皆可通过两岸红十字组织直接联络处理，不必再假道红十字国际委员会转送。"

此次会谈是"第一次历史性的工作会谈"，是"两岸授权机构进行事务性谈判的滥觞，也是两岸官方主管部门授权民间机构进行的首度接触"，所达成的五项口头协议为三个多月后的"金门会谈""铺设了有利的基础，即使连后来海基会与海协会的协商事务，也依然延续当时建构的议题架构，持续进行商谈"。

海峡两岸红十字组织签署"金门协议"

杨红星

"金门协议"是新中国成立后，由两岸红十字组织携手签订的"第一个书面协议"，是两岸联系与沟通的见证。

1990 年 9 月 12 日，两岸红十字组织代表在金门签署"金门协议"

1949 年以后，海峡两岸处于长期的对峙、隔膜状态，但手足同胞的骨肉亲情不会为人为的障碍所阻隔。随着两岸关系的渐趋缓和，特别是 1987 年 11 月，台湾当局开放民众赴大陆探亲后，"两岸气氛缓和，亲情洋溢，来往沟通成为当时两岸关系的主流"。同时，因探亲而衍生的经济、文化、贸易、观光等民间交流活动也日益繁盛，为时人所关注，足见两岸的交流与沟通是大势所趋，人心所向。但台湾当局仍顽固坚持"三不"政策（不接触、不谈判、不妥协），拒绝官方接触谈判。在这种情况下，作为中立性质的民间组织，红十字会理所当然地承担起两岸联系的纽带与中介。

"金门协议"签订之前，在两岸红十字组织的努力之下，两岸关系已经取得了一些进展：1990 年 4 月 16 日，两岸红十字组织负责人第一次直接通话；1990 年 6 月 3 日，中国红十字会会长陈敏章在总会训练中心会见了台湾红十字组织会长徐亨先生一行，此次会见是海峡两岸红十字组织首次直接接触，是两岸红十字交往中一个新的突破。

两岸红十字组织的倾力携手，使两岸关系的"坚冰"逐渐融化，也正是由于上述显著成效的取得，当又一次考验两岸关系的严峻时刻到来之时，历史的重任责无旁贷地落在了两岸红十字组织的肩上。由于台湾方面奉行单向的非人道海上遣返作业，1990年7、8月间酿成极其惨烈的"闽5540号"、"闽平渔5202号"两起海难事件，造成46位大陆同胞葬身大海。事件发生后，两岸震惊，台湾当局受到海内外舆论的强烈谴责。迫于内外压力，台湾当局不得不决定中止不安全不人道的遣返方式。由此，人道遣返问题提上日程，而两岸红十字组织重任在肩。

在前期磋商和准备的基础上，两岸红会组织于1990年9月11日至12日共聚金门，海峡两岸红十字组织代表韩长林、陈长文等对双方参与见证其主管部门执行海上遣返事宜举行工作商谈，经过坦诚友好的交流与协商，签订了两岸关系发展史上的第一个书面协议——金门协议，内容包括遣返原则、遣返对象、遣返交接地点以及遣返程序等几个方面。

2010年9月21日，"金门协议"商谈代表重聚金门

审视"金门商谈"的全过程并结合当时两岸关系发展的现实，可以说"金门协议"的内容是对遣返作业和两岸关系问题的充满智慧的、实事求是的客观解读。正因为如此，在之后的执行过程中才会取得显著的成效。协议执行过程中的"参与见证"的职责界定是准确而客观的，符合红十字组织的宗旨和原则，同时也是红十字组织参与协议的前提和协议成功履行的保障。商谈中就双方的敏感问题如签字书写的年号和商谈主体的称谓等问题经过积极的磋商，最终达成谅解和共识，显示出双方积极务实的合作态度。这对于协议的签订是至关重要的。单就金门这个商谈地点的选择来说，也充分显示出两岸合作的真诚。金门是两岸关系的政治敏感区，从"金门炮战"到

"金门协议"，32 年来金门是两岸关系发展的风向标，能够在金门进行商谈、签订协议，它的象征性意义不言自明。

"金门协议"的公布，在海内外产生强烈反响，台湾舆论普遍认为"这是 40 年来两岸关系的一大突破"，使两岸关系"跳出低谷，已出现曙光"。台湾《中国时报》报道说："这是一次堪称历史性的会谈，具有突破性的历史意义。"经历 41 年的漫长岁月后，第一次通过协商的方式解决相互间存在的问题，说明只要顺应历史发展的潮流，珍惜两岸人民间的亲情，中国人就没有自己解决不了的事情。

"金门协议"在两岸关系发展过程中具有里程碑的意义，卓有成效地解决了长期困扰两岸关系发展的海上遣返问题。1990 年 10 月 8 日，双方根据"金门协议"第一次顺利进行了海上遣返作业，首批 55 名私自渡海去台的大陆居民从马祖回到了福州马尾港。协议签订后的十余年中，在两岸红十字组织的参与见证下，"从马祖和金门共接运私渡去台人员 142 批，27890 人次，劫机犯罪嫌疑人 3 批，15 人；向台湾遣送违法台湾居民 45 批，123 人"。通过"两岸双向遣返工作的开展，严厉打击了沿海地区的走私、贩枪、贩毒等违法犯罪活动，有效防范了台湾不法人员将大陆作为逃避惩罚的'避风港'，遏制了两岸人员非法入境活动，为维护沿海地区安全、社会稳定起到了积极作用"。特别值得指出的是，1997 年劫机犯的遣返成功，标志着"两岸在司法互助方面又迈出了漫长而艰辛的一步，而这一步无疑是应该载入两岸关系发展的史册的"。历史证明，"金门协议"所规定的遣返原则和策略是极其正确的。这些成就的取得，两岸红十字组织功不可没。

同时，"金门协议"对发展两岸关系具有重要启示。对于两岸关系而言，"金门协议"为我们提供了思考的方向，对未来处理两岸问题也具有启发性。"金门协议"是"两岸中国人通过自己的和平协商找出了解决具体事物的方法，从此使两岸的谈判提上了议事日程。从这个意义上说，'金门协议'是个前奏，它为两岸正式授权的民间组织（海协会、海基会）商谈铺路、催生"。同时，"金门协议"开创了两岸通过民间渠道解决广泛而重要问题的先例。协议的成功签订和顺利执行是长期以来两岸关系发展的需求，代表了两岸难以割舍的血脉亲情和两岸关系发展的必然趋势，昭示了两岸关系的发展方向。

迈出海峡两岸交流第一步

——曲折的台湾之行

李 慧

1991 年 7 月 21 日下午 3 时，福建省石狮市祥芝乡的 18 位渔民在台湾海峡与台湾渔船发生渔事纠纷，因台湾军警的介入、行政司法部门的插手，事态被人为地扩大化、复杂化。此次事件中的 7 位渔民被台中 "地检署" 起诉，另 11 名渔民被送往金门。这就是在海内外引起轩然大波的 "7·21 事件"。

曲折、庄仲希结束访台之前在台北红十字会召开记者会

18 名大陆渔民被无理扣留在台湾，亲人心急如焚。7 月 25 日，大陆方面正式提出，由中立立场的中国红十字会 3 人赴台进行人道探视。台湾方面开始表示同意，但随后又就赴台人数、时间、日程等细节问题进行反复纠缠，硬性规定只能去 2 人，且只能在台待 2 天，只能探视在金门扣押的 7 人。中国红十字会发言人向新华社发表谈话，对台湾有关方面限制该会 3 名人员赴台探视的做法深表遗憾，认为台湾有关方面

的所作所为，实在有悖常理，尽管事情发展到了这种地步，中国红会人员亦遭此不合理待遇，但为了表达对被扣押在台中的 18 名福建省渔民的关切，仍决定派两名人员赴台，并重申只了解情况，无意协商案情。台湾方面乘机下了台阶，允许在台中停留 3 天，记者可以同行。于是双方商定大陆方面，由中国红十字会代表曲折、庄仲希及两名随行记者范丽青、郭伟锋于 8 月 12 日赴台作为期 3 天的人道探视。

但是一波三折，在曲折 4 人赴台途中，台湾当局在 8 月 11 日夜里，以未承诺不看望已被台当局带往金门准备遣返的蔡成家等 11 名渔民为由，单方面宣布中止曲折副秘书长、庄仲希副主任赴台。在滞留香港期间，曲折先后举行了两次记者招待会，据理力争。他向台湾当局提出抗议，指出"中国红十字会基于人道主义立场，派遣我和庄仲希前往台湾看望 18 位渔民，了解情况，表达希望在尊重事实、公平合理的基础上解决这起纠纷的愿望"，"虽然我们一再向台湾有关方面阐述我们的意见，但他们却固执地不让我们看望这 11 位渔民，最终竟以此为理由，拒绝我们赴台看望 18 位渔民。现在我们被阻滞在香港，希望台湾有关方面，从有利于推进两岸关系发展的大局考虑问题，做出理智的决定，不要再做伤害两岸同胞感情的事"。但曲折对能否赴台探望大陆渔民，表示了乐观态度。他在新华社分社台湾事务部举办的茶话会上说："我和庄仲希先生至今在香港已停留了两天，我们正耐心地等待台湾有关方面允许入台的通知。"

中国红十字会发言人也就此事发表谈话，希望"台湾当局尽快取消对曲折副秘书长、庄仲希副主任赴台的种种不合理限制，使他们早日进岛，看望 18 名福建省渔民，并告慰 18 名渔民的亲属和乡亲，以实践红十字会人道主义的宗旨"。

曲折被阻滞在香港的消息一经传出，舆论哗然，台湾本土反应尤为强烈。台湾媒体针对此事件发表连篇报道，知名人士也纷纷发表谈话，指责台湾当局"鸡蛋里挑骨头"，《联合报》社论指出，"闽狮渔"事件是我们检讨对大陆政策的机会。在强大舆论压力的督促下，台湾方面不便违背民意、一意孤行，终于同意放行。滞留香港 8 天的曲折一行 4 人，于 8 月 20 日终于在历经"曲折"后到达台湾。

到达台湾后，曲折在台湾机场的休息厅里发表谈话，表示 7 月 21 日发生的闽台渔民之间的民事纠纷事件，至今已经 30 天了，亲莫大于骨肉，痛莫大于分离，18 位渔民的亲属和父老乡亲连日来寝食不安，忧心如焚，热切盼望亲人早日平安归来。人同此心，心同此理。我们将不负厚望，竭尽绵薄之力，真切地表达亲人的思念和慰问，充分地表达中国红十字会总会、福建省分会的关切。希望能得到台湾各界人士和有关方面的理解。借此机会，我们谨向一切关心 18 位渔民，并给予帮助的台湾同胞和各界人士致以崇高的敬意。

曲折一行于 8 月 21 日上午赴台中探视被扣押在看守所的 6 名大陆渔民（因其中一人未满 16 岁，而被关押在观护所），曲折详细询问了他们的身体、生活状况，并听取了渔民叙述事情发生经过，接着去观护所看望了少年蔡亚焕，并转交了其父母捎带的衣物。代表团于 8 月 21 日下午就看望滞留金门的 11 名福建渔民事宜，与台湾方面反复磋商，得以"视讯电话"的形式见面，并同台湾"海基会"基于互谅互让的精神达成协议，由"海基会"尽早安排大陆渔民返回故乡。

8月22日上午，曲折、庄仲希拜访了台湾红十字组织，受到徐亨会长的热情欢迎。徐亨先生回顾了他去年访问北京等地时受到的热情接待和亲切照料，动情地说，以往两岸红十字组织往来需通过国际红十字组织中转，沟通困难，去年在北京，两岸红十字组织面对面，开始了直接沟通交流，并促成台湾"海基会"与大陆的交流，是很值得纪念的事，希望今后海峡两岸的交流更加密切。曲折代表中国红十字会对几个月来台湾同胞热情捐助支援大陆抗洪救灾行动表示衷心的感谢。

8月23日上午，曲折一行结束了对台湾为期3天的访问离台回返，徐亨、常松茂等到机场送行。热情的台胞举着"祝曲折一行一帆风顺"的标语前来欢送。在一片热烈祥和的气氛中，"曲折"的台湾之行落下了帷幕。

曲折的台湾之行虽然经历了"曲折"，但是通过协商与和解，完成了此次出行的任务，说明了处理两岸问题，协商与和解是最好的办法。这次"曲折"之旅，也似乎预示着两岸关系将来的发展，但我们坚信道路是曲折的，前途是光明的！经过不懈的努力，完全可以实现两岸问题的顺利解决。

"人道——团结起来，共御灾害"

——1991 年抗洪救灾行动

张智清

1991 年，对于中国来说是一个多灾多难的年份。上半年，特别是五六月份开始，中国有 18 个省、自治区、直辖市遭遇特大水灾，洪水肆虐、大地陆沉。安徽和江苏两省受灾最重、损失最大。

在安徽，从 6 月 10 日起，上百个圩堤相继溃决，凶猛的洪水迅速涌入省城合肥；具有两千多年悠久历史的古城寿县，顷刻间便陷入了咆哮的洪水之中；被誉为"合肥明珠"的历史名镇三河仅仅在 23 分钟之后就被肆虐无羁的洪水所吞没，水深高达 4 米；与此同时，霍邱、肥西等地亦纷纷告急。

1991 年夏，水灾使安徽寿县成为一片汪洋

在江苏，太湖的平均水位以每天 10 厘米的速度暴涨，终于在 7 月 7 日以不可遏制之势猛增至 4.68 米，冲破了历史最高纪录。苏、锡、常等地在顷刻间变成了暴雨和洪涝的世界。而苏北里下河地区和洪泽湖畔的盱眙县灾情尤为严重，上百万群众被迫转

移疏散，含泪告别了被洪水吞没和毁坏的家园。

据当时的初步统计，安徽全省受灾人口达 4800 多万人，占全省总人口近 70%，因灾死亡 267 人，农作物受灾面积 430 多万公顷，各项直接经济损失近 70 亿元人民币。江苏全省受灾人口达 4200 多万人，占全省总人口的 62%，因灾死亡 164 人，农作物受灾面积 300 万公顷，各项直接经济损失 90 亿元人民币。200 万无家可归的灾民在淮河大堤上搭起了一眼望不到头的临时窝棚。

等待赈济的灾民

同样，在豫东南地区、洞庭湖畔、云贵地区、松花江边……全国 20 多个省（自治区、直辖市）的部分地区均受到了洪涝的无情袭击。从 5 月 18 日到 8 月 20 日，全国受灾人口达 2.3 亿，其中死亡 3074 人，伤 61000 多人，被洪水围困 1930 万人，被迫转移安置 1000 万人，农作物受灾面积达 4000 万公顷，各项直接经济损失高达 800 亿元人民币以上。

面对无情的洪涝，中国红十字会迅速作出反应，于 7 月 13 日成立"中国红十字会救灾协调领导小组"，由副会长孙柏秋担任组长。领导小组在成立当日，便紧急动员，号召各级红会组织立即投入到抗洪救灾工作中去。同时，按照国际惯例，向红十字和红新月协会通报了灾情，呼吁各国红十字会给予人道主义援助。中国红十字会的紧急救援呼吁发出以后，得到了德国、奥地利、加拿大、英国、日本、芬兰、挪威、泰国、伊朗、巴基斯坦、新加坡、韩国、瑞典、中国香港、中国台湾等国家和地区的积极响应，纷纷捐款捐物，显示了"团结起来，共御灾害"的强大决心。

1991 年特大水灾牵动着上至中央领导、下至平民百姓每一个中华儿女的心。7 月 16 日，江泽民总书记主持召开中共中央政治局会议，部署抗洪救灾工作。党和国家领导人江泽民、李鹏等亲赴灾区，视察灾情、慰问灾民，指导抗洪救灾。中国红十字会长陈敏章和主管救灾工作的副会长孙柏秋于 7 月中旬赴华东灾区视察灾情，慰问受灾群众。

全国各级红十字组织也迅速行动起来，积极参与抗洪救灾。在各地红十字会的组织号召下，全国掀起了声势浩大的"向灾区献爱心"的群众性募捐活动。8 月 23 日，北京市红十字会和红十字血站共同举办"赈灾献血日"活动，来自首都各条战线的 2000 多名红十字会员、干部、群众冒着酷暑前来献血。中国红十字会副会长孙柏秋和北京市红十字会会长何鲁丽也前来参加。当日献血者共捐献出 20 多万毫升的鲜血，并把共计 7.6 万元的营养费，全部捐献给了灾区。

1991 年 7 月 30 日，中国红十字会召开新闻发布会介绍救灾防病情况

1991 年抗洪救灾的壮举震撼着每一位中华儿女的心，全国各族人民捐款捐物，积极支援灾区。8 月中旬，中央电视台、中央人民广播电台、中国国际广播电台联合举办"风雨同舟，情满人间"大型赈灾义演，向广大受灾群众献上了全国人民的一片爱心。中国红十字会和北京市体委等单位联合举办的"同心曲"赈灾义演晚会同样真情感人，向灾区人民传递了"一颗仁爱心，一片手足情"。在"华夏之情"赈灾义演晚会上，著名评剧表演艺术家新凤霞手摇轮椅来到了舞台，为灾区人民献上了一首深情之歌，著名相声表演大师侯宝林把自己积蓄的存款 10000 元捐给了灾区人民。在全国，这样的捐赠、这样感人肺腑的义演不胜枚举。灾难无情人有情，他们都在传递着同一个声音：团结起来，共同御灾！

1991 年特大洪涝灾害同样牵动着广大港澳台同胞的心。灾害发生后，台湾红十字组织迅速开展救助活动，6 月下旬，台湾同胞通过台湾红十字组织汇捐美金 20 万元并订购部分帐篷、药品，请大陆红会分发给灾区。此后的几个月里，台湾红十字组织全身心投入，赈灾援助活动高潮迭起。香港红十字会在获悉灾难发生后，夜以继日地组织义演、募捐，考察灾情，将赈灾物资空运到灾区，体现了深深的同胞情。

在 1991 年的抗洪救灾过程中，中国红十字会收到来自各界共计 9700 万元的捐款和价值 1.83 亿元的救灾物资。总会及地方各级红十字会发挥了巨大作用。红十字会协同卫生部门先后组织派遣 1800 多支医疗队、8700 多名红十字医务人员深入第一线，救助灾民 600 多万。在这场特大灾难面前，红十字会克服重重困难，把赈灾物资送到了灾民手里，同时也把温暖送到了灾民的心里。中国红十字会及地方各级红会组织卓有成效的救灾和会员"舍己为灾民，忘我做奉献"的精神，受到了灾区人民的称颂，赢得了党和人民的赞誉，也得到了国际红十字会的肯定。

未雨绸缪

——备灾救灾中心的建设

◇

邓　通

世界有两大自然灾害带，一是在环太平洋地区，这里集中了全球 75% 的火山，80% 以上的地震，67% 左右的台风、海啸和风暴潮，以及大量的地质灾害和海岸常发灾害；另一个是在北纬 20°～50° 之间的地带，这里集中了世界 90% 的大陆地震和大多数大陆火山，同时也是雹灾、干旱、洪水、大风、冰雪等气象灾害和生物灾害的多发地带。而我国正处于两大自然灾害的交汇点上，据邓云特《中国救荒史》统计显示，历史上，"自公元前 206 年起，到 1936 年止，共计 2142 年间，自然灾害达 5150 次，平均每四个月强便有一次。就旱灾来说，共计 1035 次，平均每两年强便有一次；就水灾来说，共计 1037 次，平均每约两年便有一次"。

1993 年成立的湖北备灾救灾中心（位于孝感）

鉴于我国自然灾害频发的现状，中国红十字会自 1904 年成立以来，除了战争救护外，自然灾害的救助也是中国红十字会工作的一项重要内容，贯穿于红十字会的各个时期，包括 1917 年京直水灾、1922 年广东"八二风灾"、1928—1930 年西北华北旱灾、1947 年两广和四川水灾、1954 年的淮河水灾等。

尽管中国红十字会救灾工作有着悠久的历史，但由于种种原因，从中国红十字会改组到 1986 年，可以说红十字会只是"象征性地参与救灾"。1987 年，通过参与大兴安岭火灾的救助，中国红十字会的救灾工作进入了"自筹款物、自组队伍、独立工作"的新阶段。为加强对救灾工作的指导，1991 年 5 月参照《红十字与红新月灾害救济原则与条例》，结合中国实际，制定了《中国红十字会参与灾害救济工作的若干规定》及其《实施细则》。这是中国红十字会关于救灾工作的第一部法规，以此为标志，红会的救灾工作步入程序化、规范化和制度化轨道。

在多年的救灾实践中，中国红十字会认识到，要提高救灾效能，必须做到未雨绸缪，防患于未然。与此同时，救灾工作还是一项时效性很强的工作，只有在最短的时间内将急需物资发放至灾民手中才能将损害降至最低程度。因此，在中国红十字会的救灾工作中，十分强调"第一时间救助"的理念，要求救灾人员要在第一时间到达灾区考察灾情，物资要在第一时间送到灾民手中，而要做到"第一时间救助"，就必须不断增强备灾观念，做好救灾准备工作。所以在 1990 年中国红十字会第五次全国代表大会上提出：以自力更生为基础，积极争取国际支援，逐步建立备灾救灾体制。1991 年总会又根据中国大陆地理特点，提出在华东、中南、西南、东北、华南、华北建设六个区域性备灾救灾中心和一个总会备灾救灾指挥中心的构想。中国红十字会筹建备灾救灾中心的计划，得到了红十字会与红新月会国际联合会的重视，同时得到了日本、加拿大、美国、德国等红会的捐助，建设规划很快得以逐步实施。

1991 年中国红十字会杭州备灾救灾中心建成，这是日本红十字会通过红十字会与红新月会国际联合会援建的第一个备灾救灾机构。"中心"设计功能齐全，既能生产、储存、转运救灾物资，

广州备灾救灾中心

又能洗涤、消毒、整理募捐所得的被服及其他物资，还能开展人员培训，集多功能于一体。此后，1993 年湖北备灾救灾中心、1994 年沈阳备灾救灾中心、1996 年广州、成都、西安备灾救灾中心相继建成。此外，一些省市红十字会也建立了地方红十字会备灾救灾中心。1995 年西藏红十字会备灾救灾中心建成，此后，云南、安徽、江苏、内蒙古、广西、新疆等相继建立了备灾救灾中心。2007 年 12 月 9 日，随着中国红十字总会备灾救灾物资库在北京顺义区的奠基，中国红十字会初步形成了以总会物资库和 6

个区域物资库为重点，15 个省级物资库为基础，70 多个灾害多发的地、县级物资库为补充的红十字应急物资储备网络体系。

　　备灾救灾中心的建成，填补了备灾工作的空白。中国红十字会现有的备灾救灾中心，大多具有接收募捐、仓储、转运和培训等功能，平时是物资募集、储备和培训基地，灾害发生时则是进行灾害救助的枢纽，大大增强了红十字会的灾害应急能力，加快了红十字会的应急反应速度。

"一次成功的交流"

——孙柏秋首次率团访台

徐国普

20 世纪 90 年代，两岸红十字组织的交往进入了一个崭新阶段。如果说 1990 年台湾红十字组织会长徐亨访问大陆，标志着两岸红十字会开始直接交往的话，那么 1992 年中国红十字会专职副会长孙柏秋首次率团访台，表明两岸红十字会开始了双向交流。

孙柏秋率团访台，主要是答谢 1991 年台湾同胞和台湾红十字组织在大陆发生特大水灾的关键时刻伸出援手的善举。

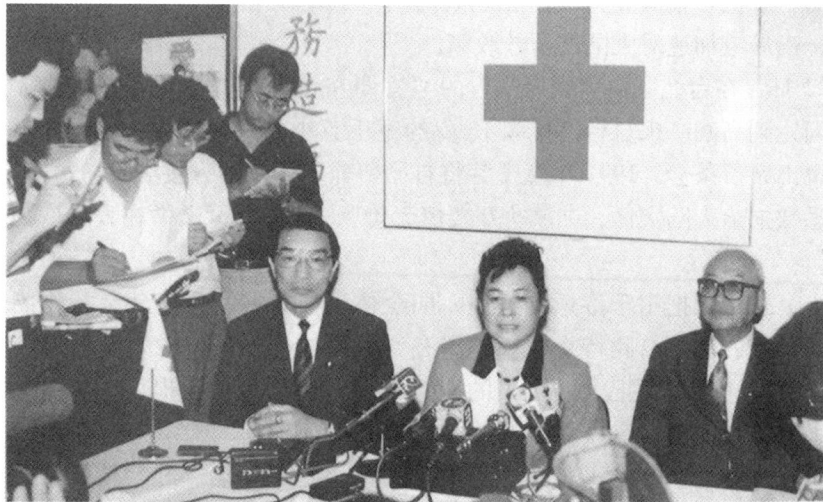

1992 年，孙柏秋副会长一行赴台答谢同胞赈灾情谊，
实现了两岸红十字组织的双向交流

1991 年，大陆以淮河流域为中心发生特大洪涝灾害。5 月 18 日至 8 月 20 日，安徽、江苏、河南、湖北等 18 个省区被百年不遇的洪水肆虐，其中安徽、江苏两省最为严重。全国受灾农作物 6.37 亿亩（其中绝收 6641 万亩），冲毁房屋 291 万间，损坏房屋 605 万间，被迫转移安置 1000 万人，1930 万人遭洪水围困，约 2.3 亿人成为灾民，因灾死亡 3074 人，直接经济损失达 821 亿元。

血浓于水，1991 年 7 月台湾红十字组织副秘书长常松茂第一个电询中国红十字会总会了解灾情。在岛内掀起的声势浩大的赈灾热潮中，台胞共捐献款物折合人民币 1.8 亿元，其中寄往大陆的 120 万美元，是最早的一批捐款，这充分体现了情高于天的民族情和同胞爱。10 月，常松茂还亲赴安徽、江苏重灾区慰问灾民，发放赈灾物资。

为感谢台湾同胞，中国红十字会总会决定组团赴台答谢。经协商，1992 年 7 月 1 日台湾红十字组织会长徐亨正式致函陈敏章会长，向总会发出邀请，孙柏秋的台湾之行由此确定。

1992 年 8 月 17 日，孙柏秋一行 3 人飞抵宝岛台湾，开始为期一周的访问。在机场，访问团受到了徐亨会长、陈长文副会长等人的热烈欢迎，孙柏秋发表热情洋溢的讲话："1991 年台湾同胞对内地感天动地的深厚支援……内地灾民、内地人民不会忘记你们，历史不会忘记你们，中华民族不会忘记你们。"

8 月 18 日，访问团开始分别拜访了在 1991 年水灾中捐助达 1000 万元新台币以上的台湾塑胶工业公司、新光人寿保险公司、中华航空公司、裕龙汽车制造公司、国泰人寿保险公司、远东纺织公司等 6 大公司。在拜访台湾塑胶工业公司时，孙柏秋向公司副总经理王金树赠送了浙江名画家的一幅"鱼水情深"泼墨国画；在拜访裕龙汽车公司时，与总经理李振华等举行了会见仪式，孙柏秋希望裕龙能与大陆合作，使中华民族的汽车国产化；在拜访国泰人寿保险公司时，孙柏秋对蔡万霖赈济华东水灾的义举表示感谢，并把一幅画和天津沙驼老人写的"百寿"横幅大字送上，随后蔡万霖向记者表示，当局应加速对大陆的开放政策。

8 月 22 日，在台北圆山大饭店举行的"答谢在台同胞暨社会各界捐款救灾茶会"，使这次访问达到高潮。来自台湾桃园 13 岁的童千芬小姑娘，这位特殊的捐献者在母亲的陪同下也出席了茶会。1991 年童千芬将自己留养了多年的齐腰秀发剪掉，义卖 10 万元新台币悉数捐给大陆灾区，"青丝万缕情无价"，她的慈行义举在大陆广为流传，备受赞誉。

茶会上，孙柏秋把童千芬邀到身边，向全体来宾说，我没有什么礼物能表达大陆同胞对台湾同胞的谢意。我特意把一件印有"风雨同舟——安徽人民感谢您"的 T 恤衫送给童千芬小妹，也是把大陆人民的谢意送给台湾同胞！我提议，各位来宾都在这件纪念衫上签上自己的名字。在记者的闪光灯下，孙柏秋、徐亨首先在 T 恤衫上签了名，接着陈长文和海基会董事长辜振甫夫人严倬云也签了名。礼轻情义浓，童千芬激动地说：这是一件最有纪念性的礼物，暑假结束后，她要穿上这件 T 恤上学给同学们看看。

访台期间，孙柏秋一行从台北到台中、台南，几乎走遍了各大城市，访问了台中市、高雄市红十字会慈晖育幼院，探视了新竹市"大陆同胞收容中心"的同胞。所到之处受到台湾各界热情欢迎和隆重接待，新闻媒体踊跃报道，在岛内引起轰动。

值得一提的是，孙柏秋与一些台湾政界头面人物和社会名流的接触，促进了了解，增进了友谊。如在徐亨举办的接风晚会上，台救总理事长梁永章、"行政院陆委会"副主任叶金凤作为红十字会理事出席晚会。8 月 18 日，在陈长文举行的晚宴上，"卫生署长"张雅芝、"陆委会"副主委马英九等出席。8 月 22 日，华视董事长武士嵩、今能法师、教育家蔡雪妮等出席了答谢茶会。此外，孙柏秋还专门拜会了台湾红十字组织和海基会，就赈灾配合和业务交流取得了共识。

8 月 24 日，短暂的访问结束了。1992 年孙柏秋正式率团访台，是 43 年来中国红十字会的第一次，是历史性的突破。这一次"成功的交流"开启了两岸红十字会双向交流的新时代，在中国红十字事业的发展史上具有里程碑意义。

关爱人的生命

——"中华骨髓库"造福民众

池子华　杨国堂　张智清

白血病，是血液系统的一种恶性疾病，其特点是骨髓及其他造血组织中有大量无核细胞无限制地增生，并进入外周血液，将正常血细胞的内核明显吸附。血液是人体的生命之河，骨髓中的造血干细胞，则是这条"河"的源头。而被称为"血癌"的白血病，则使这原本清纯的源头受到污染而变质。据统计，世界上每年大约有 30 万人患白血病，我国占十分之一强，每年患病高达三四万人。更可怕的是，这种病多发生于少年和青壮年。多少年来，人一旦患了白血病，就等于被宣布了死刑。从 20 世纪发现白血病到现在，已有几百万鲜活的生命在"血癌"的魔爪之下丧生。幸而骨髓移植手术的发明为白血病患者带来了福音。

骨髓移植又称造血干细胞移植，是指将供者的骨髓造血干细胞移植给患者，以恢复后者的正常造血功能。这是目前挽救白血病人的生命以及治疗重症再生障碍性贫血、地中海贫血、重症免疫缺陷症、急性放射病、各种恶性肿瘤放化疗后引起的造血和免疫系统功能障碍等疾病的最有效手段。

造血干细胞移植分同基因和异基因两种。移植成功的前提是患者与供者的人体白细胞组织相融性抗原（HLA）分型必须完全吻合。同基因指同卵双生兄弟姐妹，相合概率为 100%。异基因分血缘关系和非血缘关系两种，血缘关系指兄弟姐妹，相合概率为 1/4；非血缘关系的相合概率为 1/400 ~1/10000。由于家庭的小型化和独生子女的普遍性，在高相合概率的对象中寻找移植供者的可能性越来越小。由于东西方人种的差异，也很难从欧美国家的造血干细胞库中获得我们所需要的配型资料。病人死亡率越来越高，一人得病，周围亲属、朋友都承受着巨大精神压力，加上繁重的经济负担，构成了严重的社会问题。"挽救一个患者的生命，等于维护一个完整的家庭"。因此，建立一个较大容量的中国造血干细胞捐献者资料库，成为一项紧要的社会工程，以"保护人的生命和健康"为天职的中国红十字会，责无旁贷，把造血干细胞资料库建设作为"生命工程"的有机组成部分，给予了力所能及的关注。

1992 年 3 月 9 日，经卫生部批准，中国非血缘关系骨髓移植供者工作领导小组成立。3 月 14 日，中国红十字会在人民大会堂举行新闻发布会，郑重宣布，由中国红十字会牵头的中国非血缘关系供者骨髓移植工作从即日起正式开始，中国红十字会会长、卫生部长陈敏章担任该项工作领导小组名誉组长，中国红十字会常务副会长、卫生部副部长顾英奇任组长，中国红十字会副会长孙柏秋、卫生部医政司司长、红会理事迟宝兰任副组长。与此同时，"中国非血缘关系骨髓移植供者资料检索库"——"中华骨髓库"正式启动，孙柏秋副会长和中国人民大学 30 多位学生成为首批申请捐献骨髓的供者。

"中华骨髓库"办事机构设在总会，在北京、上海、辽宁、浙江、厦门、西安等地由当地红十字会组织协调有关的血液中心、医学院校的 HLA 实验室建立了协作组，开展捐献者报名登记和分型检测工作，检测结果汇总至总会资料库，资料库协助医院寻找配型相合的捐献者。

1993 年，北京市红十字会启动骨髓移植工作，得到北京医科大学、邮电大学、经济学院等院校众多大学生的支持，纷纷报名志愿捐献造血干细胞。上海、浙江、辽宁、陕西、福建等省市红十字会也相继开展工作。在各个协作组的共同努力下，到 2001 年，中华骨髓库已有可供查寻数据 3 万多份，先后为患者进行了数百次的查寻，虽然相符合配型的概率很低，但毕竟为濒临死亡的患者带来了一线希望。

1996 年 8 月 22 日，对所有从事和关心中国非血缘关系骨髓移植的人来说，是一个难忘的日子。这一天，上海华山医院为受白血病折磨长达 5 年的杭州 11 岁男孩高天翀成功地做了造血干细胞移植手术。这是全国首例非血缘关系供者外周血造血干细胞移植手术，它的成功是中华骨髓库自 1992 年成立以来零的突破，同时也标志着我国对白血病的治疗步入国际先进水平。中国红十字会副会长、中国非血缘关系供者工作领导小组副组长孙柏秋获悉这一好消息之后，在 10 月 7 日举行的新闻发布会上对此表示了衷心的祝贺，并向与会记者介绍了"中华骨髓库"的相关情况。她还特别指出，"救治白血病患者离不开供者"，要求大家积极创造条件，扩大库容，为挽救更多的白血病患者而努力。

1996 年全国首例非血缘关系骨髓移植在上海获得成功

此后，造血干细胞移植手术在中国各大医院开展起来，真正为白血病患者带来了希望、福音。例如 2005 年 7 月 24 日，驻澳门部队的一级士官钟碧波捐献的 114 毫升造血干细胞，成功地输入到了广州军区空军某部战士李德康的体内。钟碧波因此创造了几项"第一"：中华骨髓库湖北分库配型成功第一人；现役军人向湖北捐赠骨髓成功第一人；非湖北籍、非亲缘关系到湖北捐赠骨髓成功第一人；全军战友之间捐赠骨髓并移植成功第一人。

2007 年 7 月 22 日，在苏州市红十字会的帮助下，通过中华骨髓库和台湾济慈骨髓干细胞中心的合作，36 岁的苏州女子杭彬捐献的"爱心骨髓"顺利输入到了台湾 16 岁少女的体内，挽救了这位花季少女的生命。"爱心姐姐"杭彬也成为江苏省第一位向台捐献造血干细胞的人，同时她也是中国大陆向台湾地区提供造血干细胞第一人。

2010 年 10 月 24 日，首次"大陆、台湾和香港地区"的骨髓捐受者"相见欢"特别活动在苏州科文中心隆重举行

由中国红十字会牵头的"中华骨髓库"建设是一项造福千百万白血病患者的爱心工程和人道义举，它需要广大群众的积极参与，也需要社会各界物力、财力的支持。只有全社会的支持和关心，才能使这项崇高的人道主义事业更好地发展，挽救更多白血病患者的生命，为构建和谐社会作出更多的贡献。

通向世界的桥梁

——亚太区域大会与《北京宣言》

吴佩华

自改革开放以来，中国红十字会积极参与国际红十字运动，在促进与维护世界和平等方面作出了巨大贡献，得到世界各国的认可与赞赏，国际地位显著提升。1985 年 10 月，在第 4 届红十字会与红新月会协会大会上，中国红十字会以最高票数当选为执行理事。随后，在 1989 年 10 月召开的国际红十字会与红新月会协会第 7 届大会上，中国红十字会谭云鹤副会长成功当选为协会副主席。这既是对中国红十字会在国际红十字运动中所做贡献的肯定，也表明随着改革开放后中国综合国力的日渐提高，中国红十字会的国际威望与日俱增。这就为国际联合会第 4 届亚太区域会议在中国的召开准备了条件。

1993 年 5 月 24 日，红十字会与红新月会第 4 届亚太区域大会在北京隆重召开。中国全国人大常委会委员长乔石、国务委员彭珮云，中国红十字会会长陈敏章、常务副会长顾英奇、副会长孙柏秋、秘书长曲折，红十字会与红新月会常设委员会主席博塔·赛因、红十字国际委员会副主席迪奥·卡拉什、红十字会与红新月会国际联合会代理秘书长乔治·韦伯及中华人民共和国外交部部长助理秦华孙出席了开幕式。国家主席江泽民向大会发来贺信，乔石委员长在大会上致词。这充分显示了中国政府对人道事业的关心与支持。

在历时 6 天的会议中，来自亚太区域和世界各国的红十字会代表团及观察员 100 多人分备灾、发展和卫生三个委员会，就共同关心的问题进行了热烈的讨论。代表们围绕"难民、无家可归者和返还家园者"、"在救灾中运用红十字与红新月运动基本原则"（备灾），"社区卫生保健和相关规划"、"社区急救"、"艾滋病感染"（卫生），"人力发展"、"发展的计划与合作"、"国际人道法和红十字与红新月运动基本原则的传播"（发展）等议题各抒己见，提出了许多构想和建议。提高各国和地区红十字会特别是那些灾害频发国家和地区的红十字会对包括社会动乱在内的各种灾害的反应能力，加强配合"2000 年人人享有卫生保健"规划的工作，通过实施社区卫生保健规划来补充国家卫生保健网，把具有持久性的发展设想转变为各国红十字会规划中的实际行动是三个分组会最主要，也是各国红十字会最感兴趣的话题。会议就所面临的人道危机、国际红十字运动的重大问题，特别是国际联合会90年代战略工作计划等进行了广泛的讨论。

第4届亚太区域红十字会与红新月会大会在北京召开

在中国红十字会的努力下，经过大会讨论协商，最后通过并签署了《北京宣言》。《北京宣言》阐明了红十字会与红新月会国际联合会和亚太地区国家、地区红十字会应承担的义务以及战略规划，明确了本区域各国、各地区红会开展各项工作遵循的中心目标："改善最易受损害者的境况"，并重申发展的最终目的是要提高生活的质量。《宣言》"信守：红十字与红新月运动的基本原则及其人道使命"，"承诺：为本区域易受损害者的利益同联合会密切合作，为进一步增强力量和提高效率而加强区域合作，共享技能和资源"。

《北京宣言》致力于解决本地区面临的主要问题，它的签署对提高亚太地区国家、地区红会的合作与整体作用，加强这一地区的抗灾能力，减轻人类所遭受的苦难必将起到积极作用，并成为此后一段时期指导国际联合会、亚太地区各红十字会的纲领性文件，对此后国际红十字运动、中国红十字运动的发展都具有重要的意义。至1996年，在《北京宣言》的指导下，国际联合会与亚太各国红十字会已取得了丰硕的成果。在1996年11月召开的国际联合会执委会上，"与会代表普遍认为1993年5月由中国红十字会在北京组办的第4届亚太地区红十字会与红新月会会议非常成功，是地区性会议的一个范例。该次会议通过的《北京宣言》在地区发展工作中起着里程碑的作用，是其他地区会议参照学习的一个成功模式"。

红十字会与红新月会国际联合会第4届亚太区域会议是国际红十字组织第一次在中国境内举行的重要国际会议，这是国际红十字运动史上的盛事，也是中国红十字运动史上的大事。为办好此次会议，会前，中国红十字会积极同国际联合会进行协调与沟通，并邀请国际联合会相关人员前来指导。这种办会方式，体现了会议的开放性与透明度，赢得了国际社会的广泛认可，也进一步密切了中国红十字会与国际联合会之间的关系，为会议的顺利举行做好了充分准备。会议的成功举办，"向世人展示了改革开放后中国红十字会新的风貌和实力，进一步扩大了中国红十字会在国际上的影响"。同时，这也是中国外交史上的一件大事。东欧剧变后，苏联很快解体，在这世界格局转换之际，虽然中国积极、平稳、妥善地应对了国际格局的巨变，但也面临着西方一些国家施加的强大压力。成功举办国际联合会第4届亚太区域会议无疑展示了中国良好的形象，为进一步突破西方封锁、加强与扩大中国同世界各国及各国人民之间的友好交流与合作提供了契机。

"没有规矩，不成方圆"

——《中华人民共和国红十字会法》颁布实施

吊盼盼

中国有句老话："没有规矩，不成方圆。"中国红十字事业的长足发展同样需要"规矩"的制约，为了保护人的生命和健康，发扬人道主义精神，促进和平进步事业，中国红十字会需要法律保障，需要依法履行职责，并取得国家、社会的认可、规范和保护。然而"红会法"却姗姗来迟，直到"四大"召开后，立法工作才真正启动。

"四大"的召开，拉开了建设有中国特色的红十字事业的序幕。"四大"以来，中国红十字会一方面拓展工作领域，形成了全国性的卫生救护网和社会服务网，一方面加强与国际红十字组织的交流，与国际接轨，这不仅推动红十字事业的迅猛发展，也赢得了国际红十字组织的认可和好评。但是，社会上对红十字会的性质、任务、地位和作用的认识不足，红十字标志的滥用现象也比较普遍。这一系列问题，使红十字的形象和事业发展受到严重影响。同时，作为国际红十字组织的重要成员，如果不立法，就无法按《日内瓦公约》履行自己的职责，开展《日内瓦公约》要求的多项活动也得不到确认和保障。通过立法来保障红十字事业的进一步发展成为红会工作者的共识。

1990年2月15日，谭云鹤副会长在红十字会"五大"工作报告中指出："必须用立法的形式对红十字会在整个社会中的地位、作用，与有关部门的关系，以及开展群众性现场救护训练、兴办社会福利事业实体等，作出明确的规定，以保证红十字事业的健康发展和依法开展活动。"

当时，全国除了总工会已制定《工会法》以外，其余社会团体均无立法，因此，立法有一定的难度。但为了红十字会事业的发展，"制定红十字会法"的工作还是紧锣密鼓地展开了。1990年10月，总会机关成立了政策理论研究室，具体负责立法事宜，从红会实际情况调研、资料搜集翻译、专家咨询、国外考察，到文件起草以及立法程序的履行等方方面面做了大量工作。"精诚所至，金石为开"。全会上下坚持不懈地努力，终于取得了卫生部、国务院法制局、人大法工委等各方面的理解和支持，并于1991年底被纳入国家"八五"立法规划。

1993年6月11日，国务院第五次常务会议审议并原则通过了《中华人民共和国红十字会法（草案）》，经过进一步考察，并对部分条款进行修改后，于8月2日提请全国人大常委会审议。经过各方面两年多的努力，"红十字会法"已初现曙光。1993年10月24日、25日，全国人大常委会第四次会议在对《中华人民共和国红十字会法（草案）》的修改稿进行审议后，对"草案"给予了积极的肯定，常委们普遍认为：中国红十字会是从事人道主义工作的社会救助团体，具有特殊的功能和作用，多年来协助政府做了大量的国际和国内工作，通过立法明确中国红十字会的性质、地位和职责，对于继续做好红十字会工作，进一步发挥其作用是必要的。建议稍作修改后，尽快出台。

1993年10月31日，是一个值得纪念的日子，江泽民签发了中华人民共和国主席令："《中华人民共和国红十字会法》已由中华人民共和国第八届全国人大常委会第四次会议于1993年10月31日通过，现予公布，自公布之日起施行。"

第八届全国人大常委会第四次会议通过《中华人民共和国红十字会法》

《中华人民共和国红十字会法》共分"总则""组织""职责""标志""经费与财产""附则"6章28条。它以国家法律的形式明确了中国红十字会的性质、宗旨、职责以及与政府的关系，对红十字会的经费、财产、红十字标志等都做了规定，从法律上确立红会组织在国家生活中的地位、性质，应有的权利和应尽的义务。这就意味着中国红十字会实现了历史性的跨越，从此，红十字会事业发展纳入了法制化建设的轨道。这是中国红十字会运动史上的里程碑。

1993年的11月2日，中国红十字会举行新闻发布会庆祝《中华人民共和国红十字会法》颁布施行，会上，国务院法制局的一位官员在阐述这部法律颁布实施的意义时说："中国红十字会积极履行《日内瓦公约》及其附加议定书规定的职责，宣传国际红十字会与红新月会的基本原则，协助政府在自然灾害、突发事件中对伤病人员和其他受害者实行救助，并在参加现场卫生救护、参与输血献血、推动无偿献血以及参加国际人道主义救援工作等方面做了大量工作，取得了很大成绩，各级红十字会组织已经成为深受人民群众欢迎的不可缺少的社会组织。实践证明，中国红十字会在特殊条件下，可以起到政府部门和其他社会团体不能起到的作用。"

中国红十字会在总会举行《中华人民共和国红十字会法》新闻发布会

《中华人民共和国红十字会法》是中国红十字会的立会之本、治会之纲。它在短时间内即获通过，体现了党和国家对红十字会事业的重视和支持，也表明了红十字会所做的工作是卓有成效、不容忽视的。它的颁布施行为中国红十字事业的健康发展提供了重要的法律保障。依法建会，依法治会，依法兴会，有利于推动红十字事业的健康发展，也必将在国际和国内社会生活中发挥更加积极的作用。

"六大"：依法建会的开端

李 慧

　　1994 年 4 月 23 日，中国红十字会第六次全国会员代表大会暨中国红十字会成立 90 周年纪念大会在北京怀仁堂隆重开幕。这次大会本应在 1995 年召开，由于《中华人民共和国红十字会法》的颁布施行在中国红十字会史上具有划时代的意义，所以本次大会提前一年召开，且适值中国红十字会迎来 90 华诞，故本届会员代表大会不仅是依法建会的开端，而且在红会史上具有里程碑意义。

中国红十字会第六次全国会员代表大会暨成立 90 周年纪念大会在北京举行

　　国家主席江泽民、副主席荣毅仁、国务院副总理钱其琛等中央领导参加了本次大会，并亲切接见了与会代表。江泽民主席首先代表党中央、国务院对这次大会的召开表示热烈祝贺，向辛勤工作在红十字战线上的干部和 2000 万会员表示亲切的问候和崇高的敬意，对中国红十字会多年来所取得的成绩给予了高度评价："中国红十字会为国际性的从事人道主义工作的社会救助团体，按照国际红十字与红新月运动的基本原则，90 年来为人民做了大量好事，为国家的发展作出了不少贡献，以实际行动赢得了广大群众的尊重和支持。"江泽民指出："红十字会事业是一项崇高的社会事业，对建设社会主义物质文明和精神文明有着积极的促进作用。改革开放以来，在党和政府的关怀支持下，中国红十字会根据新的实践要求，开展了卓有成效的人道主义工作，在社会上产生了广泛而良好的影响，走出了有中国特色的发展红十字事业的新路。可以坚信，随着改革开放的深化和社会主义市场的经济的发展，中国红十字事业的发展前景将会越来越广阔。希望各级政府和社会各界都要积极支持红十字会的工作，红十字会各级组织和广大会员要努力宣传和贯彻实施《中华人民共和国红十字会法》，注意借鉴国外经验，紧密结合我国实际，解放思想，实事求是，开拓进取，勤奋工作，为开创有中国特色的红十字事业的新局面，为促进世界和平与人类进步事业做出更大的贡献。"

李鹏总理向大会发来贺电："时值中国红十字会成立90周年及第六次全国会员代表大会召开之际，我代表党中央、国务院向大会表示祝贺，并向所有为红十字事业做出贡献的人们表示亲切的问候。"李鹏总理肯定了中国红十字会90年来的重要作用："中国红十字会是一个很重要的人道主义组织，90年来，特别是新中国成立以来，在中国人民与世界人民交往中发挥重要的作用。红十字会人道、公正、独立、统一、自愿、普遍和中立的七项基本原则，在国内外已有广泛的群众基础。我相信，在我国改革开放的形势下，红十字会必将在两个文明建设中发挥更大的作用。"

国家领导人对红十字会多年来工作成绩的充分肯定，对红十字事业的高度关注、关怀和支持，体现了国家对红十字会事业的重视，是对全国2000万会员的极大鼓舞与鞭策。

大会聘请国家主席江泽民为中国红十字会名誉会长，这是新中国成立以来中国红会史上首位兼任名誉会长的国家元首，表现了党和政府对红十字人道博爱事业的重视；选举赵朴初、王光英、李沛瑶、钱信忠、崔月犁、陈敏章为名誉副会长；选举钱正英为会长，顾英奇为常务副会长，范宝俊、杨崇春、林炎志、孙柏秋（专职）、曲折（专职）为副会长，李长明为秘书长。

会议讨论了1995年到1999年五年工作规划纲要，确立了"认真实施《红十字会法》，努力发展中国特色红十字事业"的工作方向。

常务副会长顾英奇在理事会工作报告中，回顾了过去四年所取得的成绩，提出了今后五年的工作任务："深入持久地学习宣传、贯彻落实红十字会法，继续贯彻《中国红十字会九十年代工作纲要》和《北京宣言》，加强自身体系和组织网络建设，依法建会，努力探索建设有中国特色的红十字会事业发展道路。"

江泽民、李鹏、乔石、刘华清、钱其琛、彭珮云、钱正英等还分别为此次会议题词，表示祝贺，其中江泽民的题词是"发展红十字事业，为世界和平和人类健康做出更大贡献"；李鹏的题词是"开展红十字事业，弘扬人道主义"；乔石的题词是"坚持人道主义，救死扶伤，扶危济困，敬老助残，发展中华民族传统美德"；刘华清的题词是"弘扬人道主义，发扬奉献精神"。

"六大"是《中华人民共和国红十字会法》诞生后召开的一次有特殊意义的会议，是中国红十字运动发展史上一次划时代的盛会。"六大"以后，全国各地开展了以学习宣传贯彻"红会法"为中心的活动，中国红十字会还配合全国人大法治委员会国家行政法室在北京举办了"红会法"学习培训班，总会的《中国红十字报》与《博爱》杂志对此并进行了大力的宣传，《中国红十字报》还举办了《红十字会法》的知识竞赛，这是对红十字会法的一次大宣传大普及。各地红会联合政府有关宣传部门、法制办、司法局以及电视台、报社等新闻媒体，采取多种形式广泛宣传《中华人民共和国红十字会法》。

"六大"的召开，翻开了依法建会的崭新一页，中国红十字事业由此走上了法治化轨道。

"奉献是做好人道工作的永恒主题"

——总会号召向云曙碧学习，弘扬"云曙碧精神"

杨红星

　　红十字人道主义是全人类的精神诉求。红十字事业需要年轻一代的支撑，同时也需要前辈长者的引导与关怀。有这样一位不寻常的老人，她以其对红十字事业的执着追求和无上热爱演绎出一种精神，我们称之为"云曙碧精神"，而这位老人就是内蒙古自治区的老会长云曙碧。

　　1996年3月，中国红十字会在上海召开的六届三次理事会议上发出了向云曙碧学习的号召："内蒙古自治区红十字会会长云曙碧同志，已年逾古稀，本可休息下来，但为了内蒙古的红十字事业，她仍不停地奔忙，从长远和大局着眼，从一点一滴抓起。内蒙古红十字事业发展到今天的规模，是同她艰苦努力工作分不开的。人们把她热爱红十字事业的行为称为'云曙碧精神'。总会号召全国红十字工作者都来学习这种精神。"所谓"云曙碧精神"，可以概括为："忠于党，忠于人民，热爱红十字事业，以自

云曙碧

己的形象体现红十字精神。靠高度的敬业精神，崇高的职业道德，团结群众，艰苦奋斗，执着追求，不懈努力，克服困难，使红十字事业不断开拓前进。"

　　云曙碧是前国家副主席乌兰夫的长女，出生于广袤无垠的内蒙古。如诗如画的草原风光孕育了她勤劳善良的性格，宽阔坦荡的胸怀；而"延安革命之路"造就了她坚强的意志和为人民服务奉献不止的精神。如今，内蒙古大草原上猎猎飘扬的红十字旗

帜，向我们述说着云曙碧这枚草原上的"绿宝石"的艰难创业历程。

云曙碧老人与生俱来的奉献精神与博爱情怀注定要使其成为一位"红会中人"，但她与红十字真正结缘却显得有些姗姗来迟。1987年，云老从内蒙古自治区卫生厅厅长的岗位上退下来，行政职责卸了下来，但融入血液的奉献精神与人道情怀不但没有丝毫的松懈，反而通过与内蒙古红十字会的连接更充分地、不可阻挡地爆发出来。由此，本该颐养天年的"革命老人"在另一条人生轨迹上废寝忘食，孜孜不倦，为内蒙古的人道事业开辟了广阔的前景。

组织建设是红十字事业发展的基础，面对内蒙古红十字会复会初期"一穷二白"的境况，受命于艰难时刻的云曙碧会长首先从发展红十字组织入手。云老深刻认识到，要使内蒙古这个全国复会最晚的红十字组织赶上全国的步伐，就要奋起直追，加快发展的速度，首要任务就是迅速把盟市级红十字机构建立起来。而当时的一个严峻现实是：自治区红十字会被撤销后业务停顿已有26年，各级领导和广大群众对红十字会都很生疏，甚至存有偏见，因此要重建组织，成立机构，解决编制、人员、经费等问题，谈何容易！年逾花甲的云老凭着满腔热血和一以贯之的不懈追求为红十字组织建设不遗余力，一方面利用一切机会在各种会议和场合为红十字会"鼓与呼"，并主动找自治区领导汇报工作，争取各方面支持；另一方面身体力行，不辞劳苦，在区属各盟市具体指导组织筹建工作。"功夫不负有心人"，云老的苦心经营使全区12个盟红十字会仅用两年时间（即到1989年）全部建立起来，个中甘苦，可能只有老人最能体会。

很长一段时间以来，中国各级红十字会组织建设的最大难题莫过于管理体制与运行机制问题。在社会加速转型的时空背景中，红十字事业面临着自我调整与完善的重大课题。云曙碧会长审时度势，极力尽早促成内蒙古红十字会适时转变管理体制。为了实现目标，她曾经数次去找编委的领导和工作人员汇报情况和叙说困难，一些年轻人也为云老的执著所深深触动。终于在1995年5月自治区编委批准下发了"自治区红十字会五定方案"，自治区红十字至此真正实现了机构单独建制，成为正厅级单位，落实了"三列"，成为全国省级红十字会争取机构独立的第一个范例。云老最大的心愿得偿，区红十字会实现了具有重大意义的自我转型。

在组织发展的基础上，云曙碧会长带领全区各级红十字会不断拓展红十字业务。在红十字实体建设方面，云老在研究相关政策的基础上，先抓试点，设法募集资金，同时发挥边疆地区的优势，先后与蒙古、苏联、日本以及中国香港等红十字组织开展友好合作，大大增强了红十字会自身活力。在献血事业方面，在调查研究的基础上，她提出要发挥红十字会的优势，创办红十字会血站。在经费筹集方面，采取了红十字会自筹一点，社会募捐一点，政府和卫生部门扶持一点的"三点政策"，先后创办了通辽市、兴安盟、呼盟、赤峰市、鄂尔多斯市5所血站。在建设血站的同时，为了提高人民群众的献血意识，推动无偿献血，1991年在她的提议下，内蒙古红十字会结合纪念"5.8世界红十字日"活动，在全国率先开展了"无偿献血周"活动。这一活动坚持至今，影响日益广泛，有力地促进了内蒙古无偿献血事业的发展。1992年，中国红十字会总会在全国推广了这一做法。

开展"复明扶贫行动"是云会长所策划的红十字"爱心工程"中的得意之作。2000 年活动发起之初资金存有困难，她就发动红十字会员捐款，到有关部门跑资金，积极争取国际红十字组织的援助，想尽了各种办法。在她的奔走呼吁下，中国红十字会总会、加拿大红十字会、北京市红十字会和有关部门在资金、技术等方面给予了大力支持。至今，在乌兰察布市、鄂尔多斯市、包头市开展的五次复明扶贫行动，投入资金 100 多万元，使 500 多名贫困患者重见光明。他们中的绝大多数已经恢复了正常的学习、工作和生活，谈起"复明扶贫行动"给他们的生活带来的变化，他们激动不已，心中更感激为他们带来光明的云曙碧会长。

此外，云曙碧会长为了实现当地红十字事业的长远可持续发展，在长达三年的时间里奔波于自治区红十字培训中心的筹划，以求得事业发展的立身之基。之后从工程立项到大楼落成，云老全程参与，期间不知汗水几何，不论春秋冬夏。

在云曙碧会长的领导下，内蒙古各级红十字会把备灾救灾作为中心工作来抓，取得了显著的成绩。复会 16 年来（到 2004 年），累计募集救灾款物 2 亿元，救济了数以万计的灾区群众，并完成了 74 个灾民新村（5389 户），31 所红十字学校，20 所医院和卫生院，9 个卫生室，1 所养老院，410 户牲畜暖棚等一大批重建项目，为自治区的经济建设和社会发展作出了重要的贡献。由于云曙碧同志为红十字事业发展所作出的突出贡献，她 3 次荣获全国先进会员，2001 年被国家人事部、中国红十字会授予"全国红十字会系统先进工作者"。

在红十字的舞台上，云曙碧会长以其充满人道光辉的奉献品格诠释着"云曙碧精神"。工作中，云老是红十字事业的"急先锋"，以不老之心冲锋陷阵；其实这种品格和精神已经融入老人生活中的方方面面、点点滴滴。有关云曙碧的助残、助贫、助弱、助学的事迹不可胜数，老人不仅自己乐在其中，而且广泛动员家人参与进来。可以说，人道与奉献是云曙碧生活的一部分，"云曙碧精神"就是云曙碧的化身。

在响应总会提出的创建具有中国特色红十字会的奋斗目标的同时，老会长也不断构思内蒙古红十字事业的总体思路，探寻红十字的"内蒙之路"。根据内蒙古实际，她在统筹整体工作的同时，注重在农村、牧区建立基层红十字会，发展农、牧民会员，以提高农、牧民自助互助、自救互救的意识和能力。相信在"云曙碧精神"精神的指引下，内蒙古的红十字事业将更加辉煌。

"事预则立"

——中国红十字基金会成立

池子华　杨国堂　吕盼盼

　　沐浴着改革开放的春风，中国红十字事业迎来了新的发展时期，红十字组织和会员在数量上有了大的增长；服务领域有了新的开拓；与国际红十字组织的交流日益频繁；中国红十字会在实践中得到了完善和发展，开创了红十字运动的新局面。"凡事预则立"，红十字会各项工作的开展需要经费作保障，成立基金会势在必行。

　　中国红十字会副会长孙柏秋在《中国红十字基金会筹委会工作报告》中强调："成立红十字基金会，是以弘扬人道精神，促进红十字事业为己任。红十字基金会的工作，不仅是募集社会资金开展社会救助及公益事业，更重要的是发掘和培养人与人之间天然存在的美好亲情和关怀，发动人们依靠自己和群体的力量，通过改善人际关系，以互助互济的方式能动的解决自己的困难和问题。从而提高人民生活质量，改善生存环境，达到持续均衡发展。基金会具有改善社会心理结构，促进社会走向进步的作用。这些都是中国基金会创建的宗旨和目的。"

　　依照《中华人民共和国红十字会法》和国务院《基金会管理办法》，中国红十字会总会从 1993 年初即成立了"中国红十字基金会筹备委员会"，开展了一系列卓有成效的筹备工作。1993 年 12 月 27 日，中国红十字基金会经中国人民银行正式批准成立。1994 年 3 月 15 日，经民政部批准、社团注册登记，基金会具备了具有独立社会团体法人资格和开展募集资金及救助活动的基础条件。

　　基金会的创立借鉴了国外经验，同时依据红十字事业自身的特点和中国的国情来培植发展运行机制，并制定了相关的行政管理条例、表彰奖励办法等规章制度，据此将募集来的资金在社会救助、扶贫救灾、福利公益等方面作了一些资助工作，开展了一些公益活动。1994 年，红基会推出的"救两条生命，还一家幸福"为主题的"红十字救助生命行动"在福州拉开帷幕，并陆续在全国各大城市举行大型募捐宣传活动；在贫困地区或乡镇设立或完善妇幼保健站，配备所需医疗设备，培训技术专业人员，从而有效地在全国推动这项保护孕产妇和新生儿健康活动的进行。5 月，中国红十字会开展以"推进无偿献血，保障输血安全"为主题的"五城市无偿献血巡回宣传活动"。在此期间，中国红十字会副会长、中国红十字基金会常务副会长孙柏秋说："中国红十字基金会以弘扬人道主义精神为宗旨，以促进红十字事业发展、增强国际友谊、加强海峡两岸交流为己任，呼吁社会各界发扬无私奉献精神，积极参加救死扶伤、扶危济困、敬老助残、助人为乐的活动，为社会公益事业作贡献。基金会已设立红十字会事业发展、妇婴保健、红十字青少年活动、红十字福利、红十字救护、红十字科学和红十字博爱奖励等专项基金。"

中国红十字基金会成立大会在北京举行

1996 年 12 月 20 日，中国红十字基金会在人民大会堂举行成立大会。原中共中央政治局常委宋平、全国政协副主席赵朴初、中国红十字会会长钱正英和中国红十字会常务副会长顾英奇及中国红十字基金会第一届理事会的理事、监事和高级顾问团成员100 多人出席了大会。经中央批准，宋平出任基金会荣誉会长；赵朴初、杨成武以及香港特别行政区首届政府推委会委员何鸿燊、刘皇发、龚如心、廖烈科等为名誉会长；第一届理事会选举中国红十字会常务副会长顾英奇出任基金会会长，孙柏秋为常务副会长；同时，推荐选举出了基金会高级顾问、理事会、监理会等机构。红十字会与红新月会国际联合会秘书长乔治·韦伯、红十字国际委员会驻东亚地区代表团团长克里斯托夫·斯文纳斯基、台湾红十字会会长徐亨先生等均发来贺电。

在成立大会上，钱正英发表讲话说："中国红十字基金会是以弘扬人道主义精神，促进红十字事业发展为目的的，其任务是广泛发动海内外同胞、侨胞、国际友好团体和社会各界人士，以人道为本，博爱为怀，为国内外社会救助及和平事业筹集资金，使红十字会的社会救助工作有坚强的物质基础，使红十字事业的发展有可靠的保障。"中国红十字基金会筹建两年以来，已收到各方捐款 2000 多万元，有力地支持了红十字运动的发展和人道和平进步事业。正如宋平同志在《中国红十字基金会缘起》一文中所说的那样，"必须有相应的后援机构和支撑力量，才能行其所是，尽其职责，达其目标"。

受总会影响，一些省市红十字会如山东、江苏、江西、天津市等也相继成立了基金会。通过各种形式，为红十字会进行人道主义救助工作筹集必需的经费和物资，为推动红十字运动的发展增添一份力量。

中国红十字基金会是建设有中国特色红十字事业的重要实践，是对国内外捐赠基金进行专业化管理的民间非盈利组织。它的成立，使善款的筹措、管理更加规范化，使红十字会开展博爱系列工程更加顺畅，也有助于构建红十字社会公益服务体系。自成立以来，中国红十字基金会始终认真贯彻执行《中华人民共和国红十字会法》，致力于弘扬人道、博爱、奉献的红十字精神，努力改善人的生存与发展境况，保护人的生命与健康，在促进世界和平与社会进步方面作出了卓越贡献。

'97 复明行动

池子华　杨国堂　张智清

　　"'97 复明行动"是中国红十字会围绕着"生命工程"建设开展的系列活动之一，是中国红十字基金会赴西藏志愿医疗队的医疗援藏行动。这次行动曾经在西藏自治区创下六个"第一次"的记录，得到了藏族同胞的充分肯定与赞誉，在中国红十字运动史上留下了光辉的一页。

'97 复明行动欢送援藏医疗队暨捐赠仪式

　　1997 年 7 月，西藏自治区人民政府副主席、自治区红十字会会长次仁卓嘎来到中国红十字会总会。期间，她向中国红十字会常务副会长顾英奇、专职副会长孙柏秋等提到，由于强日照、高海拔、少蔬菜、缺氧气等原因，西藏自治区由白内障致盲的患者较多，在高发地带患者甚至占人口总数的 11.06%，至少有 50000 名藏族同胞渴望及早接受白内障治疗，最好是大面积开展人工晶体置换手术。

　　次仁卓嘎所反映的这一情况，立即引起了总会的高度重视，顾英奇常务副会长要求由基金会牵头，迅速组建眼科专家医疗队赴西藏开展工作，帮助藏族同胞早日恢复光明。顾英奇同时提议将此次行动命名为"'97 复明行动"。"'97 复明行动"一提出，便立即得到了中国红十字基金会荣誉会长宋平、中国红十字会会长钱正英的热情鼓励与大力支持。

在西藏自治区红十字会的配合下，"'97 复明行动"计划很快顺利拟定。广播电影电视部副部长、中央电视台台长、中国红十字基金会名誉副会长杨伟光得知此事后，委托所属部门与光明集团总裁冯永明联络，决定参加主办"'97 复明行动"，并表示将在财政上和宣传上给予大力支援。与此同时，北京市同仁医院和哈尔滨医科大学第一临床医学院的眼科专家及护士们也整装待发。

1997 年 9 月 10 日上午，中国红十字会"欢送'97 复明行动赴西藏志愿医疗队暨捐赠仪式"在北京隆重举行，中国红十字基金会名誉会长、"'97 复明行动"组委会名誉主任宋平，全国政协副主席、中国红十字会会长钱正英，中宣部副部长刘鹏，广播电影电视部副部长、中国红十字基金会名誉副会长杨伟光，中国红十字会常务副会长、中国红十字基金会会长顾英奇及首批赴藏志愿医疗队队员，"'97 复明行动"摄制组，赞助单位代表，中央电视台谭希松等近百人出席仪式。仪式由中国红十字会副会长、中国红十字基金会常务副会长孙柏秋主持。钱正英会长在仪式上发表讲话，她指出："由中国红十字基金会牵头，选派志愿医疗队赴西藏，为藏胞免费做白内障复明手术，使他们重见光明，非常有意义……人道主义是处理人与人之间关系的一个道德规范，是社会文明的标志。对因白内障致盲的藏胞给以帮助，使他们以平等的地位和均等的机会，参与社会生活和国家建设，共享社会物质文化的成果，是共产党人对人道主义和人权保障的深刻理解和自觉实践。医疗队出发和党的十五大的召开是同一天，很有意义，希望医疗队的同志在援藏工作中，团结协作，克服困难，取得成功。"随后，顾英奇常务副会长也在仪式上发表了热情洋溢的讲话。

最后，中国红十字基金会宋平名誉会长亲手将一面印有"'97 复明行动"的旗帜授予了赴藏医疗队领队李兰颂、孙宝田，并勉励他们取得好成绩。孙宝田代表全体赴藏医疗队队员表示会全力以赴为藏族同胞服务、帮助他们早日重见光明。

"'97 复明行动"——中国红十字基金会赴西藏志愿医疗队的眼科专家及辅助人员，主要来自北京市同仁医院和哈尔滨医科大学第一临床医学院、西藏自治区第一人民医院、日喀则地区人民医院，全队在藏工作人员共 22 人，从 9 月 12 日出发到 10 月 26 日收队，历时 45 天。在这 45 天里，援藏医疗队员们几乎每天都在超负荷和超常规的奋力工作，即使在双休日和国庆节等 16 个法定节假日也不例外。此外，他们还要在高原反应十分明显的情况下每天出勤 12 小时，克服山高路险等重重困难，深入到偏远边境地带，行程达 13859 公里，为山南地区的浪卡子、洛扎、措美和隆子县，林芝地区的工布江达、波密和察隅县的白内障适应症患者，以百分之百的复明率，无感染率及并发症率，共作白内障人工晶体置换手术 508 例，同时初诊 1569 人次，复诊治疗 1895 人次。

援藏医疗队的无私奉献和舍己敬业的精神深深打动了藏族同胞，次仁卓嘎代表西藏自治区人民政府对其给予了很高评价。她说："'97 复明行动——中国红十字基金会赴西藏志愿医疗队，高扬奉献主题，促进民族团结，工作科学严谨，创下六项第一：

第一次由中国红十字会及卫生部门选派援藏的眼科专家医疗队；第一次仅用48小时就从京津沪将50件、1200公斤重的高科技眼科设备、药品、敷料运抵拉萨；第一次以完备眼科设施保证手术后，视力得到最科学的矫正，并使用了当代眼科最先进设备超声乳化仪，拓宽了手术适应症；第一次大面积实施白内障人工晶体置换复明手术，而此前包括国外的眼科援藏项目，多限于白内障囊外复明手术后配眼镜；第一次设立藏族眼科专家手术组，指导藏族眼科医生亲自大比例地实施白内障人工晶体置换复明手术；第一次对白内障适应症患者的筛选、门诊、手术、用药、住院、观察等全部实行免费。"

的确，45个日日夜夜，六个"第一次"，援藏医疗队用实际行动，履行了人道奉献宗旨。这次行动，为民族团结和医疗卫生事业的发展，为社会主义物质文明和精神文明建设作出了杰出的贡献，在中国红十字会史上写下了闪光的一笔。

"灾重情更浓，暖我坝上人"

——1998 年张北地震救援

池子华　杨国堂

1998 年 1 月 10 日 11 时 52 分，河北省张家口地区的张北、尚义两县突发 6.2 级地震，造成 50 人死亡，重伤 1250 余人，倒塌房屋 10.4 万间，近 5 万人失去家园。其中张北县受灾最为严重，部分乡镇 80% 房屋倒塌。

张北地震灾难过后留下的废墟

地震发生后，中国红十字会总会采取紧急措施。1 月 12 日，向红十字会与红新月会国际联合会通报灾情，请求援助；向河北省救灾指挥部、河北省红十字会致电慰问灾民，并拨出第一笔救急款 10 万元，用于灾民购买食物；向全国各省、市、自治区红会发出了《关于向张家口市地震灾区提供紧急救援的通知》，号召各地红十字会和广大会员紧急行动起来，向灾区人民伸出援手。

张北地震是 1998 年新年伊始我国乃至世界范围内的第一场大的自然灾害，因而引起境内外各界的普遍关注，救援行动迅速展开。

国际方面。1 月 11 日凌晨，国际联合会亚太部询问灾情的传真已出现在中国红十字会总会国际部的传真机上。国际联合会决定动用 7.5 万瑞士法郎（以下简称瑞郎）紧急救灾基金支持中国红十字会的救灾行动。同一天，总会接到日本红十字会通知，该会向灾区捐助价值 46 万元人民币的 3720 条毛毯。1 月 13 日，中国红十字会根据灾情，与国际联合会协商后，正式发出为张家口地震灾区争取 1000 万元人民币的国际救援的有限呼吁。国际联合会在接到这份呼吁后，即向世界各国红会通报灾情，并将对中国拨发的紧急救灾基金增至 50 万瑞郎。

国际联合会的救灾呼吁很快得到各国红十字会的响应。1 月 15 日，德国驻华使馆参赞专程来到总会，向张家口地震灾区捐款 7.5 万马克，折合人民币 33.75 万元；22 日，加拿大驻华使馆通知总会向灾区捐款 5 万加元，折合人民币 28.9 万元。至 1 月 24 日，国际联合会在 10 天之内迅速募集到 1864050 瑞郎，约 1000 万元人民币。呼吁计划顺利完成。参与援助的分别是：美国政府 35875 瑞郎及美国红十字会 256938 瑞郎、英国政府及红十字会 470400 瑞郎、丹麦红十字会 21220 瑞郎、加拿大红十字会 20180 瑞郎、冰岛红十字会 3997 瑞郎、日本红十字会 196578 瑞郎、欧共体 838058 瑞郎、意大利红十字会 16500 瑞郎以及私人捐助的 4304 瑞郎。此外，中国红十字会还接受了：缅甸红十字会 500 美元、柬埔寨红十字会 5000 美元、日本曹洞宗国际志愿者协会 100 万日元的捐款以及蒙古政府价值 1.25 万美元、蒙古红十字会价值 2344 美元的物资援助。

国际红十字组织援助的不仅仅是"瑞郎"和物资，他们还于 1 月 14 日和 5 月两次派救灾代表到张家口灾区考察，带去人道的关怀。

国内方面，各地红十字会响应总会号召，积极行动，或筹运物资，或开展募捐，到 1 月 19 日，短短 9 天中，红会系统就为灾区捐款捐物价值 2961 万元。

这次地震发生在春节临近的时候，正是中华民族乐善好施的大好时机，全国各地红十字组织都参与了救助活动。其中香港红十字会的赈灾之举尤为引人瞩目。

香港特别行政区刚刚回归祖国，香港红十字会的同仁们特别关心张北地震灾区的群众，多次来电询问灾情，并先期给予 600 多万元港币的捐款。1 月 14 日，还派出红十字会助理总监胡郭秀萍、助理秘书长黄莫辉等到灾区考察慰问。春节刚过，胡郭秀萍女士第二次与同仁一道前往张北，再次进行实地考察和灾后重建工作。她对记者说："香港市民对祖国一直是很热情的，尤其是 97 回归之后，香港红十字会成为中国红十字会的一个分会，所以我们更有责任做好这份工作。"灾情牵动万人心，此次香港红十字会共向灾区捐助 4700 万元港币，帮助灾民恢复生产，重建家园。

1 月 24 日至 25 日，受江泽民总书记、李鹏总理委托，中共中央政治局委员、国务院副总理姜春云到张家口市地震灾区察看灾情，慰问灾区军民。中国红十字会副会长孙柏秋随同慰问。姜春云在听取河北省和北京军区抗震救灾情况的汇报后说：这次抗震救灾，决策正确，行动迅速，措施得力，成效显著，经过党政军民团结奋斗，做到了灾区有越冬保暖棚住，有饭吃，有棉衣穿，有煤烧，有医疗保障，灾区人心安定，社会稳定，取得了抗震救灾阶段性胜利。姜春云特别向红十字会与红新月会国际联合会、香港特别行政区红十字会、中国红十字会为救灾提供的大量援助表示感谢。这是对中国红十字会在这次抗震救灾工作中所做努力和贡献的肯定和勉励。

"灾重情更浓，暖我坝上人。"在张北地震灾区的严冬中，"红十字"就像一把火照亮和温暖了灾民的心。

情系灾区

——中国红十字会 1998 年抗洪赈灾

邓 通

1998 年由于持续降水，长江告急！珠江告急！！松花江告急！！！

1998 年洪水之大、影响范围之广、持续时间之长，为 1954 年以来所罕见。全国共有 29 个省、自治区、直辖市遭受了不同程度的洪涝灾害。据各省统计，农田受灾面积 2229 万公顷（3.34 亿亩），成灾面积 1378 万公顷（2.07 亿亩），死亡 4150 人，倒塌房屋 685 万间，直接经济损失 2551 亿元。江西、湖南、湖北、黑龙江、内蒙古、吉林等省（区）受灾最重。

对红十字会来说，灾情就是命令！6 月 29 日，总会向全国省级红十字会发出了《关于积极开展救灾工作的通知》，要求各级红十字会，强化备灾救灾意识，密切注视灾情的发展，及时向总会通报，要把救灾作为当前首要任务来抓。为加强救灾工作的指导与管理，从 7 月中旬开始，总会先后派出七批工作组前往福建、江西、湖北、湖南、江苏、黑龙江等省考察灾情，慰问受灾群众，指导各地红会救灾。

依据《中华人民共和国红十字会法》"在自然灾害和突发事件中，对伤害人员和其他灾害者进行救助"和"红十字会为开展救助工作，可以进行募捐活动"的规定，中国红十字会总会及各级红十字会，积极行动，广泛宣传，号召社会各界发扬中华民族"一方有难、八方支援"的传统美德，向灾区奉献爱心，帮助灾区群众渡过难关。8 月 23 日，国务院办公厅发出《关于加强救灾捐款管理工作的通知》，强调"除中国红十字会外，未经民政部门同意，任何人、任何单位不得在社会上开展任何形式的救灾募捐活动"。这是政府对中国红十字会救灾工作的明确支持和充分信任，有力地保障了红十字会的募捐和救灾工作的正常进行。

呼吁得到了广泛响应，通过银行汇款、义演、义卖等多种形式，尤其是 8 月 16 晚中国红十字会与中华慈善总会和中央电视台主办的"'98 抗洪赈灾义演晚会——我们万众一心"，以及 9 月 19 日与全国政协办公厅等单位联合举办的"同舟共济，重建家园"赈灾义演晚会，效果显著。截至 11 月底，中国红十字会系统共从国内外募集到的善款善物折合人民币 6.7 亿元。其中，值得一提的是，中国红十字会向国际联合会发出的紧急呼吁也得到了积极响应，接受了来自各国红十字会、红新月会、各国组织及国际社会的 1300 多万瑞士法郎的善款；香港和澳门红十字会不仅向灾区提供近亿元的善款援助，而且还派工作组到灾区走访慰问灾民；台湾红十字组织也为水灾募集了 852 万元人民币的善款。此外，全国 31 个省级地方分会和 2000 多万会员及志愿工作者闻灾而动，贯彻总会通知精神，积极参与抗洪救灾和防病防疫工作，各级红十字会与卫生、防疫部门共同派出 9180 支医疗队为受灾群众服务。

红十字会工作人员发放救灾物资

孙柏秋副会长（右二）在灾区发放救灾物资

为表彰各级红十字会、广大专兼职干部、红十字会员和志愿工作者在抗洪救灾中的突出表现，1998 年 12 月 2 日，在全国政协礼堂，中国红十字会召开了"1998 抗洪抗震救灾总结表彰大会"。会上，王立忠副会长宣布授予江西省南昌市红十字会等 102 个单位"中国红十字会抗洪抗震救灾先进集体"光荣称号，授予湖南省岳阳市红十字会唐贵卿等 323 人"中国红十字会抗洪抗震救灾先进个人"光荣称号。

总之，这是自 1991 年华东水灾救援工作以来，中国红十字会所投入人力物力最多、范围最广的救灾行动，是红会历史上最大的一次总动员，又一次显示了红十字会在应对突发事件中的力量和作用。

"七大"：世纪之交的盛会

杨红星

1993 年《中华人民共和国红十字会法》颁布施行以后，中国红十字事业沿着法治化轨道逐步实现了历史性的跨越。中国红十字会坚持依法履行职责，努力为我国的社会发展和两个文明建设服务。按照《中华人民共和国红十字会法》，中国红十字会在全国开展了组织整顿，对省级红十字会实现独立建制、两个转变做了原则性规范，使各级组织得到了加强。红十字会立法之前，全国红十字会专职人员仅有 800 人左右，而到 1998 年底已发展到 4000 人左右，而且各级红十字会的事业经费有所增加，办公设施不断完善。正是在红十字事业全面腾飞之际，在世纪之交中国红十字会迎来了"七大"的召开。

中国红十字会"七大"会场

1999 年 10 月 11 日，中国红十字会第七次全国会员代表大会在北京召开。国家主席江泽民继续受聘为中国红十字会名誉会长。全国人大常委会副委员长彭珮云当选为中国红十字会会长，王立忠为常务副会长。根据彭珮云会长的提名，苏菊香为秘书长，汤声闻为副秘书长。中国红十字会"七大"讨论并通过第六届理事会的工作报告；修改中国红十字会章程；选举产生第七届理事会及常务理事会；讨论并通过《中国红十字会2000—2004年工作规划纲要》。

"七大"是全面贯彻《中华人民共和国红十字会法》，加速发展中国红十字事业的一次大会，国家主席江泽民，副主席胡锦涛，国务院副总理李岚清、钱其琛等领导人接见与会代表。江泽民主席赞扬"红十字事业是崇高而伟大的事业"，并指出"随着我国改革开放的进一步发展，中国红十字事业前景将更加广阔"。朱镕基总理在贺信中也称赞中国红十字会协助政府做了大量工作，"赢得了良好的声誉和社会各界的支持，产生了积极的影响"。李岚清副总理指出："中国红十字事业是我国社会主义事业的一个组成部分。红十字会从事的人道主义社会救助工作，有其独特的优势，我们要利用和发挥红十字会的优势，为我国各族人民造福，为建设有中国特色社会主义伟大事业服务……这是国家的需要，人民的需要，也是时代的需要。"国家领导人的讲话、贺信，充分肯定了中国红十字会在国家两个文明建设中的地位及作用，对广大红十字工作者是极大的激励和鼓舞。

红十字国际委员会主席索马鲁加和红十字会与红新月会国际联合会主席艾丝特里德·海伯格也给大会发来了贺电。

作为世纪之交的盛会，中国红十字会"七大"承接了20世纪中国红十字运动的丰功伟业，又开启了21世纪中国红十字事业新的历史征程。在"七大"通过的新《章程》中，即体现了这种继往开来的特征。新《章程》将以前《章程》中的"任务"改为"职责与权利"，"经费"改为"经费与财产"，增加了"标志会徽会旗"部分，新《章程》的内容更加具体翔实。至此，中国红十字会不仅拥有自己的标志和会徽，而且有了会旗，红十字会的会旗为"白色旗帜正中央印制中国红十字会会徽"。香港、澳门回归祖国后，"特别行政区红十字会为中国红十字会高度自治的分会"，名称为"中国特别行政区红十字会"。

"七大"的召开，使中国红十字会理顺管理体制的工作进入到了新阶段。新《章程》中提到，中国红十字会接受国务院和地方同级人民政府管理，除总会会址设在北京外，"县级以上（含县）地方各级红十字会的会址设在同级政府所在地"。这既是对已有成果的总结，又是对发展方向的昭示，标志着长期困扰和牵绊中国红十字事业发展的管理体制问题即将得到一个全面和实质性的解决。

体制问题，是中国红十字事业的一个老大难问题。改革开放后，随着红十字事业的发展，早在1988年，总会即提出要"明确红十字地位，恰当地解决红十字会体制问题"。但此项工作真正提上日程是在1993年《红十字会法》颁布实施后。从1994年4月开始，理顺工作拉开序幕。但由于诸种原因直到1998年初，"全国绝大部分地方仍没有建立起机构独立的红十字组织"，全国仅有1/3的省级红十字会和1/4的计划单列市、省会城市红十字会以及1/5的地级、1/15的县级红十字会实现了独立建制或单独设置，由此可见这一工作的艰巨性。

1996年11月7日，在国家行政机关有计划、有步骤地推行国家公务员制度的同时，中共中央组织部和国家人事部印发了《中国红十字会总会机关参照〈国家公务员暂行条例〉管理的实施方案》，要求各级红十字会机关参照《国家公务员暂行条例》进行管理。应该说这"是红十字会机关干部人事制度改革的一项重要工作"。在总会的不懈努力下，克服重重困难，到 1999 年 4 月，"总会机关工作已参照国家公务员制度入轨运行"。随着参照管理工作的推进，使机关逐步形成了"公开、平等、竞争、择优"的用人环境，调动了广大干部的积极性、创造性；干部结构得到一定优化，为总会机关不断开拓工作新局面，提供了有力的组织保证。

"七大"召开的 1999 年是中国红十字会理顺管理体制工作中重要的一年。在这一年，中国红十字会除了完成了机构和人事制度的改革外，最关键的是在 1999 年 12 月 29 日，经中央编委批准，"中国红十字会总会由'卫生部代管'改由国务院领导联系，其机关党的工作由中央国家机关工委领导、干部按中组部有关规定进行管理、经费列国管局"。由此，总会的管理体制理顺，这是继《红十字会法》颁布后又一重大事件。经过第六届理事会（1994—1999）5 年的努力，总会终于完成了理顺管理体制的目标，这有力地推动了理顺省级红十字会管理体制的工作。到 2001 年 2 月，已有北京、天津、内蒙古等 16 个省（自治区、直辖市）红十字会理顺了管理体制，而吉林省更是先人一步，其所属地（市）级红十字会的管理体制已全部理顺。

中国红十字会"七大"制定了发展红十字事业的宏伟蓝图，是一次把中国红十字事业全面推向 21 世纪的总部署和总动员，在中国红十字运动史上具有举足轻重的重要意义。

跨世纪的承诺

——中国红十字会在第 27 届国际大会上

吴佩华

新世纪的到来为人们提供了一个反思的机会。自两极格局解体后，世界局部地区因多种原因，包括天灾与人祸，又陷入动荡不安的境地，引发了一系列的人道危机。对于红十字与红新月运动和各日内瓦公约缔约国政府来说，这也是对未来显示关切的时机。1999 年 10 月 31 日至 11 月 6 日，第 27 届红十字与红新月国际大会在瑞士日内瓦举行，大会以"人道的力量"为主题，显得更具有重要意义。

第 27 届红十字与红新月国际大会会场

大会特别通过"宣言"，决心："为挽救生命和改善千百万人的生活，无论何地，只要有需求，就向他们提供切实的帮助和抚慰"；"加强我们对履行国际人道法的集体责任感"；"宣扬人类尊严和相互帮助的责任，减轻灾害和战争所造成的后果，而不加以任何歧视"；"支持全世界千百万计的红十字与红新月志愿工作者，他们的日常工作体现了人道主义的责任"；"'人道的力量'既是个人道义的力量，更是集体行动的力量。我们应该动员所有个人和集体的力量去减轻疾苦，确保尊重人类尊严，并最终创造出一个更为人道的社会。"

根据红十字与红新月运动章程，每四年举行一次的国际大会是运动的最高审议机构，本次与会者包括 176 个国家红十字会代表团和 188 个日内瓦签约国政府代表团。以中国常驻日内瓦办事处和瑞士其他国际组织代表团乔宗淮大使为团长的中国政府代表团和以中国红十字会常务副会长王立忠为团长的中国红十字会代表团出席了这次国际大会。

为宣示各国政府尊重并履行国际人道法的义务和决心以及显示运动各方的团结和力量，国际大会号召与会各国政府和红十字会代表团依照大会宣言和行动计划的原则精神，结合实际情况和需要，做出专项承诺，提交大会秘书处收录并公布。这一号召得到与会各方的积极响应，据大会秘书处统计，截至11月6日会议闭幕时，大会共收到387项承诺，内容涉及尊重和宣传国际人道法、救灾备灾、青少年和社会服务等多个领域。

在国际舞台上，中国红十字会一直信守七项基本原则，开展人道主义工作，发展与各国红十字会的友好关系。为推动国际红十字运动昂首阔步迈进新世纪，乔宗淮团长和王立忠团长分别代表中华人民共和国政府和中国红十字会向大会递交了承诺书。

中国政府的承诺书全文如下：

中华人民共和国政府在此承诺：

1. 履行日内瓦公约及其附加议定书等中国批准、加入的国际人道法文书的有关规定；

2. 广泛进行和加强人道主义法的传播与教育；

3. 加强对易受灾害区域的综合减灾项目的建设；

4. 加强减灾科学技术研究与应用，多渠道增加减灾投入；

5. 落实《中华人民共和国减灾规划（1998—2010)》；

6. 认真执行《中华人民共和国红十字会法》；

7. 支持中国红十字会落实《中国红十字会2000—2004年工作规划》；

8. 继续支持中国红十字会进行志愿人员培训，为志愿人员从事志愿工作提供便利；

9. 尽力支持红十字会与红新月国际联合会的人道主义活动，并根据与其达成的协议，为国际联合会在北京设立东亚地区代办处提供便利。

中国政府出席第27届红十字与红新月国际大会代表团团长

中国常驻日内瓦代表团大使乔宗淮（签字）

1999年11月3日于日内瓦

中国红十字会的承诺书全文如下：

中国红十字会庄严承诺：

关于备灾工作

1. 进一步加强并完善现有的6个区域性备灾救灾中心及省级备灾救灾中心，理顺管理体制，明确职责，完善管理制度，使之充分发挥应有的功能及效益；

2. 有计划地鼓励并支持建设新的各级备灾救灾中心；

3. 加强备灾救灾范畴内的相关培训工作，包括管理、后勤、财务方面的培训；

4. 落实和完成以提高备灾救灾能力为目标的覆盖全国各个省级分会的计算机通讯（信）网络的建设；

5. 在 2004 年前，初步在全国范围内建设一个包括总会和各省、区、市分会在内的快速高效的备灾和救灾反应网络，从而在整体上明显提高中国红十字会的备灾救灾能力。

关于红十字基本知识和国际人道法的传播工作

1. 继续落实与红十字国际委员会达成的《1998—2001 年传播国际人道法和红十字基本知识合作计划》，并讨论和制订 2001 年以后的合作计划；

2. 组织和举办一系列包括全国性和区域性的传播人员培训班，传授有关基本知识和传播技巧，鼓励并支持他们组织本地区的传播培训工作；

3. 用中文翻译、编写并印发针对不同对象的传播用的基本教材（包括音像教材），并将一些重要教材翻译成少数民族文字印发；

4. 在 2004 年前，初步将全国各省级分会及部分地、市级分会主管传播工作的干部较系统地轮训一遍，建成一支具有基本知识和传播技巧的传播骨干队伍和网络；

5. 继续协助红十字国际委员会在中国武装部队内开展各种形式的有关国际人道法的传播和培训工作。

中国红十字会出席第 27 届红十字与红新月国际大会代表团团长
中国红十字会常务副会长王立忠（签字）
1999 年 10 月 31 日于日内瓦

爱的奉献

——红十字"博爱送万家"

杨红星

红十字"博爱送万家"是每年春节前夕，在中国红十字会总会号召和指导下，全国各级红十字会充分开展的以向各类"最易受损害群体"送温暖为主要内容的爱心工程。

1997年4月1日，在中国红十字会六届四次理事会议的工作报告中，总结地方工作经验，正式提出创建"红十字博爱系列工程"的号召，其中就包括爱心工程。爱心工程关注社会弱势群体和特殊群体，通过建立老年颐乐楼、养老院、托老院、老人病（护理、康复）医院、弱（启）智儿童学校、孤儿之家、红恤班等形式，采取规范化管理，积极参与构筑社会保障体系。爱心工程是红十字"人道、博爱、奉献"精神的重要体现。到世纪之交的1999年，一项崭新的充满生机与活力的爱心工程项目——红十字"博爱送万家"开始进入人们视野，爱心工程谱写了新的篇章。

1998年夏季，我国黑龙江、内蒙古、吉林、安徽、江西、湖北、湖南、广西、福建、四川等10个省区发生特大水灾，中国红十字会反应迅速，积极参与救援。在1999年春节来临之际，为帮助上述省区特别困难的群众过一个欢乐、祥和、喜庆的节日，中国红十字会总会决定开展春节送温暖救灾特别行动。2月2日，总会派出5个慰问组分赴10个省区进行慰问活动。这次送温暖活动共拨出100万元专项经费，用于购买群众过节所需的大米、面粉、肉类等食品。常务副会长王立忠、副会长孙柏秋、曲折等亲赴灾区，把慰问品送到特困群众手中。

从此之后，红十字"博爱送万家"活动在每年的春节前夕都会如约而至，愈益彰显出其别具特色的人道风采。2000年春节到来之际，中国红十字会总会向全国各省级红十字会发出通知，要求在春节前开展以"弘扬人道主义，温暖千家万户"为主题的送温暖活动，这是20世纪末红十字会开展的最后一次大型送温暖活动，总会从紧急备用金中拨出150万元为青海、陕西、河北、山西、浙江、内蒙古6个受灾省区的困难群众送去了面粉、肉、油等慰问物资，新疆、西藏的慰问物资由当地红十字会代表总会发放。各地红十字会积极配合，共筹集974万元救助款，开展各种形式的送温暖活动。

2001 年 1 月，中国红十字会总会对全国各省、自治区、直辖市红十字会做出部署，要求各地从 11 日起开展红十字"博爱送万家"的救助行动。1 月 11 日，红十字"博爱送万家"启动仪式在北京举行，国务委员司马义·艾买提、全国政协副主席张思卿等出席了仪式。这是全国红十字系统开展 2001 年元旦、春节期间向灾区人民送温暖的序曲。仪式由中国红十字会副会长孙爱明主持，常务副会长王立忠发表讲话指出："这次总会拨出紧急备用金 160 万元，向西部和重灾区宁夏、甘肃、四川、重庆、贵州、云南、海南、辽宁等 8 个省、市、区运送棉被、棉衣、面粉、大米和糖果等物资。中国红十字会希望通过这一人道主义行动使灾区群众在温暖、祥和、欢乐的气氛中度过新世纪的第一个春节。"王立忠同时宣布："今后每年都在此期间开展以红十字'博爱送万家'为主题的救助活动，为灾区人民多做实事，为社会稳定做出贡献。"在新世纪的第一个年头里，红十字"博爱送万家"开始了新的征程。

2002 年，中国红十字会上下联动，在全国范围内展开了主题鲜明、形式多样的"博爱送万家"活动。此次活动覆盖面广，受益人数多，在社会各界引起了强烈反响。总会参与了天津、黑龙江、广东的活动。在天津，总会提供给天津市红十字会价值 20 万元的棉衣、棉被、粮食、糖果等救助物资。1 月 26 日总会常务副会长王立忠出席了物资发放仪式，并深入农村慰问困难家庭。在黑龙江，以总会秘书长苏菊香为团长的总会慰问团一行 4 人携带慰问品来到曾是抗日老区的贫困县——汤原县慰问。在广东，2 月 2 日，总会副秘书长汤声闻率总会慰问团深入韶关市乳源瑶族自治县，为 500 户生活特困的瑶胞发放慰问品。

同年，全国各地红十字会的活动形式丰富多彩，北京市红十字会组织医疗队深入房山、门头沟、延庆，施医送药；黑龙江省红十字会在春节期间为省内抗联老战士、老红军、日本孤儿养父母送去了节日的问候；内蒙古连续四年旱灾，自治区红十字会为了让灾民也能过好春节，多方筹集了价值 233 万元的物资，赶在节前送到灾民家里；宁夏红十字会购买了米、面、油等送到下岗职工家中，帮助他们过了个好年。据统计，2002 年全国红十字系统"送温暖"共投入资金 2900 余万元，受益群众达 50 万人。

2003 年，中国红十字会总会积极响应党和政府的要求，在 2002 年救灾工作的基础上部署进一步开展红十字"博爱送万家"活动。总会在向各灾区支援救灾物资的基础上，积极筹措资金 500 万元，在元旦春节期间向辽宁、吉林、青海、安徽、新疆、宁夏等十个省、区、市的 25000 个农村贫困户和城市下岗职工中的生活困难家庭送去价值 200 元的慰问物资（包括棉被 1 条、棉衣 1 件、大米 10 公斤和糖果 2 公斤）。特别值得指出的是，在国务院领导的关心和支持下，财政部批准从国家彩票公益金中拿出部分资金支持红十字"博爱送万家"活动，总会也自筹资金 200 万元。总会还筹集 100 余万元的物资和粮食支持黑龙江、山东、西藏、河北、北京五个省、区、市开展送温暖活动。当年中国红十字会总会用于送温暖的款物超过 600 万元。

总的说来，自从 1999 年中国红十字会启动红十字"博爱送万家"活动以来，到 2005 年初的六年中全国红十字会系统开展送温暖活动总共募集价值近 1.6 亿元款物，地方各级红十字会募集 1.4 亿元，共慰问了 81.8 万户贫困家庭，受益人口达 327 万人，遍及全国 31 个省、自治区和直辖市。尤其是老、少、边、穷地区及重灾区，是每次送温暖活动的主要受益对象。

中国红十字会开展的红十字"博爱送万家"活动，作为爱心工程的一个子项目，它实际上已经成为中国红十字会的一项传统活动，更确切地说，已经成为一个饱含人道情怀的红十字"品牌"。相信这一品牌在未来的岁月中会更加亮丽。

人道的赞歌

——中国红十字在抗击"非典"战役中

杨红星　邓　通

"非典"全称为传染性非典型肺炎，又称严重急性呼吸综合征（Severe Acute Respiratory Syndromes），简称SARS，是一种因感染SARS相关冠状病毒而导致的以发热、干咳、胸闷为主要症状，严重者出现快速进展的呼吸系统衰竭，是一种新的呼吸道传染病，极强的传染性与病情的快速进展是此病的主要特点。

"非典"期间，中国红十字会接受企业捐赠

从2002年11月16日出现首例"非典"病例开始，到2003年6月24日，我国内地有24个省、自治区、直辖市出现非典疫情，共波及266个县（市、区）。其间"全国内地累计报告非典型肺炎临床诊断病例5326例（其中医务人员累计1002例），治愈出院4901例，占病例总数的92%；死亡347例，病死率为6.5%"。在此过程中，广东和北京先后成为主要疫区，确诊病例分别为 1511 和 2521 人，死亡病例分别为 51 和 191 人。

面对突如其来的"非典"疫情，作为从事人道主义工作的社会救助团体，中国红十字会严格遵照《中华人民共和国红十字会法》，以保护人的生命和健康为己任，充分发扬"人道、博爱、奉献"的红十字精神，全面投入抗击"非典"斗争中。

根据"非典"疫情，中国红十字会总会审时度势，采取应急措施，及时调整了当年的工作计划，取消和推迟了原定举办的会议和活动，推迟了出国访问的安排。同时，从 4 月 29 日起开通了 24 小时接受社会捐赠热线电话。截至 2003 年 7 月 30 日，中国红十字会总会和各地方红十字会共接受境内外捐赠的款物折合人民币 6.85 亿多元，其中总会接受捐赠款物合计 1.28 亿多元（包括捐款 0.55 亿元，捐赠物资折款 0.73 亿元）。

针对"非典"传染性强、在社会上引起极大恐慌的特点，中国红十字会利用多种形式广泛开展防治"非典"科学知识宣传，并身体力行，亲临抗非前线慰问白衣天使。一方面，利用中国红十字会网站、《中国红十字报》和《博爱》杂志等舆论平台，开辟专栏，增设专刊，不遗余力地介绍预防"非典"的知识和信息。截至 2003 年 7 月 30 日，仅总会网站就发布防治"非典"信息 140 条。"抗非"期间，总会还编发了 9 期抗击"非典"专题简报，为指导地方红十字会积极做好接受社会捐赠工作发挥了作用。总会与红十字会与红新月会国际联合会共同制作《防治"非典"——红十字在行动》的 VCD 光盘和宣传画 10 万套，通过各级红十字会免费发放给全国各地市、县、乡镇电视台、广播站、卫生院、中小学校，以普及卫生保健知识，提高群众环境卫生和个人卫生意识，使民众了解"非典"的症状、传播途径、预防措施、救治渠道。这一举措用生动、形象、直观的方式使预防"非典"的知识近距离走近广大基层群众，收到了良好的宣传效果，增强了人们对"非典"的认识和战胜"非典"的信心。

另一方面，"抗非"战役中，战斗在第一线的医护人员以大无畏的勇气和救死扶伤的人道主义精神保护了广大群众的生命与健康。总会多次组织向战斗在防治"非典"第一线的单位及医护人员进行转赠及慰问活动，以表达以"人道、博爱、奉献"为己任的红十字会人士和广大群众的崇敬与祝福。特别引人注目的是，在"5·12"国际护士节这一天，中国红十字会会长彭珮云亲临北京解放军小汤山医院，向广大"抗非"英雄致以节日祝福并亲切慰问。"非典"期间，"小汤山医院担负了救治北京市 1/3 '非典'患者的任务，责任重大，使命光荣"。其他领导先后到北京阜外医院、朝阳医院、中日友好医院和宣武医院等定点收治"非典"病人的医院和北京防治"非典"指挥部、中国疾病预防控制中心、中国军事医学科学院等单位以及北京市环卫工人、新闻工作者中进行慰问。这些慰问活动送去了总会以及国内外博爱人士的热情与关怀，成为激励一线医务人员奋勇向前的重大推动力。

2003 年的"非典"疫情是一次恶性传染病的大流行、大爆发，它的不期而至给社会造成了极大的震荡和恐慌。虽然"抗非"工作已经取得了胜利，但也给中国红十字会留下了诸多启示。

首先，坚持与时俱进的指导方针。随着时代发展和社会变迁，全人类在享受成果的同时，也要承担风险和面对诸多不可预测的灾难。红十字会要应对和处理随时可能出现的突发事件，就必须不断创新，与时俱进。中国红十字会要做到与时俱进就要不断扩展和适时调整红十字工作的业务范围，不断用新的知识和技术武装自己。如救护方面，要继续强化群众性初级卫生救护培训，同时增加培训内容，除了传统的心肺复苏训练，还要注重传染病的预防、隔离、诊治等防疫知识的培训。在红十字会的卫生知识普及和宣传中，要适当地加入公共卫生和传染病防治方面的内容。

其次，把农村作为今后工作的重点。中国红十字会的重要职责之一就是开展群众性卫生救护，减少各种因意外伤害造成的人员致残和死亡。"非典"暴露出农村医疗条件的落后、医药卫生资源的匮乏，以及公共卫生体制的严重缺失。如果"非典"在农村大面积蔓延，后果将不堪设想。为了更好地开展农村工作，红十字会要加大力度发展农村红十字会基层组织，建立农村红十字组织的网络体系，这将为农村红十字事业的发展提供强有力的组织保障。

最后，加强应急机制建设。在"抗非"战役中反映出中国红十字会在传染病防治和重大突发公共安全事件的应急处理机制方面的一些缺失与不足。根据国家对应急工作的总体部署和要求，中国红十字会要完善相关法律法规，成立应急工作领导小组和各种应急救援队，编制突发事件应急预案，以保证在突发事件发生时，第一时间报告灾情，第一时间运送物资，第一时间到达灾区，第一时间开展救助。

总之，"抗非"战役中，中国红十字会尽职尽责，为国纾难，为民解忧，充分发挥了政府人道领域助手作用，成功地诠释了"保护人的生命与健康"的神圣职责。同时，在新的时期特别是在社会转型期，中国红十字会肩负着更加艰巨和繁重的任务和使命，这也要求我们汲取此次抗击"非典"的经验教训，以从容迎接新的挑战。

中国红十字会举办建会百年庆典

张智清

中国红十字会是从事人道主义工作的社会救助团体，创始于 1904 年。新中国成立后，党和政府高度重视红十字事业，周恩来总理领导中国红十字会进行改组并亲自修改章程。1952 年 7 月，我国政府和红十字会代表团出席第 18 届国际红十字大会，成为新中国在国际组织中第一个恢复合法席位的团体。

改革开放以来，在政府和社会各界的大力支持下，红十字事业有了长足的发展。1993 年 10 月 31 日《中华人民共和国红十字会法》颁布施行，中国红十字会坚持依法建会、依法治会、依法兴会，在备灾救灾、普及卫生救护和防病知识、开展现场救护培训、推动无偿献血、开展红十字青少年活动、社区红十字服务、组织"红十字博爱送万家"活动、建设造血干细胞捐献者资料库、协助政府开展台港澳事务、传播国际人道法和红十字运动基本知识、组织国际人道救援等方面替政府分忧，为群众解难，取得了可喜的成绩，赢得了国内和国际社会的广泛赞誉。通过多年的建设，中国红十字会工作内容不断增加，领域不断拓宽，在国内外的影响越来越大，作用越来越重要。

百年来，中国红十字会在保护人的生命与健康，救助受损害人群等方面谱写了光辉的篇章。2004 年 3 月 10 日，中国红十字会迎来了它的百年华诞。

为了纪念这个特别的日子，中国红十字会举行了建会百年庆典系列活动。5 月 8 日，中国红十字会建会 100 周年纪念大会在北京人民大会堂隆重举行。国务院总理温家宝向大会发来贺词，国务院副总理吴仪到会并讲话。全国人大常委会副委员长何鲁丽，全国政协副主席周铁农，中国红十字会名誉副会长王光英、会长彭珮云等出席了纪念大会。红十字会国际委员会、红十字会与红新月会国际联合会及有关国家红十字会的代表到会祝贺。

温家宝总理在贺词中向广大红十字会工作者、会员及志愿者表示亲切的问候和崇高的敬意。他指出，中国红十字会 100 年来大力弘扬人道、博爱、奉献的红十字精神，积极参与人道主义救助工作，经受了战乱、灾害、突发事件的严峻考验，对国家、对社会、对人民作出了不可磨灭的贡献，赢得了社会各界和国际舆论的广泛赞誉。他强调，红十字事业是崇高的事业，是造福民众的事业。中国共产党和中国政府历来高度重视红十字事业，积极扶持和推动红十字运动的发展。在新的历史时期，他希望中国

中国红十字会建会 100 周年座谈会

红十字会能够继续发扬光大红十字精神，全面履行《中华人民共和国红十字会法》赋予的职责，为中华民族的伟大复兴和维护世界和平作出更大的贡献。

吴仪副总理充分肯定中国红十字会取得的成绩和作出的奉献，同时她还指出，中国红十字会诞生 100 年来，一直在奋斗中前行，在人民的沃土中发展壮大。今天的中国红十字会已经成为我国社会主义现代化建设的重要力量。吴仪强调，要一如既往地重视、关心和支持红十字事业，理顺红十字会的管理体制，努力帮助解决实际困难和问题，充分发挥红十字会的优势和独特作用，保护好、发挥好红十字会的积极性。希望中国红十字会遵循人道、公正、中立、独立、志愿服务、统一和普遍的国际红十字运动基本原则，坚持依法建会、依法治会、依法兴会，积极探索并加紧建立充满生机与活力、符合自身特点的运行机制。

在会上，彭珮云会长回顾了中国红十字会艰苦奋斗、无私奉献的百年历程，以及在开展人道主义救助、救护、救援等方面发挥的重要作用，表示将继续遵循国际红十字运动的基本原则，更好地服务大局、服务社会、服务民众，将中国特色红十字事业继续推向前进。

红十字国际委员会副主席让·德古登也来到了中国红十字会建会 100 周年纪念大会的现场并致辞。在讲话中他特别强调了中国红十字会对国际救援作出的杰出贡献。他说，中国红十字会拥有二千多万会员和志愿者，当之无愧地成为世界上最大的国家红十字会。中国红十字会开展工作的范围广泛，涉及救灾备灾、社区卫生保健、人道价值推广、国际人道法和七项基本原则的传播等多项工作。每当灾害发生时，中国红十字会的工作人员和志愿者一般都会在第一时间抵达现场。他希望能够更好地促进中国红会与国际红十字会及其他国家和地区红十字会组织的合作。

此外，为了庆祝中国红十字会百年华诞，中国红十字会还特别精心策划了"永恒的爱——中国红十字会建会100周年纪念演唱会"活动。活动自2004年2月至2004年9月在全国范围展开，系列活动包括："红会百年纪念歌曲征集""纪念歌曲MTV制作与宣传""票选百名艺人合唱纪念歌曲"以及"红会百年演唱会"上海、大连、广州、杭州、长沙、北京等全国部分城市巡演。并通过民众票选，选出祖国大陆与台湾、香港、澳门热心支持红十字事业、具有良好社会公益形象、德艺双馨的100名影、视、歌明星，出席中国红十字会建会100周年纪念演唱会，演唱由著名作曲家谱曲的中国红十字会百年纪念歌曲，并共同录制红会百年纪念歌曲MTV。此次活动，是中国红十字会有史以来，规模宏大、涵盖层面广泛和历史意义重大的公益活动。

另外国家邮政局为了纪念这次活动，于2004年3月10日发行了《中国红十字会成立一百周年》纪念邮票一套。

中国红十字会走过的一个世纪，标志着人道主义事业在中国的蓬勃发展，百年庆典将开启中国人道主义事业发展新的一页。

爱，超越国界

——中国红十字会救援印度洋海啸

邓　通

2004年12月26日，印度尼西亚苏门答腊近海发生了8.7级地震，引起巨大海啸，波及东南亚、南亚和东非多国，造成了重大人员伤亡。根据联合国人道主义事务办公室报告，截至2005年2月的统计结果，海啸共造成近30万人死亡，7966人失踪，超过100万人无家可归。

灾难发生后，中国红十字会依据《中华人民共和国红十字会法》关于"参加国际人道主义救援工作""为开展救助工作，可以进行募捐活动"等的相关规定，积极展开国际救援。

2007年7月19日，由中华慈善总会和中国红十字会募资援建的
"中国—印尼友谊村"顺利竣工并交付印尼海啸受灾民众使用

一方面，多方筹集善款。海啸发生后的第二天，中国红十字会即向受灾国红十字会发出慰问电，向全国发出紧急募捐呼吁，开通捐赠热线电话，公布募捐账号，并实行24小时值班。中国红十字会联合演艺界、体育界、宗教界、新闻媒体组织大型义

演、义赛、义卖、法会等活动多方筹集善款。同时，各级红十字会也开展了声势浩大的募捐宣传活动，不管是东部沿海发达地区，还是西部贫困地区，都伸出了援助之手。截至 2005 年 11 月 30 日，中国红十字会从银行、邮局、网上、现场募捐等渠道共接受海啸捐款 42747 万元人民币，接受物资捐赠折合人民币 1560 万元，合计 44307 万元人民币。

与此同时，中国红十字会还及时把募集到的款物送到灾区。2005 年 3 月，中国红十字会总会通过双边和多边合作，已向 11 个受灾国和国际红十字组织提供了 1066 万美元的资金援助和价值 1077 万元人民币的物资援助。其中，援助灾情严重的印度尼西亚红十字会 210 万美元捐款和价值 1077 万元人民币的物资，其他如斯里兰卡 170 万美元，泰国 85 万美元，马尔代夫 52 万美元。

另一方面，积极参与灾后重建。从 1 月 14 日起，陆续派出 3 个救援工作组分赴印度尼西亚、斯里兰卡、泰国，认真考察灾情，与受灾国红十字会协商灾后重建工作。

2008 年 4 月 6 日，中国红十字会向斯里兰卡红十字会移交了斯里兰卡红十字会
加勒地区分会综合办公楼工程，这是中国在该国进行的海啸重建工程的一部分

经过协商，中国红十字会（包括与中华慈善总会）合作援建的项目有：与印尼红会合作在亚齐灾区修建 350 间灾民住房的中国—印尼友谊村项目；在泰国，帮助受灾最严重的攀牙府地区修建中泰友谊村、一座幼儿园，修复一所小学、一所中学、一家卫生院和一家有 30 张床的区县医院；在斯里兰卡，为 470 多户灾民提供永久性住房；为马尔代夫建设 86 套灾民住房；为缅甸修建社区备灾中心并提供救灾物资。自 2005 年 4 月起至 2008 年 4 月，历时 3 年，中国红十字会援建的友谊村 9 个，永久性安置房 1487 套以及医院、学校等项目全部完成，并已交付灾民居住和使用，得到受援国政府、红会和受益人的好评和赞扬。

由于海啸的突然降临以及带来的巨大破坏性，不仅造成重大人员伤亡和财产损失，而且还对社会民众的心理造成极大的负面影响，及时采取各种策略和措施，抚平受灾民众的心理创伤，同样重要。所以重建不仅要进行物质重建，而且心灵重建不可或缺，尤其是孤儿。基于此，中国红十字会和国美集团共同邀请受灾国孤儿到中国与"中国爱心志愿家庭"一起生活，通过这些临时爸爸、临时妈妈给予他们家庭特有的温暖，帮助他们恢复生活的信心。志愿家庭还为孤儿进行心理咨询服务。

此外，港澳红十字会也在此次印度洋海啸救援中发挥了重要作用。香港红十字会筹集善款3.2亿港元，其主要负责人灾后加入国际红十字会在日内瓦紧急成立的督导小组，直接参与全球赈灾协调工作；通过培训当地民众，提高防灾意识，帮助建设防灾机制和设施，以减低灾害所带来的影响和损失。澳门红十字会从在澳门特区筹得的海啸善款中拨出约2400万澳门元，参与灾后的4个重建项目，包括设立救护车服务、恢复灾民生计、兴建友谊村及亚齐孤儿院计划等。

印度洋海啸救援活动是迄今为止中国红十字会开展的规模最大、效果最好的一次国际人道主义救援行动，不仅受到受灾地区民众的高度赞扬，也得到了国际社会的广泛好评，极大地提高了中国红十字会的国际影响力。

后　记

2011 年的"郭美美事件"以来，中国红十字会公信力受损严重。虽然"郭美美事件"跟红十字会没有关系，但给公众心目中投下的浓重阴影，至今挥之不去。新冠肺炎爆发后，武汉市和湖北省红十字会被推上风口浪尖，质疑之声此起彼伏，谣言满天飞，甚至别有用心者以《人民日报》的截图发布"暂免武汉红十字会救灾物资管理"谣言，令人啼笑皆非的是一家省电视台居然不问青红皂白当新闻播出，如此等等，形成"围攻"局面，连带整个红十字事业受到殃及，很多早已澄清的陈年旧账冠以诸如《中国红十字会的惊天黑幕》《红十字会的 25 个黑幕》《天使的外衣》的标题，抹黑红十字会，使红十字会公信力再次受损。

信任危机症何在？其中一个很重要的原因是公众对红十字会缺乏了解，因而从众盲从者众多。

红十字会是国家品牌，一个国家不能没有红十字会。习近平强调，"红十字组织是全世界影响范围最广、认同程度最高的国际组织。红十字是一种精神，更是一面旗帜，跨越国界、种族、信仰，引领着世界范围内的人道主义运动"，而"我国红十字事业是中国特色社会主义事业的重要组成部分，中国红十字会是党和政府在人道领域联系群众的桥梁和纽带"。红十字会绝不是可有可无的。

有鉴于此，我们组织编写了这部通俗易懂、图文并茂的《中国红十字会百年往事》的著作，以廓清历史迷雾，让更多的公众了解、认识、亲近红十字会，为红十字事业健康发展提供历史借鉴。

《中国红十字会百年往事》由合肥工业大学出版社初版于 2011 年"郭美美事件"之后，此次修订再版，补充了新内容，增加了若干文章。所选历史事件及历史人物，应该说具有典型性、代表性、重要性。在写作过程中，强调纪实性，通过生动的文笔，展现波澜壮阔的历史场景，使读者能有身临其境之感。这是我们努力的方向，但写得究竟如何，只能请读者评说了。

　　本书是集体劳动的结晶。在写作中，我们参考了学界最新研究成果，参考文献包括图片资料来源，限于体例，正文中没有注明，谨此鸣谢。同时感谢责任编辑为本书的出版付出很多心血。

　　中国红十字运动的百年历程，曲折坎坷，纷繁复杂，非本书所能概其全貌，顶多是百年历史长河中几朵浪花而已，有所遗漏也是自然的。至于选题是否适当，敬请红十字会同仁及读者批评指正。

2023 年 2 月